漂泊のアーレント
戦場のヨナス

ふたりの二〇世紀 ふたつの旅路

戸谷洋志　百木　漠

慶應義塾大学出版会

漂泊のアーレント　戦場のヨナス ❖ 目次

第2章

漂泊と戦場

ナチズムとの対峙

1933-1945

第3章

新たな始まり　それぞれの再出発

1945–1961

第4章

亀裂　アイヒマン論争

1961–1964

第5章

精神の生活、生命の哲学　方向転換の季節

1964-1975

第6章

最後の対話　テクノロジーへの問い

1975-1993

第7章

考察　アーレントとヨナスの比較

20xx

凡例

一、本書において、アーレントおよびヨナスの文献から引用する場合には、原則として原著から翻訳している。邦訳が存在する場合にはこれを参照しているが、筆者の判断で訳を変えた箇所もある。

二、引用文中の〔 〕内の説明は著者が加えたものである。

三、原書のイタリックによる強調には傍点を付した。ただしそのうちで、ラテン語やギリシア語、あるいは英語文献中のドイツ語、ドイツ語文献中の英語などの表記については〈 〉を用いている。

四、定訳が確立されていない語や、多様な意味を含む語に関しては、翻訳のあとに原語を併記する。

五、アーレントとヨナスの文献のうち、頻出するものに関しては、略号によって出典を示す。

文献略号一覧

アーレントの主要著作については以下の略号を用いた。

BPF　*Between Past and Future: Eight Exercises in Political Thought*, New York: Penguin Classics, 2006 [原著 1961・1968].（＝『過去と未来の間』、引田隆也・齋藤純一訳、みすず書房、一九九四年。）

CR　*Crises of the Republic*, New York: Harcourt Brace Jovanovich, 1972.（＝『暴力について』、山田正行訳、みすず書房、二〇〇〇年。）

DT　*Denktagebuch: 1950-1973*, herausgegeben von Ursula Ludz und Ingeborg Nordmann, München: Piper, 2003.（＝『思索日記』Ⅰ・Ⅱ、青木隆嘉訳、法政大学出版局、二〇〇六年。）

EJ　*Eichmann in Jerusalem: A Report on the Banality of Evil*, New York: Penguin Classics, 2006 [原著 1963].（＝『新版　エルサレムのアイヒマン――悪の陳腐さについての報告』、大久保和郎訳、みすず書房、二〇一七年。）

EU　*Essays in Understanding: 1930-1954*, edited by Jerome Kohn, New York: Harcourt Brace & Company, 2005 [原著 1994].（＝『アーレント政治思想集成1　組織的な罪と普遍的な責任』・『アーレント政治思想集成2　理解と政治』、齋藤純一・山田正行・矢野久美子訳、みすず書房、二〇〇二年。）

HC　*The Human Condition*, Chicago: The University of Chicago Press, 1958.（＝『人間の条件』、志水速雄訳、ちくま学芸文庫、一九九四年。）

JW　*The Jewish Writings*, New York: Schocken Books, 2008 [原著 2007].（＝『ユダヤ論集1　反ユダヤ主義』、大島かおり・佐藤紀子・矢野久美子訳、みすず書房、二〇一三年／『ユダヤ論集2　アイヒマン裁判』、齋藤純一・山田正行・金慧・矢野久美子・大島かおり訳、みすず書房、二〇一三年。）

LBA　*Der Liebesbegriff bei Augustin: Versuch einer philosophischen Interpretation*, herausgegeben von Frauke A. Kurbacher, Hamburg: Meiner Felix Verlag, 2018 [原著 1929].（＝『アウグスティヌスの愛の概念』、千葉眞訳、みすず書房、二〇一二年。）

LM　*The Life of the Mind*, New York: Mariner Books, 1981 [原著 1978].（＝『精神の生活』上・下巻、佐藤和夫訳、岩波書店、二〇一五年。）

OHA　"On Hannah Arendt", *Hannah Arendt: the Recovery of the Public World*, edited by Melvyn A. Hill, New York: St. Martin's Press, pp. 301-339, 1979.

OT　*The Origins of Totalitarianism* (new edition), New York: Harcourt Brace & Company, 1973 [原著 1951].（＝『新版　全体主義の起原』1―3、大久保和郎・大島通義・大島かおり訳、みすず書房、二〇一七年。）

RJ　*Responsibility and Judgment*, edited by Jerome Kohn, München: Schocken Books, 2005 [原著 2003].（＝『責任と判断』、中山元訳、筑摩書房、二〇〇七年。）

RV　*Rahel Varnhagen: Lebensgeschichte einer deutschen Jüdin aus der Romantik*, München: Piper, 1981 [原著 1959].（＝『ラーエル・ファルンハーゲン――ドイツ・ロマン派のあるユダヤ女性の伝記』、大島かおり訳、みすず書房、一九九九年。）

WIP　*Was ist Politik?: Fragmente aus dem Nachlaß*, herausgegeben von Ursula Ludz, München: Piper, 2003 [原著 1993].（＝『政治とは何か』、佐藤和夫訳、岩波書店、二〇〇四年。）

ヨナスの主要著作については以下の略号を用いた。

AKT　“Acting, Knowing, Thinking: Gleanings from Hannah Arendt’s Philosophical Work”, *Social Research*, 44, 1977, pp. 25-43.

E　*Erinnerungen*, Frankfurt am Main: Insel, 2003.（＝『ハンス・ヨナス「回想記」』、盛永審一郎・木下喬・馬渕浩二・山本達訳、東信堂、二〇一〇年。）

EV　*Erkenntnis und Verantwortung*, Göttingen: Lamuv, 1991.

GsG　*Gnosis und spätantiker Geist. Erster Teil: Die mythologische Gnosis*, Göttingen: Vandenhoek & Ruprecht, 1988 [原著 1934].（＝『グノーシスと古代末期の精神　第一部　神話論的グノーシス』、大貫隆訳、ぷねうま舎、二〇一五年。）

HA　“Hannah Arendt: 1906-1075”, *Social Research*, 43(1), 1976, pp. 3-5.

P　*Philosopophie. Rückschau und Vorschau am Ende des Jahrhunderts*, Frankfurt am Main: Suhrkamp, 1993.（＝『哲学・世紀末における回顧と展望』、尾形敬次、東信堂、一九九六年。）

PE　*Philosophical Essays. From Ancient Greed To Technological Man*, Englewood Cliffs: Prentice Hall, 1974.

PL　*Das Prinzip Leben. Ansätze zu einer philosphischen Biologie*, Frankfurt am Main: Suhrkamp, 1997.（＝『生命の哲学――有機体と自由』、細見和之・吉本陵訳、法政大学出版局、二〇〇八年。）

PoL　*The Phenomenon of Life. Toward a Philosophical Biology*, Illinois: Northwestern University Press, 2001 [原著 1966].

PUMV　*Philosophische Untersuchungen und metaphysische Vermutungen*, Frankfurt am Main: Insel, 1992.

PV　*Das Prinzip Verantwortung. Versuch einer Ethik für die technologische Zivilisation*, Frankfurt am Main: Suhrkamp, 2003 [原著 1979].（＝『責任という原理――科学技術文明のための倫理学の試み』、加藤尚武監訳、東信堂、二〇〇〇年。）

TME　*Technik, Medizin und Ethik. Zur Praxis des Prinzips Verantwortung*, Frankfurt am Main: Suhrkamp, 1987 [原著 1985].

WpE　*Wissenschaft als persönliches Erlebnis*, Göttingen: Vandenhoeck & Ruprecht, 1987.

また、コンスタンツ大学哲学文書館に所蔵されている Hans Jonas Collection の資料については、同大学の管理用の記号である HJ と通し番号を併記して表した。

プロローグ

二〇世紀の破局を超えて

われわれは、地上のものに汚れた目で見れば、長いトンネルのなかで事故にあった鉄道旅行者の状況にある。しかもその場所は、入口の光はもう見えないが出口の光もあまりに小さくて、目は絶えず探していなければならないけれども絶えず見失ってしまう、しかも始まりも終わりも、入口も出口も定かではない。われわれのまわりには、感覚の混乱、あるいは感覚の極度の過敏のために、魑魅魍魎と、個人の気分や負傷の程度に応じて恍惚とさせ、あるいは困憊させるような万華鏡的スペクタクルしか見えないのである。

フランツ・カフカ『夢・アフォリズム・詩』吉田仙太郎編訳、平凡社、一九九六年

この言葉が綴られたとき、カフカが何を念頭に置いていたのかはわからない。しかしそれは今日の社会の状況をあまりにも正確に予言しているように思えてならない。

私たちは紛れもなく真っ暗な「長いトンネル」のなかに取り残されている。複雑化した社会問題によって、グローバル化による人間の移動によって、情報通信技術の発達による情報の過多によって、不意に訪れるテロ攻撃によって、私たちは拠って立つことのできる確かな足場を失っている。入口も出口もわから

ない。何が原因で今日のような状況が生じたのか、あるいはその先にどんな未来が待っているのか、わからない。その最中で、私たちは「感覚の混乱、あるいは感覚の極度の過敏」に襲われている。拠り所をなくした私たちは「希望」と思えるものが現れると安易にすがりつく。叩きやすい「敵」を発見したら心おきなく罵倒する。そして、見せかけの希望も、叩きやすい敵も、一週間経ったら忘れてしまう。世界はそうした「魑魅魍魎」たちの言論に飲み込まれている。

そうした「万華鏡」的な混乱のなかに、あえて二つの焦点を見定めてみよう。

「全体主義」と「テクノロジー」だ。

近年、世界各国で自国第一主義の機運が異常な盛り上がりを見せている。二〇一〇年以降、ロシアがクリミア半島へと武力侵攻し、イギリスが国民投票によってEUからの離脱を決定し、過激な発言で知られるドナルド・トランプがアメリカの大統領に就任した。世界各国で排外主義が顕在化し、政治的な言論は憎しみで支配されつつある。こうした自国第一主義の台頭は、表現の自由、思想信条の自由、報道の自由、移動の自由など、さまざまな自由の抑圧を伴う。ここには明らかな全体主義の芽が萌している。

そうした自国第一主義はテクノロジーによって支えられ、むしろ加速させられている。たとえば、トランプ大統領はソーシャル・ネットワーキング・サービスのTwitterを自らの政治活動に活用していることで知られている。あるいは、自国第一主義に火を点けた過激派テロ組織も、動画共有サイトを利用して、処刑の映像を世界に配信し続けてきた。こうした情報通信技術の発達を抜きにして今日の国際社会を考えることはできない。私たちは、スマートフォンを一台持ってさえいれば、海の向こう側で繰り広げられるヘイト・スピーチや、モザイクのかかっていない本物の斬首の光景を見ることができてしまう。それは、恐怖や、怒りや、憎しみを増幅させる装置として機能し、分断の溝をいっそう深めていく。「全体主義」と「テクノロジー」は、重なりあい、入り乱れる万華鏡の戯れのように、互いに互いを燃え上がらせる。

もっとも、これらは必ずしも今日において初めて生じてきた問題ではない。全体主義とテクノロジーの出生地を考えるとき、私たちはその起源を二〇世紀に見出すことができる。

どんなに凡庸な例であると思われたとしても、ナチスはその起源を最も説得的に証言する出来事だった。党首、アドルフ・ヒトラーは、「アーリア人種」の優越性を強調し、天才的な政治手腕で独裁政権を確立させ、世論を一体化させた。ポーランド侵攻によって第二次世界大戦の引き金を引くと、厳しい経済統制を敷くことによって、国民の社会生活や経済活動の様式を合理的に設計しようとした。第一次世界大戦の敗北によって失意のうちに沈んでいたドイツ国民は、戦争遂行を目的とする生活様式を積極的に受け入れ、ヒトラーを支持し、彼に熱狂した。そのようにして、ナチスドイツの全体主義体制は形成されていった。

その体制は反ユダヤ主義に貫かれていた。ヒトラーはアーリア人種至上主義の帰結としてユダヤ人を劣等人種と位置づけ、その強制移住を実施し、最終的に絶滅を画策した。現在のポーランドに建造されたアウシュヴィッツ強制収容所では毒ガスによる大量虐殺が行われ、その決して広大であるとは言えない施設で、一〇〇万人以上が殺害された。この異常な政策を実現させていたものこそテクノロジーに他ならない。アウシュヴィッツ強制収容所は、チクロンBという毒ガスによって、最小の労力で、最短の時間で、最大の効率で収容者を殺害できるよう、徹底的に合理的に設計されていた。そこでは、あらゆる無駄が排除され、目的の効率的な達成を実現するために、透徹した「理性」が発揮されていた。強制収容所の駅はガス室に隣接しており、ガス室には焼却炉が併設され、その横には遺灰を捨てる穴が設けられていた。連行された人々は、ベルトコンベアーに乗せられた製品のように、考える間もなく灰に変えられた。そこには洗練を極めた死の動線が引かれていた。殺す人間も、殺される人間も、誰も何も考えることがないよう、その空間は非情に、理性的に設計されていたのだ。

「人間は理性的な動物である」とアリストテレスは言った。しかし、その「理性」が人類に幸福を約束するわけではないことを、アウシュヴィッツは証言している。国民の生活様式や政治的感情を合理的にコントロールすることも、鉄道とガス室と焼却炉を最適の場所に配置することも、同じ「理性」のなせる業(わざ)である。ナチスにおいて理性は、全体主義とテクノロジーという姿によって、その暴力性を発揮したのだ。

もちろんナチスは一つの例でしかない。二〇世紀は血の雨が降り止まない時代だった。そしてそれらは今世紀の問題へと途切れることなく連続している。私たちは前世紀において「長いトンネル」に迷い込み、そして事故を起こし、それ以来ずっと出口を探し続けているのである。

そうであるとしたら、私たちは今日の問題を考えるためにこそ、むしろ、こうした二〇世紀の問題を考えるべきなのではないか。言い換えるなら、その時代を生きた人々が、理性の暴力性に対してどのような応答を示していたのかを、改めて問い直す必要があるのではないか。

しばしばナチスの予言者と見なされるカフカは、その凶行を実際に知ることはなく、一九二四年に若くして病死した。一方、この年、ドイツのマールブルクという町では、のちに稀代(きたい)の思想家として世界を席巻することになる、二人の学生が出会っていた。

ハンナ・アーレントと、ハンス・ヨナスだ。

アーレントとヨナス

本書の主題は、全体主義とテクノロジーをめぐる諸問題を、アーレントとヨナスの思想を手がかりにしながら考察することである。

ハンナ・アーレント（Hannah Arendt 一九〇六〜一九七五）は、ドイツ出身のユダヤ人であり、戦後アメリカを拠点として活躍した政治思想家である。生涯にわたって全体主義への問いに取り組み続けた彼女の思索を特徴づけているのは、その視点の多彩さである。一九五一年に公刊された『全体主義の起源』では、一九世紀から二〇世紀にかけてヨーロッパ各地で出現した反ユダヤ主義と帝国主義の形成過程を手がかりに、その帰結として立ち現れる全体主義が歴史的に分析された。また、一九五八年に公刊された『人間の条件』では、そうした全体主義に対抗するために、人間の「複数性」に立脚した政治のあり方が探究された。一九六三年にはアドルフ・アイヒマンの裁判記録『エルサレムのアイヒマン』が公刊される。同書においてアーレントは、アイヒマン裁判そのものに対してさまざまな批判を寄せながらも、全体主義の最中にあってユダヤ人の大量虐殺に加担したアイヒマンの姿に、悪魔的な凶悪さではなく、思考停止によって権力に盲従する「凡庸な悪」を指摘している。

アーレントの政治思想は、彼女の死後、特に一九九〇年代に入ってから「新しい公共性」を開くための道標の一つとして注目を集め、「アーレント・ルネッサンス」とも呼ばれうる状況を生み出した。その影響は学術の領野を超えて、現実の政治やジャーナリズムの世界にも及び、二〇一三年にはアイヒマン裁判の最中のアーレントを描いた映画『ハンナ・アーレント』が公開されるなど、日本でも大きな反響を呼んだ。その影響力は今日においても衰えるところを知らない。

一方、ハンス・ヨナス（Hans Jonas 一九〇三〜一九九三）は、アーレントと同様ドイツ出身のユダヤ人であり、環境倫理・生命倫理の黎明期を支えた哲学者である。アーレントが「全体主義」と格闘した思想家であるとしたら、ヨナスは「テクノロジー」と格闘した思想家である。一九七九年に公刊された主著『責任という原理』において、ヨナスは科学技術文明の潜在的な危険性を指摘し、未来の世代への責任を基礎づけた。その思想は世代間倫理と呼ばれる問題圏を開拓し、環境倫理に包括的な理論的基礎を提供することになった。また、一九八五年に公刊された『技術、医療、倫理』では、人体実験、臓器移植、ヒトクローン、遺伝子解析、遺伝子工学など、先端的な生命科学・医療が引き起こす倫理的な問題が論じられている。そうした具体的な問題を扱う一方で、「科学」と「技術」との概念史的な変遷を検討し、それによって今日のテクノロジー概念の形成過程を明らかにすることも、ヨナスの一貫したテーマの一つだった。

ヨナスの思想は、環境倫理・生命倫理の発展に寄与し、国際社会における科学技術政策に多大な影響を与えた。たとえば、国際連合において用いられている「持続可能な発展」や「予防原則」といった指針には、ヨナスの思想の反響を見出すことができる。また、前述の『責任という原理』はドイツにおいて二〇万部のベストセラーになり、同書がドイツにおける環境保護への意識の高まりを動機づけたとも評価されている。

以上のように、アーレントは全体主義を、ヨナスはテクノロジーを自らの主題に設定し、両者の思想は学術の領域を超えて現実の世界に働きかけ続けてきた。しかし、それはアーレントがテクノロジーを、あるいはヨナスが全体主義を軽視していた、ということではない。アーレントは、全体主義の議論を推し進める過程で、その徴候の一つとしてテクノロジーの問題を主題的に論じている。一方ヨナスは、テクノロジーがもたらす破局の可能性の一つとして、技術的に統御された全体主義の危険性を指摘している。すなわち、アーレントは全体主義からテクノロジーへ、ヨナスはテクノロジーから全体主義へと、議論を深化・発展させているのである。その限りにおいて、両者は相似的な関係にある。
しかし、それ以上に興味深い事実がある。それは二人が、哲学史上類を見ないほどに、深い友情で結ばれた親友だったということである。

漂泊と戦場

二人はマールブルク大学で知りあう。当時アーレントは一八歳、ヨナスは二一歳だった。二人は出会った直後から、文字どおりの無二の親友になった。毎日一緒に昼食を食べていたし、アーレントが風邪を引いたらヨナスが見舞いに行っていた。アーレントをナンパしにきた大学生をヨナスが追い払ったこともあった。二人が実質的に同級生であったのはわずか一年間だったが、その日々に培われた友情は生涯にわたって二人を繋ぐことになった。

しかし歴史は二人に牙を剝いた。一九三三年、ナチスが政権を掌握すると、国内で反ユダヤ主義の暴動が活発化し、その状況を憂いてアーレントとヨナスは別々の地に亡命する。この亡命を最後に、二人は十数年にわたって離別し、それぞれまったく異なる境遇に身を置くことになる。

アーレントはパリに亡命した。彼女はそれによって国籍を失い、一九五一年まで、実に一八年間にわたって無国籍状態に陥った。彼女は文字どおり「漂泊」の生活を送ることになった。パリでは、ベンヤミンをはじめとした知識人たちと交流しながら、若いユダヤ人の教育活動に従事していた。しかしそこは彼女にとってまったく安全な場所ではなかった。一九四〇年、アーレントはギュルス強制収容所に収容される。彼女が解放されたとき、フランスはナチスドイツの侵攻を受けて大敗を喫し、パリは占領されていた。翌年、アーレントはアメリカに亡命する。彼女は、文字どおりにどこにも所属せず、何からも守られていなかった。彼女は常に死と隣り合わせの生活を送っていた。
同じ頃、ヨナスはパレスチナにいた。彼はシオニストとして同地に移住し、「ハガナー」という自警団に入隊していた。その後、第二次世界大戦が始まると、ヨナスはイギリス陸軍に志願し、ユダヤ旅団に所属することになった。砲撃部隊の指揮官として、イタリアのセニオ川を挟んでナチスドイツ軍と対峙し、数ヶ月にわたる作戦に従事した。そこは文字どおりの「戦場」の最前線だった。戦況は膠着し、日ごとに互いの陣営から砲撃が行われ、死傷者が続出していった。ヨナスもまた、アーレントとは異なる意味において、死と隣り合わせの生活を送っていた。

　漂泊を生きたアーレントと、戦場を生きたヨナス。戦後、アーレントはいくつかの雑誌を媒体として執筆活動を行い、ヨナスは退役後にカナダを経由してアメリカに渡った。やがて二人はともにアメリカを拠点として活動し始めることになる。しかし、両者の関心は異なる方向へと向かっていった。無国籍状態を生き、国家からの承認を受けられず、政治の荒廃と大衆社会の腐敗を目の当たりにしたアーレントは、政治とは何か、公共性とは何か、全体主義とは何か、という政治的な問題に取り組んでいった。一方、ナチスの凶行によって多くの親族を殺害され、戦場でおびただしい数の死傷者を目の当たりにしたヨナスは、生命とは何か、責任とは何か、テクノロジーとは何か、という倫理的な問題に取り組んでいった。

　青年時代に出会った二人は、亡命後の異常な環境のなかで、違った仕方で二〇世紀の暴力に直面した。そしてこの体験が二人ののちの思想を規定し、二人はそれぞれの領野で、すなわちアーレントは政治思想の領野で、ヨナスは環境倫理・生命倫理の領野で、第一級の思想家へと成長していった。

二人の交錯点――「出生」

現代思想においてアーレントとヨナスは別々の進路を選んだ。それは疑う余地のない事実である。そのため、先行研究において、二人が並べて比較されることはほとんどない。しかし、同時に二人は極めて近くを並走しもしていた。そして、しばしば電撃的に交錯することさえあった。

戦後にアメリカを拠点とした二人は日常的に会合し、家族ぐるみの社交を楽しみ、旧交を温めていた。もちろんその最中で二人はしばしば哲学的な対話を行った。その頃の様子は前述の映画『ハンナ・アーレント』にも描かれている。

もっとも、その映画を観た者はアーレントとヨナスが良好な関係にあったなどとは信じられないかもしれない。というのも、同作はアイヒマン裁判をめぐる二人の徹底的な対立を描いているからだ。この対立は史実に基づいている。アーレントがユダヤ神秘思想の研究者であるゲルショム・ショーレムとの書簡を発表すると、ヨナスはこれを読んで激怒し、アーレントに対する熾烈な反論の手紙を寄せている。その手紙では、映画で語られた台詞よりも、はるかに強烈な言葉が綴られている。しかし二人はその後すぐに和解する。この対立は、確かに二人の関係に少なくない傷跡を残したのであろう。しかし残された文献を紐解いていくとき、この一時的な軋轢を無に帰すような、豊かで刺激的な対話が交わされていたことがわかる。そうした対話のなかで、二人は互いに互いから影響を受け、新たな着想を得て、そして自らの思想を深化させていった。

そうした思想的な交流を顧みるとき、二人がある概念を共有していたことに注意する必要がある。それは「出生 Natality〔英〕／Natalität〔独〕」に他ならない。「出生」は、もともとアーレントが『人間の条件』のなかで定式化した最重要概念であり、ごく簡潔に表現するなら、人間がこの世界に新しい存在として誕生する、という現象を意味している。ヨナスはこの概念を継承し、『責任という原理』において展開される自らの倫理思想のなかに取り込んでいく。その意味において、出生概念はアーレントとヨナスの思想史的な連関を問ううえでの鍵概念である。興味深いことは、二人がそれぞれ異なる文脈において同一の概念を用いているということだ。それは二人の思想を単に一体化させるのではなく、むしろ両者の間の根本的な思想の違いを、いっそう鋭く浮かび上がらせもする。しかし、見方を変えるなら、そうした相違は人間の出生が持つさまざまな可能性を描き出すものでもあるだろう。ともに二〇世紀の暴力に立ち向かったアーレントとヨナスは、互いに異なる観点から、人間の出生に希望を託していたのだ。ではそこにはどのような違いが示されているのか、二人の思想史的な連関はどのように捉えられるべきなのか――それが本書の一つの中心的な論点になっていくだろう。

もっとも、アーレントとヨナスを思想史的に繋いでいるのは出生概念だけではない。二人は歴史や感覚の概念についても対話を行っている。本書はこれらの論点を横断的に検討するとともに、そこから二人の思想の比較考察を行うものでもあり、ここに先行研究に対する本書の独自性と新規性がある。そしてそれは、二人の思想史的な連関を解明すると同時に、二〇世紀の思想の地図に新しい線を描くことにも寄与するはずだ。

ただし、こうした学術的研究に資することだけが本書の意図ではない。むしろ本書は、アーレントとヨナスの関係を問うことが、全体主義とテクノロジーの危機の核心へと迫るための、最良の方途であると確信している。なぜなら危機は、それが私たちにとって深刻な問題であればあるほど、たった一つの視点では解決できないものになるからである。アーレントにとっての全体主義とテクノロジーの問題と、ヨナスにとってのそれとは、その性質においても深刻度においても異なっている。そして異なっていて当然である。なぜなら、アーレントとヨナスは別の人間であり、別の人生を生きており、そして危機は常に一回限りの人生のなかで立ち現れるからだ。

だからこそ、翻って、危機は複数の視点から、さまざまな角度から考察されなければならない。アーレントとヨナスという、二つの異なる色彩を帯びた光のもとで危機を照らし出すこと、それによって現代社会を多角的に、そして立体的に考察すること。それが本書の基本的な姿勢である。

本書の構成

本書の執筆は、百木と戸谷によって分担される。原則としてアーレントに関する執筆は百木が担当し、ヨナスに関する執筆は戸谷が担当している。またこのプロローグは戸谷が執筆し、エピローグは百木によって執筆されている。

本書の構成は以下のとおりである。

第1章では、一九〇三年から一九三三年を扱う。ここでは、アーレントとヨナスの幼少期、子ども時代、青年期が描かれたうえで、マールブルク大学における二人の出会いと大学生活、また学生時代の研究テーマなどが論じられる。また、徐々に忍び寄る反ユダヤ主義の足音に対して、二人がどのような反応を示したのかも描かれることになるだろう。

第2章では、一九三三年から一九四五年を扱う。前述のとおり、ナチスの政権掌握によって、二人は別々の場所に亡命し、離れ離れになる。アーレントは無国籍状態のままパリからアメリカへと「漂泊」する。これに対してヨナスはイギリスを経由してパレスチナへ赴き、「戦場」に向かうことになる。この章では、二人がそれぞれの場所で送ることになった、文字どおりに死と隣りあわせの生活が描かれ、そこに後年の思想を育んでいく原体験が示される。

第3章では、一九四五年から一九六一年を扱う。この章の主役はアーレントである。彼女はこの間、『全体主義の起源』や『人間の条件』などの主著を公刊しており、一挙にその名を世界に轟かせていった。この章では、こうした著作群が執筆されるに至った背景や、それらが彼女にもたらした影響などに注意を払いつつ、全体主義あるいはテクノロジーに対する批判的な分析と、それに対して提示される「出生」をめぐる議論が主題化される。一方ヨナスは、パレスナナをあとにしてカナダへと渡り、やがてアーレントのいるアメリカへと流れつくことになる。

第4章では、一九六一年から一九六四年を扱う。この章のメインテーマはアイヒマン裁判をめぐる論争である。前述のとおり、ナチスの将校であったアイヒマンがイスラエルで裁判にかけられると、アーレントはそれに関する記録と分析を『エルサレムのアイヒマン』として公刊した。同書はその挑発的な内容から各方面で論争を巻き起こし、ヨナスもまたアーレントに対して激しい反論を寄せている。他の章と比較すると、この章で扱われる期間は極端に短いが、しかしこの四年間にアーレントとヨナスが初めて本格的に衝突したという意味で、両者の思想史的連関を考えるうえで重要であり、独立した章を当てられるに値する。

第5章では、一九六四年から一九七五年を扱う。ここでは、アーレントの晩年と彼女の死、そしてヨナスの新たな思想の展開が主題になる。この間アーレントは、その関心を〈活動的生活〉から〈精神の生活〉へと移していき、「思考」「意志」「判断」をテーマとした講義・講演を数多く行っている。一方、ヨナスは『生命の哲学』という著作を公刊し、アーレントからいくらか遅れて本格的な著述活動を開始する。

第6章では、一九七五年から一九九三年を扱う。この章の主役はヨナスである。アーレント亡きあと、ヨナスは主著『責任という原理』を公刊し、世界に衝撃を与え、一躍脚光を浴びることになった。前述のとおり、同書のなかではアーレントの「出生」概念が複数回にわたって援用されており、この章ではその機能や意義についても考察する。またアーレントの葬儀におけるヨナスの弔辞や、彼女を悼む追悼論文を紹介し、彼女の死がヨナスにどのような影響を与えたのかを検討する。一方、アーレントの死後に公刊された彼女のテクストも取り上げ、死してなお話題の中心にあった彼女の遺産について考察する。

第7章では、著者である百木漠と戸谷洋志によって、アーレントとヨナスの思想史的連関を踏まえながら、異なる論点について比較考察を行う。本章では、百木と戸谷はあえて意見の摺り合わせを行わず、自由に議論を展開していく。それによって、アーレントとヨナスの今日的な意義を再確認しつつ、より現代的な問題を考えるために、両者の思想をどのように読み解くべきなのかを、あるいは乗り越えていくべきなのかを検討していく。

本書にはアーレントとヨナスを繋ぐ何人かのキーパーソンが登場する。二人の共通の師であるマルティン・ハイデガーや、ルドルフ・カール・ブルトマン。アーレントの師であり、ヨナスの友人であったカール・ヤスパース。アーレントの最初の夫であり、ヨナスとも親交の深かったギュンター・アンダース。『エルサレムのアイヒマン』をめぐってアーレントと論戦を交わし、ヨナスにとってはパレスチナ入植時代の世話人であったゲルショム・ショーレム。本書は、現代思想を彩るこれらの主要人物たちを視野に含めることで、アーレントとヨナスの思想史的な連関をより色彩鮮やかに描き出していくことに努めたい。

前置きが長くなった。早速、本題に入るとしよう。
これは、ハンナ・アーレントと、ハンス・ヨナスの旅路である。

第 *1* 章

友情と恋愛のあいだ

誕生から出会いまで

1903~1933

アーレント

○～二七歳

幼年期と少女時代

ハンナ・アーレントは一九〇六年一〇月一四日、ドイツ中北部の都市ハノーファーの郊外リンデンで、中産階級のユダヤ人の両親のもとに、一人娘として生まれた。アーレントの父、パウル・アーレントは、大学で工学士の学位を取得し、ハノーファーの電気会社に勤める電気技師であり、母マルタ・アーレントは若き日にはフランス語と音楽を学び、パリで三年間を過ごした経験のある才女であった。アーレントの両親はともに裕福な古いユダヤ家系の出であり、若い時代から社会民主主義の支持者であった。[*1]

パウルは理系出身ながら、ギリシア語・ラテン語の古典に造詣が深く、家には立派な蔵書を持つ教養人であった。のちにアーレントはその本棚から多くの本を取り出して読み、独学を重ねることになる。マルタは娘の誕生から一〇年にわたって、日々の成長を観察した日記を書き続ける教育熱心な母親となった。娘が大きくなると自ら弾くピアノに合わせて歌を教えたり、フランス語で物語を読み聞かせたりしていたという。[*2] 当時はまだ少数派であった、こうした進歩的で教養のある両親のもとで、少女ハンナは順調に育っていった。

しかし、彼女が二歳半のときに、父パウルが若い頃に患った梅毒が再発し、彼は会社で働くことができなくなってしまう。やむなくアーレント一家は、両親の生まれ故郷であるケーニヒスベルクへと引っ越し、祖父母をはじめとする親族の援助を受けながら暮らすことになった。パウルは五年間にわたる闘病生活を続けたが、一九一三年、アーレントが七歳になる月に亡くなってしまう。当時、梅毒には有効な治療法が見つかっておらず、命を奪うことも少なくない恐ろしい病気であった。アーレントは死の間際まで父親を見舞い、「朝に夕に父親のために祈って」[*3]いたが、残酷にも彼女は幼くして敬愛する父親を失い、その後は母親と二人での暮らしを余儀なくされることになった。

困難な状況に陥った母マルタとアーレントを経済的にも精神的にも支えたのが、ケーニヒスベルクの親族たちであった。母方の祖父ヤーコプ・コーンは、一八三六年にロシア領リトアニアで生まれ、一八五二年にニコライ一世の反ユダヤ主義政策から逃れるために、両親とともにケーニヒスベルクに移住し、その後、父が始めた小さな紅茶輸入会社を引き継いで、それを大商会へと発展させていった。[*4]ヤーコプは一九〇六年に七〇歳で亡くなったが、その財産はのちのちまで大家族を支えることになった。母マルタとアーレントも大いにその恩恵に与ることになる。

父方の祖父マックス・アーレントもまたロシアからケーニヒスベルクへ移住してきたユダヤ人であったが、のちにケーニヒスベルクの市議会議員となった。彼は「ユダヤ教信者ドイツ国民中央連合」のメンバーでもあったが、シオニズムには同調せず、「ドイツ・シオニスト機構」の長となるクルト・ブルーメンフェルトとは一時期激しくぶつかることになった。[*5]シオニズムについての見解は分かれたものの、二人は親しい友人となり、ブルーメンフェルトはしばしばアーレント家の客人となった。彼はいつも陽気で元気に溢れており、祖父マックスとともに幼いハンナを可愛がったが、やがて物心ついた彼女に深い政治的影響を与えていくことになる。

ケーニヒスベルクは、近代を代表する哲学者イマヌエル・カントがその生涯を過ごしたことで知られる街である。カントは死ぬまでこの地を離れることはなかったにもかかわらず、当時の世界情勢に詳しく通じており、そこで世界市民としての立場から近代哲学の方向性を決定づける、多くの思考を編み出した。「プレーゲル川沿いのケーニヒスベルクのような街は、人間知とともに世間知をも拡大させるのに適した場所だと考えられる。ここでは旅行せずとも、人間知と世間知を獲得できる」とカントは述べているが（『実用的見地における人間学』）、若きアーレントもまたその空気を味わいながら、多感な思春期を送っていた。

早熟であったアーレントは、一四歳の頃から（！）カントの『純粋理性批判』や『単なる理性の限界内における宗教』を読み、さらにのちの師となるカール・ヤスパースの『世界観の心理学』、キルケゴールの著作なども読み始めていた。[*6] 彼女は小さい頃から読書を好み、周囲の目を引く知的好奇心を発揮した。哲学書だけでなく、詩（とりわけゲーテと古代ギリシアの抒情詩）、ドイツとフランスのロマン派小説、トーマス・マンの教養小説など、彼女は「何でも読んでいた」。一二歳の頃にはいくつかの詩を暗唱し、また自分でもノートに詩を書き綴るようになった。母マルタは、「この子はなんでもそらで覚えているのです」と誇らしげに観察ノートに書き残している。[*7]

ただし、学校の授業にはあまり馴染めなかった。「学校のきまった課業――多分に形式的で厳格な六日制の一週間――は彼女の気性にはどうしても合わなかった。〔中略〕学校の休み時間や昼食のあとに皆が雑談している間、彼女は後ろ手に手を組んで三つ編みの髪をはね上げながら、孤独な物思いにふけって校庭を歩き廻った」。[*8] そして強気にも朝八時から始まるギリシア語の授業に出席することを拒否し、その代わりに独学でギリシア語を勉強して、試験には見事に合格する才女ぶりを発揮した。

一五歳のとき、ある教師が彼女の心を傷つける発言をした——それがどんな内容であったかは明らかになっていない——のに抗議して、アーレントは級友を導いてその先生の授業をボイコットするが、これをきっかけに学校を退学させられることになってしまう。しかし母マルタの理解と助力によって、アーレントは家で個人指導を受けながら独習し、さらにベルリン大学で特別に聴講生として学ぶ機会を得る。彼女はベルリン大学の学生寮に住むことを許され、ギリシア語やラテン語、神学の授業などに参加していたという。[*9]

おそらく早熟な彼女には、高校という場所は窮屈なものでしかなかったのだろう。他方で一足先に足を踏み入れた大学の講義は彼女の知的好奇心を刺激し、彼女はそれを満喫したに違いない。こうしてアーレントは学問の魅力に目覚めていくことになる。

一九二四年、一七歳の春にケーニヒスベルクに戻り、母校の校外生として、卒業試験受験を特別に認められ、正規の大学入学資格を獲得している。いずれも彼女の優秀ぶりが伝わるエピソードである。

ユダヤ人としての自覚

裕福で自由主義的なユダヤ人親族に囲まれて育ったアーレントは、幼い頃「ユダヤ人」という言葉を家庭で耳にしたことがなく、道端で他の子どもから差別的な言葉を投げかけられて、初めて自分がユダヤ人であることを意識したという。「反ユダヤ主義はすべてのユダヤ人の子どもに降りかかり、多くの子どもたちの精神を蝕んでいました。私たちの場合の違いは、母が常に屈服してはならないという立場を貫いていたことです。つまり、自分で自分を守らなければならない、と」[*10]。

反ユダヤ主義への向き合い方に関して、アーレントは母マルタから一風変わった教えを受けていた。すなわち、学校の教師が教室で反ユダヤ主義的な発言をした場合には、「すぐさま立ち上がり、教室を去り、家へ帰り、すべて詳しく報告するように指示されていた」。すると、母はきまって学校へ抗議の手紙を書いた。それによって「私は一日学校に行かなくてもよくなり、それがけっこう楽しかったものです」[*11]。しかし、そうした発言が子どもたちによってなされたものであった場合には、親に頼ることは許されない、という決まりがあった。同級生に対しては、彼女は自ら立ち上がってそれに反論し、自らの手で自らを守らなければならない、というのが、母が娘に課したルールであった。

このルールは、彼女の後年の主張にも合致している。「教育の危機」や「リトルロック考」などの論文のなかで、アーレントは、子どもは大人に比べて未発達な存在であり、公的領域への参加を許されていないために、政治の争いごとに巻き込まれるべきではない、それゆえに教育に政治を持ち込むべきではない、子どもを政治の道具にすべきではない、という主張を行っている。同時に彼女はインタビューのなかで「ユダヤ人として攻撃されたならば、ユダヤ人として自分を守らなければならない」とも述べており[*12]、「人は攻撃されているものとしてのみ自分を守ることができる」という態度を鮮明にしている。これらの態度が形成された理由の一つに、子ども時代の母からの教えが影響していた可能性は十分に考えられる。

ケーニヒスベルクにはカントの時代から一定数のユダヤ人が住み、さまざまな方面で活躍していたが、そこにも反ユダヤ主義的風潮はあった。アーレントも小さい頃から折に触れて、その風潮を身に感じ、ときに心ない差別的発言を投げかけられてきた。両親からユダヤ人としてのアイデンティティを強く教え込まれたわけではなかったが、街中や教室でのそうした差別的発言に触れて、自らがユダヤ人であることを意識せざるを得ない場面は多かったはずだ。自分がユダヤ人であることを積極的に押し出すわけではないが、その事実を見て見ぬ振りをするわけにもいかず、ときにはユダヤ人として強く差別に立ち向かわねばならない。こうした経験が徐々に、アーレントに「ユダヤ人」というアイデンティティとどのように付きあっていくか、を考える契機となっていったのであろう。

このことは、のちのアイヒマン論争において、ショーレムとの書簡のやりとりのなかで、次のような主張を行うところまで繋がっている。「ユダヤ人であることは、私にとっては、人生の疑う余地のない所与の事柄の一つであって、私はその事実を別のものに変えたいとは決して思いませんでした[*13]」。ただし、私（アーレント）は「ユダヤ人への愛」のようなものを感じたことは一度もない。「私はこれまでの人生において、ただの一度も、何らかの民族あるいは集団を愛したことはありません。ドイツ民族であれ、フランス民族であれ、アメリカ民族であれ、さらにたとえば労働者階級やその類の他のどんなものであれ、その種の集団を愛したことはないのです」、そして「ユダヤ人への愛」なるものは、「私自身がユダヤ人であるからこそ、私にはむしろ何か疑わしいものに見えるのです[*14]」。この点については、アイヒマン論争を扱う第4章で改めて後述することにしよう。

ヨナスとの出会い

一九二四年秋、アーレントはマールブルク大学に入学する。主専攻は哲学、副専攻はプロテスタント神学と古典語学であった[*15]。入学後まもなく、アーレントは哲学の授業で、当時「思考の国の隠れた王」「メスキルヒ（彼の出身地）の魔術師」として学生の間で噂になっていた、マルティン・ハイデガーと出会うことになる。エトムント・フッサールの推薦を得て、一九二三年からマールブルク大学で教壇に立つようになったハイデガーは、『存在と時間』（一九二七年）の準備を進めているところだった。当時のハイデガーのゼミにはハンス・ゲオルク・ガダマーやカール・レーヴィットなど、錚々たる面子が揃っており、「彼らは朝七時から八時までのハイデガーの講義のあと、いつも仲間の下宿に集まって、持ち寄りの朝食を食べながら、その日の講義について何時間も議論したという」[16]。

アーレントとハンス・ヨナスが出会ったのもハイデガーの講義を通じてであった。ヨナスはのちに当時を回想して、次のように記している。「哲学の学生のなかには、妄信的で高慢な態度をとり、すでにほとんど神的な真理を所有していることを自任するハイデガー崇拝団があって、私には耐えがたいものだった」[17]。ハイデガーをまるで「奇跡のラビあるいは導師でもあるかのように」崇拝する学生たちにヨナスはうんざりしていた。これと同じ感情を共有していたのがアーレントであり、二人はすぐに親しくなった。

またアーレントとヨナスは、ルドルフ・ブルトマンの新約聖書のゼミナールに参加していた唯一のユダヤ人仲間でもあった。アーレントはこのゼミナール参加の許可を得る個人面談の際に「一つはじめからはっきりさせておきたいことがあります。私は反ユダヤ的言動を許しません」と宣言した。このエピソードは若きヨナスの心を強く打った[18]。彼らは急速に親交を深め、友人以上の関係になっていった。ヨナスとアーレントは毎日会い、一緒に食事をするようになった。

マールブルク大学在学中に、ヨナスが敬愛するブルーメンフェルトに大学での講演を依頼したことがあった[19]。その打ち合わせのためにヨナスはベルリンへ長距離電話をしたのだが、あまりの緊張のためにうまく話すことができなかった。彼はアーレントに助けを求め、彼女が代わりに最終打ち合わせの電話をかけてくれるよう頼んだ。講演当日も、アーレントはヨナスに付き添って参加し、幼い頃から家に出入りしていたブルーメンフェルトの話に耳を傾け、それに強い感銘を受けた。この講演によってアーレントがシオニズムに転向することはなかったものの、この後、ブルーメンフェルトは次第に彼女の「政治面の指導者」になっていった。講演後、三人は夕食をともにし、酒を酌み交わしながら大いに語らい合った。ブルーメンフェルトとアーレントは腕を組みながら夜の街を歩き、歌を唄い、詩を朗唱し、大声で笑いあった。ヨナスはそのあとにおとなしくくっついていった。[*20]

おそらく当時のヨナスはアーレントに対して淡い恋心を抱いていたのだが、アーレントがその気持ちを受け入れることはなかった。なぜならそのとき、アーレントはすでに大学教員であるハイデガーと許されざる恋に落ちていたからである。その馴れ初めについて、のちにアーレントがヨナスに語った内容がいささか生々しく、ヨナスの『回想記』に記されている。

ハンナが私に打ち明けてくれたところによると、この最初の学期のあるとき、彼女は勉学に関することでハイデガーを訪ねなければならなかった。面会人はすでに日の暮れる頃で、ハイデガーが明かりをつけていなかったので、部屋のなかは薄暗かった。話を終えて、ハンナが退出するために立ち上がり、ハイデガーが彼女を戸口まで伴ったとき、予期せぬことが起こった。ハンナの言葉では「突然、彼は私の前に跪いた。私が身をかがめると、彼はその跪いた下の方から腕を私に向けて差し延ばし、私は彼の頭を両手に受け入れた。そして彼が私にキスをし、私が彼にキスをした」。こうして、ことは始まった。それは教授による女学生誘惑のありきたりの始まりではなく、また、教授を誘惑しようとする女学生の恋の冒険心でもなかった。それは感情の次元において、きわめてドラマティックに繰り広げられた。この感情の次元が二人の関係にはじめから絶対的に例外的な性格を与えたのである。[*21]

ヨナスがこの二人の情事に複雑な想いを抱いていたことは想像に難くないが、彼はそれを黙って受け入れた。この情事は約一年間続いた。アーレントは何度もハイデガーの部屋を訪れ、逢引を重ねた。二人とも一時期はこの情事にのめり込んでいたようである。

しかしその想いを断ち切るためでもあったのだろう、一九二六年夏学期から、アーレントはハイデルベルク大学に転学する。[*22] そこで彼女は新たにカール・ヤスパースの指導を受けながら、勉学に励むことになった。ヤスパースはハイデガーの盟友でありライバルであり、二〇世紀ドイツ哲学を代表する存在であった。アーレントの政治思想がハイデガー哲学から多大な影響を受けていることはしばしば指摘されるが、[*23] 加えて、他者とのコミュニケーションを重視する実存哲学を築いたヤスパースからも大きな影響を受けている。[*24] アーレントとヤスパースは晩年に至るまで、熱心に手紙をやりとりし、家族ぐるみで交流する深い師弟関係を築いていくことになる。

さまざまな経緯があったものの、結果的にアーレントはハイデガーとヤスパースという二〇世紀最高の哲学者二人からの薫陶を受けるという（少なくとも学問的には）充実した大学時代を送ることになったのだった。

博士論文「アウグスティヌスの愛の概念」

アーレントは一九二九年にわずか二二歳で『アウグスティヌスの愛の概念』で博士論文を執筆し、博士号を取得する。アーレントの処女作が、神学的考察を含む哲学研究であったことは、存外重要である。なぜならアーレントは主著『人間の条件』をはじめとしてアウグスティヌスの「始まりが為されんがために人間は創られた」という言葉を繰り返し引用することになるからである。第3章で詳述するが、この言葉は、アーレントの「出生」「始まり」論の核心をなすものであり、彼女の処女作がのちの思想展開の伏線となっていたことを示している。

この論文は複雑に入り組んでいるが、その概要を紹介しておきたい。アーレントはまず第一章で、「愛（アモール）」とは「そのもの自体のために何かを欲求することに他ならない」というアウグスティヌスの言葉を引いたうえで、それを「私の外に」あるものを求める「欲望（クピディタス）」としての愛と、神への「愛（カリタス）」に区別する。前者は、現世における「私の外に」あるものを追求するがために、本来追求すべき「善きもの」を取り逃してしまう。「そのような追求において生は、この世界に従属するようになり、この世界の奴隷となる」[*25]。本来、われわれが「愛（アモール）」によって目指すべきは、「恐れなき状態」であり「自足の状態」である。このような状態は、まさしく神への「愛（カリタス）」によってのみ実現されるのであり、それによって人間は「至福」を得ることができる。人間は、「最高善」たる神を愛することによって、自分自身を正しく愛するのであり、また「人間は神を見出すことによって、自らに欠けているもの、まさに自らがそうでないもの、つまり、永遠なるものを見出すのである。『愛（アモール）』の求める正しい『善きもの』とは、永遠なるものである」[*26]。

次に第二章では、創造者（神）と被造者（人間）の関係が論じられる。「欲求」としての愛が希求する「至福の生」は、被造者が自らの「生まれ出た何処」へ「立ち帰る」ことによってのみ達成される。それはすなわち「創造者への立ち帰り」に他ならず、それによって人間は「造り主」たる神との関係を修復し、「至福の生」と「秩序づけられた愛」へと到達することができる。「起源への立ち帰りにおいてのみ、あらゆる『愛（ディレクティオ）』が意味を取得することができる」[*27]。人間がこの世界に存在するのは神による創造という起源があったからこそであり、人間は絶えずその起源へ立ち帰ることによってのみ、正しき愛へと辿り着くことができる。

こうして第二章の途中までは、被造者（人間）が創造者（神）への正しき愛・信仰を持つこと、いわば前者が後者に従属することの重要さが強調される。にもかかわらず、この章の中盤からはそれとは異なる論理が同時に展開される。すなわち、アウグスティヌスの「世界（コスモス）」概念にはキリスト教の文脈とは異なる、古代ギリシア由来の意味も込められている。このいわばギリシア的な「世界」とは、そこで何かがいつも「生起する」場であり、この「生起」は神による創造とは別の次元で生じるものだというのである。「というのも、『世界』とは神が創造した、この天と地という被造物に与えられた名称であるだけではない。…世界の住民もまた世界と呼ばれるのであり、…世界を愛するすべての人々が世界と呼ばれるのである（『ヨハネ書簡講解説教』二篇・一二より）」[*28]。

　このいわばギリシア的な世界は「われわれの意志で生起すること」を通じて、神による「被造世界」から、そこに人々が住まいそれを愛するところの「人間世界」へと転化していく。

　この「世界への愛」によって初めて、「神に造られたもの」である世界は、人間にとって自明な「住まい／故郷 Heimat」となる。人間の生はそれが生み落とされた被造世界の所与性のなかで営まれていくが、その人間の生それ自身が、この神の「造られたもの」を「世界」へと創り上げていくのである。「世界を愛する行為」は、世界をまさに世界化していく行為である[*29]。

　前段では「世界」（現世）に執着すること（欲望としての愛）の欠陥と、それを超越した神への愛の重要性が説かれていたにもかかわらず、ここでは神による「被造世界」とは異なる「人間世界」それ自体の意義が説かれ、人間が「世界への愛」をもってそこに住まうことによって、「世界を世界化していくこと」が可能になると論じられる。つまり、ここに至って「欲望（クピディタス）」とも「神への愛（カリタス）」とも異なる、「世界への愛（アモール・ムンディ）」

の重要性が説かれることになるのである。

さらに第三章では、これまでの議論を受けて、改めて人間の二つの起源が示される。すなわち、第一に人間の起源は「創造者」としての神（キリスト）にあるが、第二に人間の起源は「共通した人類の父祖」としてのアダムにある。前者が「神の国」に対応するのに対し、後者は「地の国」に対応する。そしてここでも、必ずしも前者が後者に優越するわけではなく、むしろ後者も前者と同じくらいに重要であることが強調される。すなわち、アダムに根拠づけられた「社会（ソキエタス）」において、人間は自らの「創造者」から独立して、人間の相互性に基づく共同体を形成している。そこでは個々の人間は「出生」によって生まれてきた存在であり、「自らの起源に対して、すべての世代を通じてのみ関連づけられている」[*30]。その共同体はまた「死者たちに由来する社会」、「死者たちとともにある社会」であり、言い換えれば、「歴史性」を持つ社会である。そこでは「人間は確かに、他の人々に依存するが、神にはもはや依存しない」[*31]のである。

他方で、「神の国」は「世界からの疎外」および「世界に対する抵抗」として現れる。神と個人との関係が絶対化されるなかでは、世界（地の国）や他者（隣人）は二義的な意味しか持ちえない。そこでは隣人愛もまた「神を愛するがごとくに」なされるのであり、隣人の具体的な特徴や関係性はすべて捨象され、愛する者も愛される者も「絶対的な孤立」のうちに置かれやすい。それゆえ、隣人愛によって人間の孤立化が克服されるわけではなく、むしろ現実化され、世界は「荒野」に留まる。こうして、「神を愛するがごとくに」なされる隣人愛のもとでは、人間は孤立した状態に置かれる。

しかしながら、そうした絶対的孤立を前提とするのとは異なる「隣人愛」の形もありうるはずだ、とアーレントは論を進める。すなわち、人間は「共通の信仰」を通じて相互関係を築き、共通の出自を持つ「運命の共有者」として「結合関係」を結ぶことができる。これが「世界」（地の国）において「相互に愛することとしての「隣人愛（ディレクティオ・プロクスイミ）」である。その隣人愛はもはや各人が絶対的に孤立したなかで自己否定とともになされるものではなく、神への信仰を共有する社会（共同性）のもとでなされ、あくまで「神への恩寵」を介しながらも、そこでは水平的な関係性のもとで互いを愛することができるのであり、それが内在的な「世界」への愛とも結びつくのである。こうして、創造者（神）と被造者（人間）の垂直的な関係性を強調する神学的な「隣人愛」とは別に、人間どうしの水平的・相互的な関係性を強調するギリシア的な「隣人愛」の形があることが示される（ただし、後者の水平的・相互的関係も、あくまで神への信仰を介して形成されるものであることには注意が必要である）。

人間は以上のような二つの起源を持ち、「神の国」と「地の国」という二重の世界を生きる存在であることが強調されて、この論文は閉じられている。神と人間の垂直的（従属的）な関係性（神への愛の重要性）を強調するところから出発しつつも、議論の途中から、それとは異なる人間どうしの水平的な関係性（隣人愛と世界への愛の重要性）が並行して強調されるところにこの論文の大きな特徴があり、このような二重性・両義性は荒削りながら、その後のアーレントの思想形成を暗示するところがある。

邦訳版の解説において千葉眞が指摘しているように、このような二重性は、「アウグスティヌスが、キリスト信徒でありながら、生来の社会性、政治性、歴史性を身に備えた古代ローマ人、ローマの政治的経験を定式化しようとした古代ローマ人であった」ことに由来している[*32]と同時に、この二重性は「ギリシア・ローマ的伝統」と「ユダヤ・キリスト的伝統」という西洋思想を貫く二つの柱の間で思考しようとしたアーレントを特徴づけるものだと考えられる。

ヨナスがグノーシス研究というキリスト教異端の研究から出発したのと同様に、アーレントもまたアウグスティヌスの愛の概念に対する特異な（異端的な）研究から出発していたことは印象的である。アーレントはヨナスと違って、ユダヤ教への信仰を持たず、己のユダヤ性を特別に強調することもなかったが、両者が哲学・思想からではなく神学（宗教）についての研究から出発していたこと、そして彼女の「出生」概念においてアウグスティヌスの教義が大きな役割を果たしていることは、われわれにとって重要な意味を持っていると考えられる。この点については、章を改めて、じっくり考えていくことにしよう。

ナチ前夜の結婚

博士論文を提出した一九二九年の九月に、アーレントは最初の結婚をしている。お相手は、同じハイデガーの門下生であったギュンター・シュテルンである。シュテルンはフッサールのもとで哲学博士の学位を得たのち、研究生としてマールブルクでハイデガーのゼミに参加し、一九二五年にアーレントに出会っていた。そのときには二人の間に特別親しい関係は生まれなかったが、一九二九年一月にベルリンの仮装パーティで再会したとき、二人は急速に親密な仲となり、まもなく一緒に暮らし始めた。さらにその年の秋には結婚へと至っている。シュテルンもアーレントと同じく中産階級のユダヤ人家庭の出身であり、音楽についての哲学的な研究を試みていた。シュテルンは豊富な音楽知識を持っていたのに加えて、ピアノとヴァイオリンを巧みに弾きこなすこともできた。[*33]

シュテルンはヨナスとも親しい間柄であった。ヨナスは『回想記』にこう書いている。「一九二八／二九年の冬にパリに滞在していた頃、ある日私は、彼らが結婚することに決めたという知らせを受け取り、大変感激した。何しろ、私の最善の友人と最善の女友達のことだったのだから」[*34]。その後、ヨナスはハイデルベルクにいたアーレントとシュテルンを訪ねて食事をともにした。その際、たまたまレストランへ入ってきたゲルトルート・フィッシャー（彼女はアーレントおよびシュテルンと知り合いだった）にヨナスが一目惚れをし、アーレント＝シュテルン夫妻との食事を中座してレストランを飛び出し、彼女を追いかけて求愛したというヨナスらしい（?）エピソードも残されている。[*35]

その後、シュテルンの教授資格論文提出のために、二人はフランクフルトへと引っ越すが、音楽についての哲学をテーマとしたシュテルンの教授資格論文は、同じ領域の研究（音楽社会学）に取り組んでいたテオドール・アドルノからの反対を受けたこともあって、結局受理されることなく、二人は失意のうちに三一年にベルリンへと戻っている。[*36]

その後、シュテルンは劇作家で詩人のベルトルト・ブレヒトの紹介もあって、ジャーナリストとしての仕事を始め、新聞の文化欄に多くの優れた批評や文芸記事を書いて活躍し始めた。「当時の物書きにはシュテルンという名前が非常に多かったため、編集者の提案でペンネームを『別様に』という意味のアンダース（Anders）とした」[*37]のもこの時期であった。

一方のアーレントは、博士論文の出版に向けた準備を行いながらも、次の研究、すなわちドイツ・ロマン主義時代のユダヤ人女性ラーエル・ファルンハーゲンについての研究に取り組むために、いくつかの奨学金に応募していた。[*38]ヤスパースやハイデガーらの推薦状にも支えられて、彼女は無事にドイツ学術助成会の奨学金を獲得することに成功する。これをもとにアーレントはラーエルの伝記執筆に取り組み始めるが、それを完成させる前に、ナチスが台頭してくることとなる。

アーレントとシュテルンの結婚生活は当初仲睦まじく、哲学的議論に花を咲かせたり、協力して仕事をしたりするなど、順調なものであるように見えた。ヨナスもアーレント夫妻の当初の結婚生活について、「ハンナがささやかに彼〔シュテルン〕に仕える立場を取り、彼の仕事を手助けしていたのであるが、彼／彼女らの共同作業は徹底しており、友情に満ちていた」と回想している。[*39]

しかし、シュテルンが教授資格の取得に失敗し、失意のうちにフランクフルトからベルリンに戻ってきたのちは、二人の間には次第に距離ができていった。この時期から、アーレントはブルーメンフェルトらが率いるシオニストたち（ドイツ・シオニズム連盟）との交流を深めるようになっていったのに対し、シュテルンは芸術家やジャーナリスト、共産党員などとの政治的議論を重ねるようになった。[*40] 二人とも早くからナチスの危険性を察知していたものの、それに対する応答の仕方には差が目立つようになっていった。

そして両者の間の溝が決定的なものとなり、それぞれが進むべき道がはっきりと分かれたのは、言うまでもなく、一九三三年にナチスが政権の座に登りつめたときであった。加えて、この出来事がその後のアーレントの人生と思想の方向性をも決定づけることになったのである。

ヨナス

〇〜三〇歳

ヨナスの出生

ハンス・ヨナスは一九〇三年五月一〇日に生まれた。出生地はドイツの工業都市メンヒェングラートバッハだった。父は紡績会社の社長を務め、母親は高名なラビの娘だった。

父親は快活な性格で、食べることが好きで、義理堅く、勤勉だった。傲慢を嫌い、平凡な毎日を愛し、ユダヤの習慣に厳格だった。自分の感情をうまく伝えることは苦手で、少し不器用なところのある、真っ直ぐな人間だった。教養を重んじ、さまざまな古典作品に通じていたが、しかし仕事場で汗をかくことを喜びとしていた。

母親は愛情深く、優しい人物だった。どこか少女のような風貌で、華奢な体つきで、幼い頃から音楽に親しみ、それを生涯の財産としていた。そして他者に同情する人だった。常に弱い者の側に立ち、その苦しみを分かちあおうとする人物だった。

ヨナスの少年時代はあまり明るかったとは言えない。

メンヒェングラートバッハは低部ラインと呼ばれる地方に属する。この地域では伝統的にカトリックが強い勢力を持っていた。ヨナスが子どもの頃、ドイツではカトリック弾圧政策が行われており、メンヒェングラートバッハにもその余波が及んでいた。学校の教員はほとんどがプロテスタントで占められていた。これに対して住民たちは反発感を募らせており、国家への所属感は希薄だった。そうした強固なカトリックのアイデンティティがこの土地にはあった。

ユダヤの戒律を守る家庭で育ったヨナスは、町の子どもたちのなかではマイノリティに属していた。ヨナスは次のように述べている。

> 私の周辺に過激な反ユダヤ主義者は一人もいなかった。そうであるにもかかわらず、私は特殊なグループに所属していた。なんとなく、私たち家族がいることは特殊なことであり、そしてそれによって、私がいることも特殊なことだった。それは、とても幼いとき、私にとってはっきりしたことだった。[*41]

自分の存在が「特殊」であるということ——すなわち、それはどこか不自然で、本来そこにいるべきものではないように思えるということ。そうした違和感が、のどの奥に引っかかった魚の小骨のように、彼の胸に滞留していた。

ヨナスの家庭は裕福であり、生活には困らなかった。ヨナスは本を読むことが好きだった。彼が愛していたのは古代ギリシア神話やドイツの伝説であり、特に戦記ものや英雄譚だった。彼は、そこで描かれる神々や巨人たちの死闘を夢想し、胸を躍らせた。

それに対して彼を取り巻く現実は退屈だった。毎日が同じことの繰り返しだった。ヨナスは自分の人生に倦怠感を抱いていた。やがて自分も父のように事業を始め、そこそこの成功をし、そこそこの人生を歩むのだろう。自分は生命を賭けた闘いを一度も経験せずに凡庸な生涯を過ごすのだろう。そんな無気力が彼を包んでいた。

読書の世界へ

一九一四年、第一次世界大戦が勃発する。それは彼に「ついに何かが起こった」[*42]という興奮を抱かせた。彼の住むメンヒェングラートバッハはオランダ・ベルギーの国境近くに位置し、東部から投入されたドイツ軍の進行路に位置していた。そのため、ヨナスにとってこの戦争はとても身近な場所で起きた出来事だった。実際、ヨナスの家はドイツ軍に協力して行軍中の三名の兵士を宿泊させている。また、父グスタフはケルンの行政機関にかけあって軍隊に必要なテント用布地の供給を買って出た。それによってヨナス家は空前の戦時特需を獲得することができた。

ドイツ軍が前線でベルギーの町リエージュを陥落させた際、ヨナスはその砲撃の音を遠くから聴いていた。彼は自分のすぐそばで運命が鼓動していることを感じた。それは彼が抱いていた倦怠感を霧消させるのに十分な出来事だった。

しかしその興奮も長くは続かなかった。戦況は徐々に膠着し、ドイツには敗戦の影が見え始めた。そうした情勢の変化に彼は再び冷めていった。そして次第に、愛国主義に酔いしれるドイツ人への違和感が募り始めていった。

当時、学校の教師は必ずドイツ軍の戦況について生徒に質問することから授業を始めていた。ある日、生徒の一人が「運河でイギリスの輸送船が撃沈されました」と答えると、それに対して教師が「そのとおり。非常によいニュースだ。その際、本当に多くの人が溺れ死んでいればいいね」と返答した。この一言にヨナスは黙っていられなくなる。彼は挙手して、「本当にそんなことを望んでもよいのですか」と問い直した。すると教師は「そうか、それはキリスト教的ではないと君は考えるんだね」と答えた。これに対して、さらにヨナスは「それは人間的ではないと思います」と言い返す。この一言を聞いてもなお、教師は自分の発言を完全には撤回しなかった。そして、授業後には同級生がヨナスのもとにやってきて「あー、君はキリスト教的ではないと考えるんだね」と言って、ヨナスを嘲笑した。[*43] そうした出来事の一つ一つが、ヨナスを苛立たせ、幼い頃から滞留する孤立感に拍車をかけていった。

ヨナスが心を開いたのはもっぱら親戚たちだった。彼の親戚には教養豊かな人々が多かった。母方の叔父は、学識豊かな医師であり、週に一度ヨナスの家を訪れていた。ヨナスはその叔父との対話を楽しみ、彼の教養に魅了された。叔父はしばしばヨナスに本を紹介した。そうした本のなかで特にヨナスに大きな影響を与えたのが、エドワード・ギボンの『ローマ帝国衰亡史』(一七七六年)である。同書は浩瀚な歴史書であったが、それはヨナスの「最初の学問体験」[*44] になった。

また祖父はメンヒェングラートバッハのユダヤ人コミュニティのなかで長老のような存在であり、周囲から尊敬を集める人物だった。何十年間にもわたって市議会議員を務め、ユダヤの戒律にしたがって求道的な生活を送っていた。老齢に達しているにもかかわらず、どんなに厳しい祭儀をも忠実に実行し、宗教的実践への敬虔さを示していた。ある日ヨナスが、なぜそれほどまでに敬虔になれるのかを尋ねたとき、祖父は次のように答えたという。確かに一日中祈りを捧げたり、神について考えたりすることは容易ではない。しかし、たとえば爪の先を強く押せば、爪は白くなる。その白くなった爪から私たちは死を思い起こすことができる。私たちは必ず死ぬ。それは同時に、私たちが常に神の前にいるということでもある。

そうやって死を思い出すことで、雑念を取り払い、敬虔さを維持することができる。ヨナスはその言葉に衝撃を受け、後年にはその日の出来事を「すばらしい、忘れられない瞬間だった」[*45]と振り返っている。

祖父の影響で、ヨナスは宗教に深い関心を抱くようになった。彼を惹きつけたのは聖書やその注釈書、またマルティン・ブーバーなどの宗教哲学の文献だった。そうした読書のなかから、のちにその運命を大きく左右するある思想と出会う——シオニズムだ。

シオニズムへの夢

シオニズムが何であるかを捉えるために、世界史においてユダヤ人が辿った足跡を思い起こしておこう。ユダヤ教は、古代の中東地域に成立したと言われる、最古の一神教である。聖典はタナハ（旧約聖書）とタルムードであり、生活を制約する無数の戒律が定められているという点に、大きな特徴がある。一般にユダヤ教を信仰する人はユダヤ人と呼ばれ、聖地はエルサレムに定められている。

キリスト教も起源を辿ればユダヤ教から派生した宗教として解釈することができ、新約聖書においてもキリストがアブラハムの子孫であることが明言されている。しかし、そのキリストは三三年頃にユダヤ人の民衆によって処刑されたため、以降キリスト教徒にとってユダヤ人はしばしば憎悪の対象になった。

西暦一世紀に勃発したユダヤ戦争において、ローマ帝国はユダヤ属州の反乱を鎮圧するために、エルサレムを陥落させ、神殿を破壊した。これによってユダヤ人とローマ帝国は緊張状態に陥り、一三二年から一三五年にかけて、バル・コクバを盟主として再び大規模な反乱を起こすが、ローマ軍との戦いに再び完敗を喫した。ローマ帝国は徹底的な弾圧を行い、エルサレムにローマ風の神殿を築き、土地の名称を「シリア・パレスチナ」に変更し、エルサレムからユダヤ人を追放した。故郷を追われたユダヤ人たちは各地へ離散することになり、そうした離散状態は「ディアスポラ」とも呼ばれる。それでも、ユダヤ人たちはそれぞれの行きついた先でユダヤの戒律を実践し、離れ離れになりながらもコミュニティを維持しようとした。

離散したユダヤ人たちにとって、中世は文字どおりに暗黒の時代だった。一一世紀に起こった第一回十字軍の際、進軍経路にあったユダヤ人の集落が組織的に襲撃され、人々は理不尽に虐殺された。キリスト教徒に禁止されている金貸し業務はユダヤ人に押し付けられ、ユダヤ人は職業選択の自由を失った。居住地の政策的な隔離が実施され、コミュニティの分断が推し進められた。

ルネッサンスを経て近代へと時代が移ると、そうした劣悪な状況は徐々に改善されていく。啓蒙思想の高まりのなかで、モーゼス・メンデルスゾーンによってユダヤ人の市民権の回復が訴えられ、反ユダヤ主義への反省が促された。一八世紀以降、アメリカ、フランス、ベルギー、オランダ、デンマーク、イギリス、ドイツ、オーストリア、ハンガリー、イタリアなどの国々で、ユダヤ人への差別法が順次撤廃されていった。一方で、内政における市場経済の影響力が顕在化し、ロスチャイルド家をはじめとするユダヤ人の資産家たちが政治的な発言権を持つようになっていった。

しかし、それは同時に反動としてユダヤ人への憎悪をさらに加速させることにもなった。いたるところでユダヤ人に対する理不尽な羨望、恨み、責任転嫁が起こった。一九世紀にヨーロッパ各地でナショナリズムが確立すると、国内からユダヤ人を排斥しようとする論調が強まり始める。一八九四年にフランスで発生したドレフュス事件や、ロシアにおいて二〇世紀初頭まで繰り返された「ポグロム」と呼ばれる組織的なユダヤ人の大量虐殺は、反ユダヤ主義がいかに根強くヨーロッパに浸透していたのかを反映している。

こうした情勢のなかで、ユダヤ人もまた独自の国民国家を持とうとする運動が萌(きざ)す。それがシオニズムに他ならない。前述のドレフェス事件に触発されたユダヤ人思想家のテオドール・ヘルツルは、ユダヤ人がかつての故郷イスラエルへと帰還し、そこにユダヤ人の国家を樹立することの必要性を訴えた。「シオニズム」という名称は、聖地エルサレムの古い別称「シオン」に由来している。ヘルツルの提唱したシオニズムは、その現実化を目指す一つの政治運動へと発展し、各地で論争を喚起していった。

もっとも、すべてのユダヤ人がその思想に共鳴したわけではない。特にヨーロッパ社会への同化を果たしたユダヤ人たちからは、そうした同化への歴史的な努力を無に帰する行為として、シオニズムは厳しく批判された。それでも第一次世界大戦ののち、バルフォア宣言によってイギリスからの公的な支持を獲得したことによって、シオニズム運動はいよいよ現実味を帯び始め、加速していった。

ヨナスは父が会長を務める市民団体の雑誌からシオニズムの思想を知り、その理想に熱中し、地域のシオニストサークルにも参加した。[*46] 彼は、幼い頃から抱えていた疎外感やドイツのナショナリズムへの違和感を、この思想が解決してくれると考えた。ヨナスにとってシオニズムは「故郷」を与えうる唯一の思想であるように思えた。

若きヨナスを魅了したシオニズムへの夢――。それが後年、彼の運命を二〇世紀の混乱の渦中へと巻き込んでいく。

大学時代――フライブルク・ベルリン・ヴォルフォンビュッテル

親戚の影響で本に親しみ、特に宗教哲学に関心を持っていたヨナスは、一九二一年、フライブルク大学の哲学科に入学する。一八歳のヨナスがこの大学を決めたのは、そこで当代一流の哲学者エトムント・フッサールが教鞭を振るっていたからだ。ヨナスは父の世話によって現地の知人の部屋に下宿することになった。フッサールによって開講されていた哲学史の講義にも出席し、そこでロック、ヒューム、バークリーについて学んだ。しかし、彼のゼミに参加することは許可されなかった。その代わりとして履修することになったのが、マルティン・ハイデガーのゼミだった。

ハイデガーは当時三二歳で、ゼミではアリストテレスの『霊魂論』が取り上げられていた。学生はそれをギリシア語で講読し、ハイデガーとディスカッションを行った。また、ハイデガーは講義でアウグスティヌスの『告白』を取り上げ、独自の解釈を開陳してもいた。そのときヨナスは、「ハイデガーの解釈から理解したものはほとんど何もないに等しかったにもかかわらず、ここでは極めて重要な決定が行われており、そして彼は徹底的に作品に取り組んでいるという、否むことのできない感覚を覚えた」[*47]。これがヨナスとハイデガーの最初の出会いである。また、この間ヨナスはギュンター・アンダースと出会い、親交を深めている。

しかし、フライブルク大学での勉強はヨナスの知識欲を満足させるものではなかった。ヨナスは、哲学だけではなく、ユダヤの研究もしたいと考えていたからだ。当時、ドイツ国内でヨナスの要求に応えうる大学は、ベルリンにあるユダヤ学高等学院だけだった。その授業の受講を決めたヨナスは、一九二一年から一年間、夏学期はフライブルク、冬学期はベルリンという生活を送ることになる。

当時のベルリンは政変の最中にあった。同年三月にはロンドン会議が行われ、第一次世界大戦の賠償金として一三二〇億マルクの支払いが決定した。これに関して、賠償をめぐる折衝を進めていた外務大臣のヴァルター・ラーテナウは、一九二二年にベルリンで暗殺された。街では一〇万人のデモ隊が行進し、交通機関は麻痺し、片隅では飢えと貧困が蔓延していた。並行して、ヴェルサイユ条約の締結によって国際連盟が発足し、パレスチナはイギリスの委任統治領として承認され、ユダヤ人のための郷土の建設が約束された。シオニズムの夢を胸に抱くヨナスにとって、そうした報道の一つ一つが、やがて訪れる運命の日を予感させるものだった。またこの頃、シオニズム系の雑誌で短い論文をも発表している。[*48]

ヨナスはベルリンで一人の重要な人物と出会っている。ゲルショム・ショーレムだ。ある日、ユダヤ組合連合や諸大学の代表者によって大きな集会が行われた。その集会には「ブラウ・ヴァイス」と呼ばれる過激なユダヤ民族青年運動の組織も参加していた。コナスの仲間の一人がユダヤ組合連合の立場からブラウ・ヴァイスを批判する演説を行った。すると、ブラウ・ヴァイス側からの妨害行動が起こり、会場が一時混乱に陥った。これに対して、激怒しながらその場に割って入り、事態の収束を図ろうとしたのが、ショーレムだった。このときヨナスはショーレムと直接話をしたわけではないが、その佇まいは彼の記憶に鮮明な印象を与えることになった。

一九二三年、フライブルクおよびベルリンでの学生生活を経たヨナスは、少年時代から心に抱き続けてきたシオニズムの実現に向けて、具体的な準備を開始する。彼は、ベルリンの西にある小さな町ヴォルフォンビュッテルに行き、そこでパレスチナ入植に向けた職業訓練に参加し、園芸農家の徒弟として実習を受けた。ヨナスは与えられた簡素な屋根裏部屋に住み、イチゴを摘んだり、アスパラガスを採ったり、木に登ってサクランボを収穫したり、馬を連れて農地を耕したりした。彼は一日に「ほぼ一四時間」[*49]働き続け、過酷な労働生活が半年間続いた。しかし、ヨナスにそうした重労働は向いていなかった。それはヨナスを受け入れた農夫の目にも明らかだった。農夫はヨナスに哲学の世界へと戻るよう忠告した。

ヨナスはその忠告を聞き入れて、ヴォルフォンビュッテルをあとにし、再びフライブルク大学に戻った。そこでマックス・ホルクハイマーと出会っているが、一九二四年にハイデガーがマールブルク大学の教授に就任してしまったため、ヨナスもそのあとを追って同大学に移籍する。

そこでヨナスは一人の少女と出会う。

アーレントとの出会い

マールブルクにやってきたヨナスは辟易としていた。ハイデガーの周りには信者のような取り巻きが群がっていた。もちろんヨナスもハイデガーに魅了された学生の一人だったし、その事実がなおさら彼を辟易とさせたのかもしれない。彼はハイデガーとともにルドルフ・カール・ブルトマンのゼミにも出席することにした。そこでは新約聖書の講読が行われていて、学生はほとんどがキリスト教徒だった。

そのなかに一人、目に留まる少女がいた。彼女の名はハンナ・アーレントといった。彼女は当時一八歳だった。ヨナスは彼女の「眼や顔立ち」[*50]に釘づけになった。単に美しいというだけではない。そこには何か特別なものがあった。

ヨナスとアーレントは次第に話をするようになった。前述のアーレント篇で述べられたとおり、そのゼミでユダヤ人はその二人だけだった。そうした事情も手伝って、二人が仲良くなるまでに時間はかからなかった。ヨナスはある日アーレントからブルトマンのゼミに入るまでの経緯を聞いた。彼女が教授室に乗り込んでいき、一年生の学生でありながら、稀代の神学者であるブルトマンに啖呵を切ったというエピソードに、ヨナスは驚いた。彼はその威勢の良さに自然な好感を覚えたのかもしれない。

彼女はいつでも「戦闘態勢」の「反抗的ユダヤ人」だった。[*51] 自分の信念に反することに対しては容赦をしなかった。ときとして無謀とも思える行動を起こした。彼女が次に何をするか、誰にも予測できなかった。だからこそ誰もがアーレントのことをつい気にしてしまった。彼女はそんな少女だった。

ヨナスとアーレントは毎日会い、一緒に食事をするようになった。二人には行きつけのレストランができた。アーレントは食事が早く、ヨナスは食べるのが遅かった。そして彼女は愛煙家だった。やがて、二人の間では一つの「協定」[*52]が結ばれるようになる。ある日、アーレントはヨナスにこう言った。

　特権を認めて欲しいな。あなたがまだ食べている間に、私が煙草を吸い始めてもいい、っていう。[*53]

ヨナスはその特権を彼女に与えた。そしてそれ以来、彼女はその権利を晩年まで彼の前で行使し続けた。ヨナスはのんびりと食べ、アーレントは煙草に火を点けた。ドイツには依然として暗雲が立ち込めていた。大学ではハイデガーの信者が騒いでいた。ソ連ではレーニンが死に、スターリンが政権を掌握した。コンラッドが死に、プッチーニが死に、カフカが死んだ。世界は確実に、刻々と変化していた。

アーレントは美しかった。留保の余地なく美しかった。ヨナスによれば、「彼女は、恥ずかしがりやで、引っ込み思案で、それでいて人をはっとさせるものがあり、美しい顔立ちをしていて、孤独な眼をしていた」[*54]。彼女は衆目を一身に集めたが、同時に傷つきやすく、しばしば男たちに怯えていた。ヨナスはそんな彼女を守ろうとした。ある日、二人がいつものように食事をしていると、学生組合の男がやってきて、アーレントを口説こうとした。男は靴を打ち鳴らして大きな音を立てた。彼女は男を怖がった。それに対して、ヨナスが彼をはっきりと拒否した。男は引き下がり、アーレントはヨナスに「ありがとう」と言った。

二人はともにハイデガーの弟子たちで構成された哲学サークルに入った。メンバーはほとんどが現実社会の政治に無関心であり、アーレントもその例外ではなかった。彼女は、のちに政治思想家として一世を風靡することになるものの、当時はまだ「夢見がちで汚れのない」哲学科の学生だった。[*55] これに対して、シオニズムに燃えるヨナスは、一方では堅実な哲学徒でありながら、同時に現実の国際社会に眼を光らせてもいた。そんな彼の姿をアーレントは茶化していた。彼女はこう言うこともあった。

子どもに欲しいものを与える。あなたの場合は、シオニズムがそれなの。男の子にはそういうものがないといけないんだね。[*56]

ヨナスにとってアーレントは明らかに特別な友達だった。最初に仲良くなったきっかけは、ただ単に、二人がともにユダヤ人であるということだけだったのかもしれない。しかし、一緒に時間を過ごしていくうちに、彼女は他の誰とも代替できない、たった一人の親友になっていた。もちろん、彼女が特別だったのはその美貌のためではないし、彼女が特別に優秀だったからでもない。そうではなく、彼女の瞳の奥に潜む光が、名状し難い何かを予感させたからだ。彼は当時のアーレントの印象を次のように述懐している。

そこにはより良きものへ向かう激しさが、胎動が、衝動がありました。本質の探索が、深淵の追究がありました。それらが彼女に魔法をかけていたのです。自分自身であろうとする絶対的な決意が感じられ、あまりの傷つきやすさに直面しながらも、その決意を維持するだけの不屈の精神を持っていました。[*57]

アーレントは「自分自身であろうとする絶対的な決意」を持った少女だった。しかし、彼女は同時に傷つきやすかった。彼女の「決意」は傷つきやすさに晒され、まだはっきりとした形を持たず、どこに向かえばいいのかも定まっていなかった。それでもヨナスは、その何だかわからない、しかしかけがえのない特別な何かがこの世界から失われないように、彼女を守ろうとした。そんなヨナスを、アーレントはときどき茶化し、けれど信頼していた。

二人は誰が見ても明らかに「友達」の範疇を超えて親密だった。アーレントは美しかったし、ヨナスは必ずしも手癖がいいとは言えなかった。しかし彼はアーレントとだけは恋仲にならなかった。周囲はそれを不思議がった。ヨナスの父グスタフがマールブルクにやってきたとき、ヨナスとアーレントの親密ぶりを知ると、彼は二人が恋人であると誤解した。そして、将来の結婚相手になることを見越して、彼女の身辺調査をした。それを聞いてヨナスとアーレントは笑った。

二人の間に好意がなかったわけではない。二人は、もし何もなければ、もしかしたらそのまま恋人になっていたのかもしれない。あるいは、しばらくの間、二人の関係にはそうした曖昧さが漂っていたのかもしれない。しかし、やがてそうした曖昧さを打ち消すような出来事が起きる。

冬の終わりだった。その日、アーレントは風邪で熱を出していた。彼女は安いアパートの屋根裏部屋に住んでいた。ヨナスは彼女を見舞いに行った。アーレントはベッドに横になっていた。ヨナスはその側に腰掛けて彼女と話した。彼女はパジャマ姿のままだった。もっとも、それは特別なことではなかった。二人はよく彼女の家で話していたからだ。

しかしその日はいつもと様子が違っていた。二人は――どういう理由でかはわからない、あるいは理由などなかったのかもしれない――気まぐれにキスをした。そしてヨナスはアーレントを抱きしめた。しかし、ヨナスは一瞬の逡巡の末に、手を解いて彼女を離した。彼は思い出した。自分は彼女を守らないといけない、自分が台無しにしてはいけない。そう思って、何事もなかったかのように、ぎこちなく別れを告げて、部屋から出ようとした。じゃあ、ハンナ、僕はもう帰るよ。お大事に。

しかし、帰ろうとするヨナスをアーレントは引き止める。

ハンス、もういちど戻って、座って。だめなの、あなたに話さないといけないことがあるの。[*58]

ヨナスは足を止めて、近くにあった椅子に座った。そして、彼女の言葉を待った。アーレントはそこでハイデガーとの関係を告白した。

それ以降、二人の関係が恋愛に発展する可能性はなくなった。もちろんこの出来事が二人の関係に亀裂を入れることはなかった。むしろヨナスと彼女との友情はいっそう親密なものになりさえしたのかもしれない。ヨナスに告白をしたことによって、アーレントもまた、ヨナスに対して忌憚なく相談をするようになっていった。

その後、生涯にわたって続く二人の友情は、こうして育まれていった。

以上は、ヨナスの側からの証言をもとにした叙述である。ヨナスはいくつかの伝記においてアーレントとの学生時代の関係を極めて仔細に書き残している。ただし、アーレントの側にこれと呼応するような文献が存在するわけではない。

アーレントは翌一九二五年にはフライブルク大学へと移籍してしまう。したがって、ヨナスとアーレントが大学時代を一緒に過ごしたのは、わずか一年間にすぎない。しかし、その一年間はヨナスにとって極めて大きな意味を持っていた。彼が後年に書き残す学生時代の述懐のなかで、アーレントとの思い出は特別な光を放っている。

古代グノーシス主義の研究

前述のとおり、ヨナスはマールブルク大学でブルトマンとハイデガーという二人の指導教員を持った。アーレントと別れたのち、彼が自らの研究テーマとしたのは、古代グノーシス主義の神話である。

グノーシス主義とは何か。今日においても専門家の間でその結論は出ていない。少なくともそれは、ユダヤ教やキリスト教のように体系立った特定の宗教を指すのではなく、地中海からオリエント地方にかけて、多様な信仰や思想の混淆によって散発的に表れてきた、ある特徴を共有する思想群の名称である。その特徴として挙げられるのは次の三点である。すなわち、第一に、反宇宙的な二元論をとっていること。善なる至高の神と悪しき創造の神を区別し、創造神によってもたらされたこの宇宙を敵視しているということである。第二に、人間の内部には「本来的な自己」が本質として備わっていると考えること。すなわち人間はこの悪しき世界に存在しているが、しかし本来は至高の神に由来する存在であるため、そうした本来的な自己を自分自身のうちに隠し持っているのである。そして第三に、人間にその本質を「認識」させる救済者が存在すること。人間は悪しき世界のなかで本来の自己を見失っているが、そうした啓示的な救済者によって自分自身を「認識」することで、この世界から解放されることができる。*59「グノーシス」

とはギリシア語で「認識」を意味する言葉であるが、その名前の由来はこうした思想の類型にある。

グノーシス主義は、ヘレニズム思想を母胎としながら、ギリシアのネオプラトニズム、イランの二元論、バビロニアの宇宙論、エジプトのヘルメス主義などの混淆によって出現している。[*60] また、多くの場合、それらはキリスト教グノーシス主義か、非キリスト教グノーシス主義かに大別することができる。キリスト教グノーシス主義とは、キリスト教の教義をグノーシス主義的に解釈した派閥であり、二世紀後半に最盛期を迎えるが、初期キリスト教正統派において異端思想として排除されたものである。これに対して、非キリスト教グノーシス主義は、それ以外のすべてのグノーシス主義を指す。

このように一言でグノーシス主義と言っても、そこには夥しいほどの多様性がある。そのため、ヨナス以前のグノーシス主義研究では、地域ごとのグノーシス主義の形成過程を通時的に追跡するものが多数派を占めていた。しかし、それらを一つの思想として包括するためには、その思想群を束ねることができる、何らかの本質が見定められなければならない。

ヨナスの博士論文はまさにその本質を解明しようとするものであった。そのために彼はブルトマンとハイデガーから学んだ二つの方法論、すなわち脱神話化と実存分析をグノーシス主義へと応用する。脱神話化とは、神話を、それを作り出した人間の実存を反映するものとして捉え、ここから神話の意味を解釈する手法である。また実存分析は、そうした人間の実存を構成する諸要素を分析し、ここから人間存在の構造を明らかにしようとする方法である。この二つの方法論を応用することによって、ヨナスはグノーシス主義を「『現存在』の基本姿勢」[*61]によって規定されたものとして解釈し、ここにグノーシス主義の本質を洞察しようとするのである。

ヨナスが注目するのは、グノーシス主義の神話に共通する特徴のうち、本来は至高の神に由来するはずの人間が、創造された悪しき世界に存在してしまっている、という設定である。それは、人間が本来なら存在するべきではない場所に存在してしまっているということである。

ではそうした人間の非本来性は何を意味しているのか。ヨナスはその意味をハイデガーが『存在と時間』において概念化した「被投性」という概念によって解釈する。ヨナスによれば被投性とは、「現存在がその成立に関与したことはなく、そのなかで現に占めている場所を自分で決めたわけでもないような世界」に投げ込まれている、という事態を意味するのであり、そしてそれこそがグノーシス主義に通底する人間理解なのである。ヨナスは、博士論文に基づいて書籍として公刊された『グノーシスと古代末期の精神』（一九三四年）において、次のように述べる。[62]

被投性は、グノーシス主義の自己表明において、世界のなかでの「いのち」の現下の状況を特徴づけるために用いられているのである。――それは存在解釈を現在完了形で表現するカテゴリーである。「一体誰がこの私をもろもろの世界の苦難の中へ投げ入れたのか。一体誰が悪しき暗黒の中へ移したのか」と「いのち」は問い、「私たちが投げ込まれているこの世界の暗黒から私たちを解き放ってください」と「いのち」は請い求める。[63]

こうした分析に基づいて、ヨナスはグノーシス主義の神話を非本来性から本来性へと覚醒する現存在の物語として解釈する。そしてそれによって、グノーシス主義に一つの一貫した世界観を描き出すことが、ヨナスが提出した研究成果であった。[64]

同論文はブルトマンとハイデガーによって審査され、最高評価を与えられた。ヨナスは無事に博士号を取得し、学生時代を終えることになった。

博士号を取得したのち、ヨナスは大学のポストを得ずに、在野の研究者として数年間活動した。父の経済的な援助のおかげで、彼は生活に苦労することなく研究に没頭できた。当面の目標は博士論文を著作として出版することだったが、同時に大学教授資格論文を執筆する必要もあった。当時、それは博士論文とは異なる内容でなければならない、という慣例があったため、ヨナスは新しいテーマについて思いを巡らせながら、ハイデルベルク、パリ、フランクフルト、ケルンと移り住んだ。ハイデルベルクではアーレントとも再会している。そんな風にして、彼は五年間にわたってのんびりとした生活を送った。*65

しかし、一九三三年に、その生活は唐突に終わりを迎える。

代わりに彼を待っていたのは、憎悪と暴力と死に彩られた十数年間である。

第2章

漂泊と戦場

ナチズムとの対峙

1933-1945

アーレント　二七〜三九歳

ナチス政権の成立

一九三二年一一月の国政選挙で国民社会主義ドイツ労働者党、通称ナチ党が三七・三パーセントの得票率を得て、ドイツの第一党に躍り出た。一九三三年一月三〇日には、ナチ党の党首、アドルフ・ヒトラーが首相に任命されて、ナチス政権が成立する。ヒトラーはワイマール共和国の議会制民主主義に終止符を打ち、自らを最高指導者とする独裁体制を樹立するための政策を次々と打ち出していくことになる。

二月七日にベルリンの国会議事堂が放火炎上する事件が起こると、ナチス政権はこれを共産党の全国蜂起の企てと断定して「国民と国家の防衛のための大統領緊急令」を布告し、三月には全権委任法を成立させる。全権委任法は、ナチス政府に議会の承認や批准なしに立法や条約を成立させる権限を付与するものであり、ワイマール憲法を事実上廃止するものであった。四月一日にはユダヤ人商店ボイコット運動が全国的に展開され、続いて反体制派およびユダヤ人を公務職員から追放する法律が可決される。

以下、参考までにナチス政権成立から終戦までに取られた反ユダヤ主義政策を列挙しておこう。大澤武男『ユダヤ人とドイツ』から抜粋する。[*1] その卑劣さが伝わるはずだ。

一九三三年　四月七日　ユダヤ人を公務職員から追放
五月一〇日　ユダヤ系または共産主義的書物の焼却破棄（焚書）を実施
七月一四日　ワイマール共和国成立以後にドイツ国籍を得たユダヤ人の市民権、国籍を無効化
一九三四年　一月一四日　ユダヤ人医学生に対する国家試験の禁止
六月七日　ユダヤ系出版社のナチ系出版社への強制買収
一二月八日　ユダヤ人薬学生に対する国家試験禁止
一九三五年　初頭　全ドイツで反ユダヤ的宣伝の看板が掲げられ始める
五月八日　将校になることの禁止
七月二五日　ユダヤ人の軍役資格の剝奪
九月一五日　ニュールンベルク法の成立、ドイツ人との結婚・性交渉の禁止、「ユダヤ人」概念の規定
一一月一四日　選挙権の剝奪
一二月二一日　ユダヤ人公証人、医者、大学教授、教員などの職業禁止
一九三六年　ベルリンオリンピックのため、一時的に反ユダヤ政策は緩和される
一九三八年　三月二八日　ユダヤ教の宗教団体は公法団体としての地位を取り消される
四月二六日　財産の登録義務
七月二七日　ドイツ各地のユダヤ人名を持つ道路の取り消し・改称

	九月二七日	弁護士業の禁止
	一一月九日	同月一一日まで、ナチ政権による全国的・組織的な迫害。通称「水晶の夜」。数百のシナゴーグが焼き打ちされ、九六人のユダヤ人が殺される。二万六〇〇〇人のユダヤ人が逮捕され、強制収容所へ送られる
	一一月二五日	ユダヤ人子女の公立学校への通学禁止
	一二月三日	自動車免許証の剝奪
一九三九年	二月一七日	ユダヤ人の所有する一切の貴金属拠出令
	四月三〇日	借家住まいのユダヤ人に対する法的保護の撤回
	九月一日	ポーランド侵攻。ユダヤ人に対する夜間外出禁止令
	九月二三日	放送機器の所有禁止、拠出令
一九四〇年	二月六日	衣料配給券の給付取り消し
	七月四日	食糧購入の一日一時間制限
一九四一年	三月七日	残存ユダヤ人に対する強制労働義務の導入
	六月二二日	ナチ親衛隊によるユダヤ人の大量虐殺開始
	九月一日	満六歳以上のユダヤ人、黄色のユダヤの星印付加義務
	一〇月三日	労働法上の保護撤廃
	一〇月八日	アウシュヴィッツ強制収容所の設立
	一〇月一八日	ゲットーおよび強制収容所への輸送開始
	一一月二五日	強制輸送されるユダヤ人の財産を没収

一九四二年　一二月二一日　公衆電話の使用禁止
　　　　　　一月一〇日　毛布・ウール衣料の拠出令
　　　　　　一月二〇日　ヴァンゼー会議で絶滅計画の組織化が検討される
　　　　　　一月下旬　アウシュヴィッツで毒ガスの使用開始
　　　　　　二月七日　新聞、雑誌の購入禁止
　　　　　　四月二四日　公的交通機関の利用禁止
　　　　　　六月一九日　電気製品、光学機器、自転車等の拠出令
　　　　　　七月三〇日　メタル製ユダヤ教祭器の拠出令
　　　　　　一〇月一九日　肉類、乳製品配給券の給付取り消し
一九四三年　七月一日　一切の法的権利の剥奪
一九四四年　一〇月二一日　ドイツ人を配偶者としているユダヤ人の強制輸送
一九四五年　一月二七日　アウシュヴィッツ強制収容所、ソ連軍により解放

これらの政策一覧を眺めるだけでも、ナチスドイツがユダヤ人から一つ一つ確実に権利を侵害し、やがてその存在を否定するに至ったことが理解されるであろう。

政治的目覚め

アーレントの夫ギュンター・シュテルンは、一九三三年二月の国会議事堂放火事件の数日後にはベルリンを逃れ、パリへと向かっている。新しく編成されたゲシュタポ（秘密警察）がベルリンの左翼を一掃す

るという噂を入手したシュテルンは、いち早く国外脱出を決断したのだった。一方、アーレントはこの時点ではまだベルリンに留まっている。いずれ自分も亡命することにはなるだろうと予期しつつ、まだその時点ではドイツにおいてなすべきことがある、と彼女は考えていたようである。

シュテルンが去ったのち、アーレントのアパートメントは、反ナチスの活動家たち、迫害された人々、亡命者たちの中継地点となった。[*2] そのなかには多くの共産党員も含まれていたが、そうした活動家たちと交わるなかで彼女の政治意識は高まっていった。学生時代には政治にほとんど関心を持っていなかったものの、ナチスが台頭してきてからは、彼女は「もはや傍観者ではいられな」くなり、ある種の「責任を感じ」始めた。[*3]「一九三三年には政治に無関心でいることはもはや不可能でした」とのちのインタビューで彼女は語っている。[*4]

ヨナスはアーレントの政治的目覚めについて次のように記している。アーレントは「政治的な家庭の出身であったにもかかわらず——彼女の母は初期の社会主義者で、ローザ・ルクセンブルクを賛嘆していた——」、学生時代はずっと「非政治的」だった。しかし、「彼女は政治的なものをヒトラー現象の圧力のもとで——彼女の夫であるギュンター・シュテルンの影響もあって——はじめて再発見しなければならなかった。この夢見がちで汚れのない哲学的現存在に現実がきわめて荒々しい仕方で押し入ってきたときにはじめて、政治的な領域が彼女の前に開けたのである」。[*5] ヨナスからしてみれば、ナチス政権の誕生によって、アーレントはようやく、ドイツにおけるユダヤ人にふさわしい政治的意識を持つようになった、と感じられたのであろう。

一九三三年の春、アーレントはクルト・ブルーメンフェルトと「ドイツ・シオニスト機構」のメンバーから非合法の仕事をするよう依頼を受ける。それは、「第一八回シオニスト世界会議」のために、プロイセン国立図書館に所蔵されている雑誌のなかから、反ユダヤ主義プロパガンダに関する記事を収集するというものであった。彼女はその期待に応え、「見事なコレクション」を作ってみせた。[*6]

しかしその違法行為が警察にばれて、アーレントはある日、母マルタとともに路上で逮捕され、警察署へと連行される。幸運なことに、その取り調べによってアーレントとシオニスト集団との関係が発覚することはなく、彼女たちは八日後に釈放される。母マルタは警察から、娘がプロイセン国立図書館で何をしていたか知っているかと尋ねられたとき、きっぱりこう答えた。「いいえ、私は彼女が何をしていたのか知りません。でも何をしていようと、正しいことをしていたはずですし、きっと私も同じことをしたはずです」と。[*7]

アーレントと母はこれを機として、国外へ脱出することを決意する。ドイツ東部国境のエルツ山地の森を通ってチェコに入り、プラハで短期間を過ごしてから、二人はジュネーヴへ向かった。[*8] 母の旧友の助けを得て、そこに身を隠しながら、アーレントは母親が安全に故郷ケーニヒスベルクへと戻れるように手はずを整え、自身はパリへ移動した。当時のパリには、夫シュテルンが暮らしていただけでなく、多くの知識人やシオニスト、政治活動家、芸術家たちが集まっていたからである。

パリのアーレント

一九三三年の秋、パリに到着したアーレントはシュテルンと合流し、しばらくの間、ともに暮らすことになるが、二人の結婚生活が修復されることはなかった。三四年にヨナスがパリを訪ねてきたときには、二人は依然夫婦として対応していたし、公的な場では彼女はハンナ・シュテルンという名前を使っていたが、[*9] その関係性はもはや終わりを迎えていた。彼らが最終的に別れたのは、シュテルンがパリを去って、ニューヨークへと向かった一九三六年六月のことであった。

とはいえ、パリ滞在中に二人は共通の知りあいを持ち、カルチェ・ラタンのカフェでしばしば友人や知人たちと語りあっていた。シュテルンはアーレントに劇作家ベルトルト・ブレヒトを紹介し、また二人で文芸批評家ヴァルター・ベンヤミンを訪ねた。[*10] アーレントとベンヤミンは互いに尊敬しあう仲となり、アーレントはのちにブレヒトとベンヤミンについてのエッセイを書いている（『暗い時代の人々』所収）。またアーレントは社会学者レイモン・アロンとも交流を持ち、彼の紹介で、彼女とシュテルンはパリ高等研究学院におけるアレクサンドル・コジェーヴの講義にも参加している。[*11]

ヨナスによれば、「ハンナはパリの亡命者のあいだですぐに大いに注意を払われる人物となった」[*12]。他方で、「ギュンターはパリでは少し脇にそれており、女王の夫君の役を演じ始めていたが、これは功名心や虚栄心の強い男であるギュンターにとってはまさに耐えがたいことだった」[*13]。こうしたズレが両者の距離を広げていったのかもしれない。

やがてアーレントは「農業と手工業」というシオニズム系組織の秘書として働き始める。[*14] 一九三五年からは、青少年のパレスチナへの移住を援助する「青年アリヤー」のパリ事務所の事務局長として働き、三八年からは「パレスチナのためのユダヤ機関」でオーストリアとチェコからの避難民を救援する仕事に就いている。三五年には「青年アリヤー」で援助していた青年移住グループを引率して、パレスチナにまで出向いており、その際、アーレントは二〜三週間にわたってヨナスの家に滞在したという。[*15] これが、ヨナスがエルサレムに渡ったのち、二人がその地で会った唯一の機会になった。残念ながら、そこで二人の間にどのようなやりとりがあったのか、記録は残されていない。二人は戦争中には手紙のやりとりを行っておらず、次に再会するのは戦後のニューヨークでのことになる。

アーレント自身は、最後までシオニストの正式メンバーには加わらず、政治的には一定の距離を保ち続けたものの、彼女が生涯で最もシオニズムに接近したのが、この亡命期間であったと言ってよいだろう。間接的にではあれ、ヨーロッパに暮らすユダヤ人青年をパレスチナへ送り込む手伝いをして、生計を立てていたのだから。シオニズム運動に明確に身を投じ、戦争の前線にまで出かけていったヨナスと比べて、アーレントとシオニズムの間には最後まで一定の線が引かれていたが、しかしそのアーレントとて、やはりこの時期には迫害されたユダヤ人の一人として政治活動に関わらないわけにはいかなかったのだろう。

一時的にアカデミズムで生きる道を諦め、ユダヤ系団体で実務的に働くことを選んだアーレントは、直接に戦争の前線は経験していないものの、パリで多くの亡命者やユダヤ系の人々と出会い、ともに働くなかで、いま自分の身に降りかかっているものが何であるのかを必死に考えていたに違いない。パリに滞在しながらも、母国ドイツで次々と起こる不吉なニュースが彼女の耳には間違いなく入っていただろう。いま一体何が起きているのか、ナチスとはヒトラーとは何なのか、ユダヤ人であるとはどういうことなのか、邪悪なものの台頭を目の当たりにしながら自分はいま何をすべきなのか、と。

伝記『ラーエル・ファルンハーゲン』と「自覚的パーリア」

ここで、アーレントが博士論文後に執筆に取り組んだ風変わりな伝記『ラーエル・ファルンハーゲン』について簡単に紹介しておこう。一九三三年にパリへ亡命する前に、彼女は最初の一一章を書き上げており、最後の二章は一九三八年の夏に書かれた。[*16]

ラーエル・ファルンハーゲンは一八世紀末から一九世紀初めにかけてベルリンで著名人が集まるサロンを開いていたユダヤ人女性であったが、決して著名な思想家や活動家であったわけではない。アーレントがラーエルについて初めて知ったのは、ケーニヒスベルク時代の友人、アンネ・メンデルスゾーンを通じてであったが、アウグスティヌスの次の研究対象として、ラーエルを選んだのは、ユダヤ人女性として苦悩に満ちた人生を送った彼女に対する強い関心と共感を抱いていたためであったと思われる。

ユダヤ人として迫害され、一八年にもおよぶ「根なし草」としての生活を強いられるなかで書き上げられたこの伝記には、当時の彼女の心情や苦悩が込められていたに違いない。書物としては、約二〇年後の一九五八年にようやく英語訳が出版されているが、若きアーレントの「ユダヤ人女性」としての意識を推し量るうえで興味深い一冊になっている。

「私の関心はただ、ラーエルの生涯の物語を、もし彼女が語ったとしたらこうなるであろうように自分の言葉で語ることにあった」[*17]とアーレントはプロローグで述べている。彼女はラーエルが残した多くの書簡を収集して、ラーエルの人生の軌跡を辿りながら、近代社会において「ユダヤ人女性」として生きるとはどういうことか、を一つの物語として描き出したのだった。

ラーエルは一七七一年にベルリンで裕福な商人の家に生まれ、正統派のユダヤ教徒として育てられた。彼女が生きた一八世紀末から一九世紀初めは、ベルリンでユダヤ人女性が主宰するサロンが、ドイツ・ロマン派の精神文化の交わりの場として活況を呈していた時期であった。ラーエルもまた、一七九〇年から一八〇六年の間、イェーガー通りの屋根裏部屋でサロンを開くことになる。[*18]ラーエルには「唯一無比の」天分と魅力があり、彼女の屋根裏部屋のサロンには、ベルリンのさまざまな人々が集まってきた。そのなかには、フンボルト兄弟、フリードリッヒ・シュレーゲル、フリードリッヒ・フォン・ゲンツ、プロイセン皇太子のルイ・フェルディナントなどがいた。そこでラーエルは多くの友情に恵まれ、ヨーロッパ諸国の貴族たちといくつかの恋に落ちることになる。

しかしそれらの恋愛はいずれも成就することはなかった。ラーエルはユダヤ人であることから抜け出したいとずっと願っていた。当時、ユダヤ人女性が「ユダヤ人であることから抜け出し」、社会に「同化」するための一番の近道は、高貴な男性と結婚することであった。実際ラーエルは、プロイセンの大臣の息子であったフィンケンシュタイン伯爵や、スペイン公使館付書記官のウルキホと恋愛関係になり、結婚を待ち望むようになるが、結果的にその願いは叶えられずに終わり、彼女は失望に暮れることになる。

ラーエルはもう四〇になっているが、こと志とちがって何ひとつ上手くゆかなかった。ユダヤ人であることから脱出したかったのに、いまだにそのままだ。結婚したかったのに、できなかった。裕福になりたかったのに、いっそう貧しくなった。世の中で何者かとして通用するようになりたかったのに、若い頃にはあったわずかな可能性も潰え去った。彼女にとって『社交は……これまでずっと生活の半分』だったのに、唯一そこで手に入れかけた成果といえば、社交界に対する正当な嫌悪感だけだった。*19

一八〇六年にナポレオンがベルリンに侵攻すると、ラーエルのサロンは散会し、サークルにいた友人たちは散り散りになる。ラーエルはその後、貧しい役人であったカール・アウグスト・フォン・ファルンハーゲンと出会い、結婚する。ファルンハーゲンはその後、いくつかの戦争に参加するなかで、大物の軍人と知りあって人脈を作り上げていき、順調な出世を遂げていく。それに伴ってラーエルも「社会との同化」を成し遂げたかのように見えた。結婚後、彼女は夫の助力を介して、大ファンであったゲーテから手紙をもらい感激している。また、一八二一年から三二年まで、彼女はベルリンで再びサロンを開くことにもなったが、その客のなかには、ハインリッヒ・ハイネ、ピュックラー゠ムスカウ皇太子、G・W・F・

ヘーゲル（!）、ランケなどがいた。[20]

こうした華やかな交流と堅実な結婚生活にもかかわらず、ラーエルは最後まで幸せにはなれなかった。彼女は死の間際に次のように語ったと言われている。「私の生涯のかくも長い間の最大の恥辱、最もにがい苦しみと不幸であったこと、ユダヤ女に生まれついたことを、今の私は決して手放したくはありません」[21]。この言葉を残して、ラーエルは一八三三年三月に亡くなっている。

この伝記を通じてアーレントが描き出したのは、ユダヤ人女性として近代社会を生きることの難しさであり、ユダヤ人が社会に「同化」することの不可能性であった。ラーエルは最終的に、「成り上がり者」（パーヴェニュー）としてではなく、自覚的な「賤民」（パーリア）として生きるしかないことを学んだのだとアーレントは結論づけている。「賤民の方が成り上がり者よりも『真のリアリティ』への感覚をもっとよく保持しているばかりか、場合によってはもっと多くの現実を所有してさえいると、わかったのである」[22]。これは、若くしてドイツ社会への「同化」を断念させられ、「根なし草」の「賤民」として生きることを強いられたアーレント自身が痛感していたことでもあっただろう。ユダヤ人として生まれてきた限りは「自覚的パーリア」としてこの世界を生きていくしかないこと、「ユダヤ性から逃げられはしない」ことを、アーレントはラーエルの生涯を辿りながら改めて確認し、その決意を固めていったのだと想像できる。[23]

ブリュッヒャーとの出会いと結婚、そしてギュルス収容所

一九三六年春、アーレントは二度目の結婚相手となるハインリッヒ・ブリュッヒャーと出会う。ブリュッヒャーは、労働者階級の生まれで、一九歳でローザ・ルクセンブルク率いるスパルタクス団に加わり、ドイツ共産党（ＫＰＤ）の党員となった活動家であり、ヨナスによれば「ベルリンの左翼——マルクス主

義的運動の知的な派閥において一定の役割を果たしていた」人物であった。また彼は「自分自身をとても興味深い知識人へと形成したきわめて才能に恵まれた独学者」[*24]でもあった。ブリュッヒャーもまたナチスの弾圧から逃れるために、一九三四年にプラハを経由してパリへと亡命してきた。「独学で身につけた幅広い知識と鋭い政治的感覚、人を魅了する話術」[*25]を持っていたブリュッヒャーとアーレントはすぐに惹かれあうようになった。

アーレントは一一歳のときに母親に連れられてスパルタクス団を支持する討論会や政治集会に出かけている。[*26]母マルタは若い頃から社会民主主義者を自認し、ローザ・ルクセンブルクを熱烈に支持していた。おそらくその影響を受けて、アーレントもまたローザのファンになり、のちにローザについての長く熱いエッセイも書き残している(『暗い時代の人々』所収)。そのスパルタクス団に自らが参加していたブリュッヒャーとアーレントがパリで出会い、生涯の伴侶となったのも、ひとつの運命であったかもしれない。

その後、アーレントはシュテルンと書面でもって一九三七年に離婚し、その三年後、ブリュッヒャーと二度目の結婚をしている。アーレントはのちにハイデガーの妻に宛てた手紙のなかで二度の結婚について次のように綴っている。「おわかりくださるでしょうか。私はマールブルクを去ったとき、もう二度と男を愛することはすまいと堅く心に決めていました。そしてその後、なんとなく誰でもいいという気分から、愛してもいない人と結婚しました。……このすべてが初めて変化してきたのは、いまの夫と知りあってからのことでした」[*27]。

一九三九年九月一日にドイツ軍がポーランドに侵攻したことを機として、イギリスとフランスがドイツに宣戦布告し、第二次世界大戦が始まる。これによって「敵性外国人」となったブリュッヒャーは、パリ南西にあるオルレアンの近くのヴィルマラールに二ヶ月間拘留される。他の拘留者たちとともに、ブリュッヒャーは労働奉仕に従事させられ、村の納屋に寝泊まりすることになるが、彼は労働が終わるとカントの『純粋理性批判』を読み、仲間たちと語りあって時を過ごしていた。[*28]

ブリュッヒャーがパリに戻ったのち、四〇年一月にアーレントとブリュッヒャーは正式に結婚する。[*29] これは二人のアメリカへの緊急入国ヴィザを取得するためでもあった。戦況が厳しさを増し、フランスでも亡命者への風当たりが強まるなか、彼女らはアメリカへの渡航を計画し始めたのだった。

しかしその最中、四〇年五月五日にフランス政府から、一七歳から五五歳までのドイツ出身者、男子すべてと未婚あるいは子どものいない女子すべてに出頭を命ずる、という指令が発せられる。男性は五月一四日に「ビュッファロ競技場」に、女性は五月一五日に「冬季競輪場」に集まるように、とのことであった。[*30] アーレントとブリュッヒャーはやむなくそれぞれの出頭先に向かう。当時、二人とともに暮らしていた母マルタは五五歳以上だったのでアパートに残った。

五月二三日にアーレントたち女性は、冬季競輪場からフランス南西部のピレネー山脈近くのギュルス収容所に移動させられる。収容所の環境は劣悪であり、『「号令と足踏み」』による整列と労働が支配し、雨が降れば即座にぬかるむ泥土の上に建てられたバラックでわらぶとんに寝て、一日一個のパンと硬いひよこ豆のスープしか与えられない」という状況で、赤痢も流行していた。[*31]

アーレントはのちに『全体主義の起源』のなかで、強制収容所の存在を全体主義支配のメルクマールと見なして、これを詳しく分析することになるが、実は彼女自身も一時的に収容所に捕えられる経験をしていたのだった。[*32] 幸運にも、彼女は一ヶ月足らずでその収容所を脱出することができたのだが、三週間程度の生活だけでも、収容所が一体どのような場所であるか、それがどれほど人間の尊厳を傷つける場所であるかを、嫌というほど実感したはずである。

アーレントが幸運にもこの収容所から脱出できたのは、四〇年六月にフランスがドイツに降伏し、ナチスがパリを占領するという事態が生じたためであった。六月一四日のパリ占領後の数日間の混乱に乗じて、アーレントは仲間たちとともに偽の釈放証明書を手に入れて収容所を脱走する。この「唯一のチャンス」に収容所から脱走せず、その場に留まったユダヤ人女性の多くは、その後、ナチスによって絶滅収容所に送り込まれることになった。アーレントも一歩間違えば、彼女たちと同じ運命を辿っていたかもしれないのである。その強烈な経験は、『全体主義の起源』執筆時にも間違いなく彼女の頭に蘇ったことだろう。

新天地アメリカへ

彼女は徒歩とヒッチハイクでルルドという街に辿り着き、そこで偶然にもベンヤミンと再会している。のちにゲルショム・ショーレムへ宛てた手紙のなかで、彼女は「六月の半ばにギュルスから脱出したとき、私も偶然ルルドに向かい、彼〔ベンヤミン〕の強い勧めによって数週間そこに滞在しました。〔中略〕ベンジ〔ベンヤミン〕と私は朝から晩までチェスをし、新聞がある限り、その合間に新聞を読みました[*33]」と書き綴っている。

こうしてルルドで数週間、ベンヤミンとともに過ごしたのち、アーレントは七月上旬に、行方不明の夫ブリュッヒャーを探すためにフランス南西部の都市モントーバンに向かって出発する。これも幸運なことに、アーレントはそこでブリュッヒャーに再会することができた。二人はごった返す街のメインストリートでお互いを見つけ、抱き合って歓喜した[*34]。ブリュッヒャーのいた収容所は、ドイツ軍がパリに到着したときに閉鎖され、収容者たちはそれを機として警備兵の目を逃れ、脱走することができたのだった。

アーレントとブリュッヒャーはしばらくの間、モントーバン郊外で暮らしながら、アメリカ亡命用のヴィザを取得するため、マルセイユにあるアメリカ領事館へ通うことになった。そこで、彼らはベンヤミンと再会している。[*35]ベンヤミンはすでにアメリカの入国ヴィザと、スペインとポルトガルの通過ヴィザを取得していたが、唯一、フランスからの出国ヴィザだけを手にしていなかった。ベンヤミンはアーレントたちとともにスペインへ出国することを望んだが、残念ながら彼らは別々に出国するほかなかった。そして、それがアーレントたちがベンヤミンを見た最後になる。

アーレントの元夫であるギュンター・シュテルンの協力もあって、アーレント夫妻はアメリカへの緊急ヴィザ取得に成功する。[*36]母マルタのヴィザ取得は同時には認められなかったが、アーレントは偶然出会ったパリ以来の友人にこれを託して、自分たちの出国準備を進めた。警察に追われながらも、なんとかこれを逃れ、アーレントとブリュッヒャーは四一年一月にリスボン行きの列車へと飛び乗る。リスボンで三ヶ月待ったのち、ユダヤ移住機関のＨＩＡＳから支給された切符で、二人はニューヨーク行きの船に乗ることができた。[*37]一方、出国ヴィザを得ることができなかったベンヤミンは、ピレネーの国境を非合法に越えることを試みたが、その道中で力尽き、絶望して大量のモルヒネをあおることになる。享年四八歳、無念の自殺であった。

四一年五月二二日、アーレントとブリュッヒャーはニューヨークに到着する。彼らは、所持金二五ドルと「アメリカ・シオニスト機構」からの月額七〇ドルの給付金とで家具付きの小さな部屋を二つ借り、母マルタの到着に備えた。[*38]これも幸運なことに、マルタも五月にヴィザを取得し、六月にニューヨークに到着することができた。彼女たちが暮らすことになったのは、多くの亡命者が住む安家賃のアパートで、台所やトイレは共同だったが、それでも「ここ数年では最高に豪華」な住まいであった。[*39]

アーレントはニューヨークに着いた数日後に、フランクフルトからニューヨークへ本拠地を移していた

「社会研究所」にアドルノを訪ねている。[40] ベンヤミンから託された草稿の入ったスーツケースを届けるためであった。そのなかには有名な「歴史哲学テーゼ」の草稿も含まれていた。マルセイユで別れてから六日後にベンヤミンがスペイン国境で命を絶ったという訃報はすでにアーレントたちのもとに届いていた。アーレントとブリュッヒャーは、リスボンでアメリカ行きの船を待つ間、ベンヤミンの草稿を声に出して読みあい、そこに記された「瞬間瞬間のメシア待望」の意味について議論しあっていたという。[41] しかし、そうしてベンヤミンが命を賭けて託した草稿を、なかなか出版しようとしない社会研究所のメンバーたちに対して、アーレントは苛立ちと不信を募らせていくことになる。

アーレントは、神学者パウル・ティリッヒの助けを得て「難民自助会」を訪れ、そこでアメリカの家庭への二ヶ月間のホームステイに応募している。[42] これは何よりも英語を習得するためであった。アーレントはすでにドイツ語に加えてフランス語、ギリシア語、ラテン語をマスターしていたが、アメリカで生きていくためには、新たな言語を身につけねばならなかった。一方、ブリュッヒャーは、「ヨーロッパでの出来事が、彼に『旧世界』には二度と戻れないと確信させるまで、『新世界』を永住の地として受け入れることも、新しい言葉を必需物として受け入れることもできなかった」。[43] ブリュッヒャーはなかなかアメリカでの生活に馴染めず、義母マルタとの生活にも苛立っていた。これに対してアーレントの切り替えは早かった。なんとかこの地で生き延びるための道を探していかねばならない。彼女はホームステイ先で、「言葉そのものよりもこの国について多くのこと」を発見し、少しずつ自分を新しい土地に馴染ませていった。[44]

二ヶ月間のホームステイから戻ると、アーレントはコロンビア大学に在籍していたユダヤ人の歴史家サロ・バロンを訪ねる。[*45] 二人は当時の世界情勢について熱心に議論し、アーレントは反ユダヤ主義について独自の見解を述べた。バロンはその論旨を論文にするよう彼女に勧め、それに励まされて、彼女は当時「ユダヤ問題研究所」の事務局長であったセオドア・ヘルツル・ガスターーに、初めて英語で手紙を書き、自分の経歴を紹介しながら、論文を書く機会を与えてくれるよう頼んだ。その結果、ガスターーからの承認を得て、アーレントはドイツ語で論文「ドレフュス事件とその後」を書き始める。この論文はガスターーによって英語に翻訳され、翌年の『ユダヤ社会研究』に掲載された。渡米後、初の論文デビューであった。

またアーレントは四一年九月に、当時ニューヨークに移り住んでいたブルーメンフェルトの講演に足を運び、そこでドイツ語の週刊紙『アウフバウ』の編集長マンフレート・ゲオルゲと知りあっている。『アウフバウ』はニューヨークの「ドイツ系ユダヤ人クラブ」の会報紙として始まり、当時、ドイツ語圏出身の亡命者たちにとって重要な情報源および意見交換のためのメディアとなっていた。[*46] アーレントはゲオルゲに気に入られて、コラムニストとして雇われ、そこで定期的に記事を書くようになる。論考のテーマは、シオニストの政治やユダヤ軍創設の問題、ユダヤ人や無国籍者の状況、パレスチナの将来など、ユダヤをめぐるさまざまな時事問題であった。すでに一〇年近くに及ぶ亡命生活のなかで、彼女が日々考え続けてきたであろう「ユダヤ人問題」について、その考えを発表する貴重な機会になった。いまだ荒削りではあるが、ときに皮肉交じりに、ときに攻撃的に、そしてときに鋭く深い洞察を、彼女はこれらの記事のなかで披露している。

たとえば、四一年一一月の記事「ユダヤ軍――ユダヤ人の政治の始まり?」のなかでは、「世界中の志願兵からなるユダヤ軍の創設は、われわれ自身の諸陣営に嵐を巻き起こすだろう。しかしこの嵐は、真に絶望している者たちに対して、われわれは他の者たちと何ら変わりはない、われわれにも政治は存在するのだということをはっきり突きつけるだろう」[47]という過激な主張がなされている。ここには、当時シオニストたちの間で高まっていたユダヤ軍創設の主張に同調するアーレントの姿勢を見て取ることができる。「ユダヤ民族にはよく知られていない一つの真実、しかし彼らが今では学び始めている事実は、人は攻撃されているものとしてのみ自分を守ることができるということだ」[48]。

ヨナスのように直接「戦場」まで出向くことはなかったものの、「漂泊」中のアーレントもまた、世界的な反ユダヤ主義の高まりを受けながら、いかにこの問題に向きあうかに悩み続け、一時的にはかなりシオニズムに近い立場で論考を発表していたことが理解されよう。そこには当然、同じ苦境を共有している同胞たちへの想いも込められていたはずだ。ただし、彼女はイスラエル建国後には明確にシオニズム批判へと立場を転じていくことになる。この点については次章で改めて述べることにしよう。

ナチスの魔の手から逃れ、ベルリンからパリへ、パリからニューヨークへと亡命することができたアーレントは当時のユダヤ人としては間違いなく幸運な方であった。途中で警察に逮捕され、強制収容所に収容される危機にも陥りながら、なんとかそれを脱し、夫と母とともにアメリカにまで辿り着くことができた。一歩間違えれば、彼女もその途中で命を落としていてもおかしくなかったのである。しかし、なぜユダヤ人としてこの世界に生まれたことでこれほどの苦しみを味わい、理不尽な状況に置かれねばならないのか。「漂泊」の日々のなかで「自覚的パーリア」としての決意を固めながら、彼女はこの問いを考え続けていたはずである。その思索がやがて『全体主義の起源』をはじめとする諸著作へと繋がっていくことになる。

ヨナス

三〇〜四二歳

一九三三年一月——ヨナスは故郷メンヒェングラートバッハのダンスホールにいた。その晩、そこでは舞踏会が催されていた。

博士号を取得してから数年が経過していた。ヨナスは新しいテーマを模索しながらも、論文の書籍化に向けて着々と研究を進めていた。

突然、ホールを切り裂くようにアナウンスが響いた。国家社会主義ドイツ労働者党、すなわちナチスの党首であるアドルフ・ヒトラーが、ドイツの首相に任命された、というニュースが伝えられた。ホールには不穏な空気が漂った。しかし、帰宅したヨナスは母にこう言って笑い飛ばした。

あのペストどもは数ヶ月のうちに崩壊してしまうよ。奴らはとにかく〔首相の地位にまで〕昇り詰めるのに必死だったわけだけど、そんなのは常軌を逸したことだから、あっという間に駄目になるよ。[*49]

その後の歴史が証明するとおり、この予想は大きく外れることになる。そしてこの日を境にヨナスの人生は大きく変わってしまう。文字どおり、何もかもが変わってしまう。

ドイツからの亡命

ナチスは政権を掌握する以前からその党是に反ユダヤ主義を掲げていた。それはユダヤ人であるヨナスにとって、許容できないものであるのはもちろん、同時にあまりにも馬鹿げたものに見えたに違いない。もちろんヒトラーは選挙戦略に長けていた。人々は、一時の気の迷いで、ついヒトラーに票を入れてしまったのだろう。しかし、それは所詮、一時的な現象にすぎない。ヨナスはそう思っていたのかもしれない。

ところが、国内のヒトラーの権力は衰退するどころか、日に日に盛り上がりを見せていった。国政が破綻するどころか、ドイツはますます一体感に熱狂し、政体の基礎は盤石なものになった。そしてそれにあわせて、ナチスのユダヤ人への弾圧も徐々に本格化していった。三月には私服のナチス党員による大規模なボイコット運動が行われ、ユダヤ人の店舗が破壊されたり、経営者に暴行が加えられたりした。四月にはユダヤ人を含む非アーリア人が公職から追放され、公共空間からのユダヤ人の排除が始まった。もちろん、後年に実施されるような、組織的な大量殺戮はまだ始まっていない。しかしヨナスは、そうした異常な政権の動向のうちに、自分の予想があまりにも楽観的であったことを自覚した。人々が考えるよりも、はるかに大きな脅威が迫っているのではないか、という危機感を抱いた。そしてヨナスは、その予感を信じて、ドイツから早々に離れることを決断した。

では、どこに向かうか。ヨナスが選んだのはパレスチナだった。彼はそこでシオニズム活動に従事することを希望した。それは少年時代からの悲願だった。しかし、彼にはまだ博士論文を書籍化するという課題が残っていた。その作業を終えるために、ヨナスはまずイギリスに渡航し、ドイツの出版社との交渉を継続することにした。

八月。ヨナスはパレスチナに渡航する前に、家族と再会した。家族は庭に集まって別れを惜しんだ。渡航の手続きはすべて整っていた。それはヨナスから家族への最後の挨拶だった。もちろん、これ以降、二度と家族が揃うことはない、などとは誰も考えていなかった。ヨナスもまたいつか家族と再会する気でいた。しかし、そこにいる全員が止めどなく号泣し、庭は涙に濡れた。一人、一人、家族の顔を眺めるヨナスの胸には、そのむせび泣く声を聞きながら、一つの確固たる想いが蠢き始めていた。

それは「復讐」だ。われわれを迫害し、われわれを辱め、われわれを引き裂いたドイツなるものに対する復讐だ。ヨナスはそこで「征服軍の兵士としてでなければ二度と戻らないという誓い[*50]」を立てた。ヨナスにとって、ドイツからパレスチナへ渡ることは、決して我が身可愛さの逃亡などではなかった。それはあくまでも、「兵士」となってドイツと対峙し、ドイツへの復讐を果たすことを目指したものだった。彼は、文字どおり軍事的な意味での、物理的かつ武力的な意味での復讐を考えていた。それは次のような回想に克明に表れている。

ユダヤ人のボイコットは私たちの経済的生活への脅威をまさにはっきりと予告していた。さまざまな出来事がゲットー化という脅威を示唆していた。そして、こうした脅威を完全に無視したとしても、このとき私は、ある根本的な感情に囚われていた。すなわちそれは、私の名誉が傷つけられ、私たちの市民権の否定と、他のさまざまな法律による嫌がらせによって、私たちの人間としての名誉が傷つけられた、という感情だ。私たちユダヤ人はそうした嫌がらせを国家によってますます被っていたのである。私は本能的に、これは武器を手にしなければ相殺されないと感じた。これに対しては武装した答えしかない。今でこそ不可能だが、必ずそうしなければならない、と。[*51]

父グスタフはヨナスに対して惜しみない経済援助を約束し、ヨナスは故郷をあとにした。同時に彼は、その翌年にようやく博士論文を『グノーシスと古代末期の精神』として書籍化し、公刊した。

ハイデガーへの失望

ドイツを去ろうとするヨナスに追い打ちをかけるような出来事が起きた。それは、一九三三年、ハイデガーがフライブルク大学学長演説において、ナチスを賛辞したという報せである。

第1章で述べたとおり、ヨナスはハイデガーのもとで博士号を取得し、博士論文では彼の方法論をそのまま応用した。ヨナスにとってハイデガーは文字どおり「師匠」だった。とりわけ、ヨナスが師事していた期間にハイデガーが発表した『存在と時間』の影響は計りしれない。後年、ヨナスは同書を次のように評価している。

一九二七年に発行された『存在と時間』は今世紀の哲学に衝撃を与えた。それは、主として認識する意識の全面的で擬似的な視覚モデルを倒壊させ、その代わりに意志し、努力し、困窮し、死に至る「私」を出現させた。そしてこれは心理学的なものの枠組みからではなく、古代の遠い記憶を蘇らせた問い、《存在》の意味への問いから生じたのである。[*52]

こうした記述からも明らかなように、ヨナスにとってハイデガーは単なる指導教員であるだけではなく、

「今世紀の哲学」に影響力を持つ哲学者だった。彼の振る舞いは、現代社会における哲学者の振る舞いを代表するものだった。だからこそ、ハイデガーがナチスを支持したという事実がヨナスには途方もなく不可解だった。彼にとってそのときに問われていたのは、ハイデガー個人の政治性だけではなく、現代の哲学者一般の政治性だったのである。ヨナスは次のように述懐している。

そんなことはあってはならなかった。それは許されえない出来事だった。人間に許せないことを、なおあまりにも逸した出来事だった。同時にそれは哲学の破滅だった。哲学者はナチスに加担してはいけなかった。彼はそんなことをしてはいけなかったのだ。時代のもっとも偉大な哲学者によって、哲学者はナチスに加担してはいけないということが、否定された。真理に従事することにおいて、人として賞賛されるような人生の成果は、姿を現さなかった。真理に接近すること、あるいは真理を探究することからは、他者に共感する人間性が由来するわけでもなかった——私は、あらゆる個人的な失望を超えて、こうしたことが哲学自身の敗北であると感じたのである。[*53]

ヨナスにとってハイデガーのナチス賛辞は「哲学の破滅」だった。それは、あろうことか哲学が「人として賞賛されるような人生の成果」や、「他者に共感する人間性」と無関係であることを暴露してしまったのだ。哲学者は、もはや人として賞賛されないし、他者に共感もしない。ハイデガーは哲学にそうした像を与えてしまったのである。

この出来事をきっかけにヨナスはハイデガーから決別する。そして、ハイデガーののちの世代の哲学者たちと同様に、彼の思想を批判的に克服するという重い宿命を抱えることになる。もっとも、ヨナスがそうしたハイデガー批判を展開するのは、もっとずっとあとになってからのことだ。このニュースを耳にしたとき、ヨナスにはまだその出来事の真意を摑むことすらできなかったに違いない。

エルサレムの日々

一九三四年、ヨナスはパレスチナの港町ヤッファに到着した。彼はすぐにエルサレムに向かった。アーレントがパリの地下室で新しい生活を始めている頃、彼は砂漠に立っていた。そこにはヘブライ大学を拠点とした知識人のサークルが形成されており、ヨナスもまた哲学者の一人としてそのサークルに加わることを決めた。現地では公刊直後の『グノーシスと古代末期の精神』が話題になっていた。ヨナスは新参者でありながらその実力を認められ、すぐにコミュニティに溶け込むことができた。そこで志を同じくする多くの仲間を得ていった。

特にヨナスと深い親交を結んだのは、古典文献学者のハンス・レヴィと、宗教学者のハンス・ヤコブ・ポロツキーである。三人が結成したサークルは、ヘブライ語で「象」を意味する「ＰＩＬ」と名づけられ、エルサレムにいた当時の知識人を巻き込み、規模を拡大させていった。有名なところでは、マルクス主義の思想家ゲオルグ・リヒトハイム、物理学者のハンス・ザムブルスキー、そしてゲルショム・ショーレムが加わった。サークル内では分野横断的・学際融合的な議論が日々行われた。

第1章で述べたとおり、ヨナスはショーレムを学生時代に一方的に目撃していた。その後、博士号を取得した際に、ヨナスはショーレムと個人的にコンタクトを取り、『グノーシスと古代末期の精神』の執筆の進捗を報告し、逐一原稿を送っていた。ショーレムは新しい章を受け取るごとにヨナスを称賛し、のちに公刊された書籍に対しても非常に高い評価を与えた。また同時代の哲学者や思想家では、マルティン・

ブーバーやオズヴァルド・シュペングラーもまた、同書を称賛していた。

復讐に燃えながらドイツをあとにしたヨナスであったが、エルサレムに到着してからの数年間、彼はこうした学術的な生活を謳歌することができた。当時の様子は次のように語られている。


この年月のエルサレムの精神的風土はすばらしかった、と私は言わざるをえない。年齢においても精神的な発展においても、私たちはみな最盛期だった。私たちの誰もがそれぞれに興味深かったし、また私たちはみな違っていた。そして私たちは互いによく理解していた。[*54]

とはいえ、それはエルサレムが平穏で牧歌的な街だった、ということを意味するわけではない。むしろそこは今にも爆発しそうな政治的緊張に包まれた場所でもあった。

当時のエルサレムが置かれていた歴史的な状況を振り返っておこう。第一次世界大戦中、トルコと交戦していたイギリスは、アラブ人に対して独立を認めるフサイン＝マクマホン協定を締結する一方で、ユダヤ人に対してユダヤ人の国家建設を認めるバルフォア宣言を発布し、相互に矛盾する外交政策を展開した。この二枚舌外交がその後のパレスチナの混乱を招く原因となる。戦後、国際連盟からパレスチナの委任統治権を獲得したイギリスは、バルフォア宣言を履行するために、ユダヤ機関を設立し、ユダヤ人の移住と定住を促進しようとする。この間パレスチナの委任統治政府は実質的にはユダヤ人による準政府として機能しており、シオニスト労働党がその主導権を握っていた。言うまでもなく、それはフサイン＝マクマホン協定が反故にされたことを意味する。これに激怒したアラブ人勢力は、一九二一年、バルフォア宣言の廃棄を求めて暴動を起こす。これに対してイギリスはユダヤ人のパレスチナへの入植を制限するなどして、アラブ人の暴動を抑え込もうとするが、しかしその政策は徹底されなかった。

一九二五年、エルサレムにヘブライ大学が開設され、エルサレムにおけるユダヤ人の勢力は確実に拡大していった。その動向はアラブ人の憎悪を増幅させ、両者の緊張は激化していった。やがて暴動はより大規模なものへと発展していく。

その一つの象徴的な出来事が「嘆きの壁事件」である。「嘆きの壁」とは、紀元七〇年にローマ軍によって破壊された神殿の遺構であり、パレスチナに入植してきたユダヤ人にとって「約束の地」の象徴と見なされていた。しかし、同時にこの遺構は、アラブ人にとってイスラム教の聖域である「ハラム・アッシャリーフ」の西壁にあたるものでもある。一九二九年八月、シオニストの青年たちが嘆きの壁の前で旗を振りながら歌っていると、これを目にしたアラブ人が激怒し、シオニストがイスラム教の聖域で破壊工作をしているという噂が出回ってしまう。その噂に触発されたアラブ人は、パレスチナ全土で暴動を起こし、ユダヤ人入植者を襲撃した。争いは一週間以上続き、パレスチナ全土でユダヤ人が一三三人死亡し、アラブ人が一一六人死亡するという惨事になった。

その四年後に、ヨナスはエルサレムにやってきたのだ。彼が属していたコミュニティがいかに知的で洗練されていたのだとしても、その土地を支配していたのは、眩暈を催させるような政治的混乱と、止むことのない暴力の気配だった。そして、ヨナス自身も次第にその渦中へと巻き込まれていく。

一九三六年、ヨナスは非公式の武装自警団「ハガナー」に参加する。この組織は、アラブ人ゲリラによる襲撃からユダヤ人を守るために結成され、疑似的な軍隊として構成されていた。ヨナスにとってそれは、来るべきナチスドイツとの戦いに向けて、武器に関する知識や技術を習得したり、戦闘の経験を得たりするために、格好の機会でもあった。彼は自分がパレスチナに来た理由を忘れたわけではなかった。ハガナーの主な武器は、拳銃や手榴弾などの携帯可能で小規模な火器だった。ヨナスは地下施設でそれらの武器の基本的な使い方を教わった。本を手繰っていた彼の指は、次第に火薬と鋼鉄に慣れ親しんでいった。

もっとも、彼が生活のすべてを軍事に捧げていたわけでもない。

一九三七年二月、ヨナスの行きつけのレストランで舞踏会が行われていた。何気なく覗き込むと、そこに見覚えのある若い女性がいた。彼女は、レヴィの学生のローレ・ヴァイナーだった。彼女を見たヨナスは、不意に電撃が走るのを感じた。ローレは物憂げな相貌の持ち主だった。ヨナスはその佇まいに懐かしい何かを感じた。すぐに気づいた。それは彼の母親の表情によく似ていたのだ。ヨナスは一目でローレに恋をしてしまった。

ヨナスは舞踏会に参加し、彼女に声をかけ、手を取って何度か踊った。二人はすぐに親密になることができた。午前二時、舞踏会が終わると、ヨナスは彼女を家まで送って帰った。

その後、ヨナスとローレは逢瀬を重ねた。二人は、エルサレムの月明かりの下で、何度も長い散歩をした。二人はいろいろなことを話した。二人が両想いであることは明らかだった。しかし、ヨナスはいろいろな問題を抱えていた。彼は自分の将来を決定しかねていたし、またパレスチナの情勢も依然として不安定だった。ハガナーの任務で出張することも多かった。のんびりと恋愛を楽しむ余裕など彼にはなかった。

「われわれはこの戦争に参加する」

一九三九年九月一日、ナチスドイツがポーランドへの侵攻を開始する。九月三日にイギリスおよびフランスが宣戦布告し、第二次世界大戦が勃発する。ヨナスはこの報せを受けて、今この瞬間こそが、自分が戦場へと赴くときであると確信する。そしてそれは、グノーシス研究を放棄し、一人の軍人として生活するということを意味していた。

ドイツでは日に日に国内の反ユダヤ主義政策が激化していた。それがもはや常軌を逸したものであり、やがてその果てに、ユダヤ人の抹殺が計画されているとしても不思議ではなかった。彼の家族は依然としてドイツに取り残されていた。ヨナスはあらゆる手を尽くして家族の国外逃亡を援助しようとしたが、それらはことごとく失敗に終わった。ヨナスはもはや一刻の猶予も残されてはいなかった。今すぐに行動しなければならない、とヨナスは思った。

第二次世界大戦の勃発にあわせて、ヨナスは「われわれはこの戦争に参加する——ユダヤの男たちへの言葉」という檄文を起草した。それは、ヨナスと同様にパレスチナに入植したユダヤ人に対して、第二次世界大戦への積極的参加を促す文書だった。ここでの積極的参加とは、言うまでもなく、兵士として戦場へ赴くことを意味する。

この檄文には、当時のヨナスの政治的な理念が詳細かつ明瞭に示されている。同時に、後年のヨナスのテクストの大きな特徴として指摘されるような、劇的かつ流麗な文章表現も遺憾なく発揮されている。その根底に息づいているのは、言うまでもなく、ナチスへの復讐心だ。

思い出そう、何千ものユダヤ人が殺され、何千ものユダヤ人の心が打ち砕かれ、何千ものユダヤ人が略奪され、痛めつけられ、追放された。自殺に追い込まれた。家畜のように荷積みされ、無に突き落とされた。絶望を乗せた逃亡船を、今世紀のあの地獄絵図を、考えよ。海上を考えよ。われわれの名が辱められ、われわれの価値が貶められ、われわれのシナゴーグが焼かれ、われわれのいとも聖なるものが冒瀆されるのを、ただ見ていなければならなかった。われわれは市民だったのに、動物以下に貶められ、どの小僧もわれわれに唾を吐きかけることが許された――われわれはそれに耐えなければならなかった。子どもたちの無防備な心さえも、その血の中の誠に悪魔的な憎悪の犠牲として圧し折られるのを、われわれは見た。この苦しみはわれわれの心に焼き込まれて生きており、沈黙することはありえない。いかなる抵抗も不可能だった。決して戦う試みなどとても不可能だった。われわれは、われわれの惨めな姿になお嘲弄を加える、最も破廉恥な力に委ねられたのだ。[*55]

われわれの場合、賭けられているのは部分ではなく、全体である。それは実際、われわれに対する全面的な戦争なのである。われわれの政治的、社会的、あるいはイデオロギー的な形式がなんであれ、われわれは端的に人類として否定されているのである。だから、いかなる調整も、いかなる妥協も不可能である。われわれの生存そのものが、ナチス的なものの存在と両立しえない。ここで支配しているのは、神話的なものにまで拡張された対立であり、それはただどちらか一方の絶滅によってしか終わらないのである。[*56]

こうした生々しい怒りの声には彼の故郷での体験が反映されている。しかしヨナスにとってそれは単なる個人的な怨恨に留まるものではなく、ユダヤ人とナチスの間の「神話的なものにまで拡張された対立」を意味している。ナチスとの戦いは、何度も迫害され離散を繰り返してきたユダヤ人の歴史性と連続しているのであり、いわばユダヤ人が何者であるかを賭けたものなのである。

ここまでは、ナチスドイツに対するユダヤ人の戦いを正当化する大義として、それほど不思議ではない。しかし、彼の独創的な政治的ビジョンを反映しているのは、この戦いにおいてキリスト教との連帯を訴えているということだ。

> この戦争はまた、比喩的な意味で近代の最初の宗教戦争でもある。この戦争の理念的側面は、戦争を遂行する政府の意図や計算を超えて、戦線の配置そのものに基づいている。必然的に、また自覚の程度とは関係なく、これは二つの原理の戦いになる。そのうちの一方の原理は、キリスト教‐西洋的な人間性という形で、世界におけるイスラエルの遺産をも司っているのに対して、他方の原理は人間を侮蔑する力の崇拝であり、この遺産の絶対的な否定を意味している。[*57]

ここでヨナスはナチスドイツに対抗すべき勢力を、「キリスト教‐西洋的な人間性」にまで拡大し、それをナチスドイツという「人間を侮蔑する力の崇拝」と対立させ、第二次世界大戦をそうした「二つの原理の戦い」として解釈している。この戦いは「宗教戦争」とも呼ばれているが、こうした形で戦争の構図を描くこと自体に、大きな意味が込められていると考えるべきである。

第一に、思い起こしておかなければならないことは、ユダヤ戦争以降、ユダヤ人を離散させ、繰り返し迫害してきたのはキリスト教の勢力であったということだ。ここでヨナスは、ユダヤ人とキリスト教という伝統的な対立図式を、ユダヤ人とナチスという対立図式に置き換えることで、翻ってユダヤ人とキリスト教の連帯の可能性を切り開いている。ヨナスは両者を包括して「イスラエルの遺産」と呼称し、そこに前述のような「西洋的な人間性」の基礎を見出しているのであり、言い換えるなら、ユダヤ人とヨーロッパ的民主主義の間の結束を強調しているのである。[*58]

第二に、こうした関係性を前提とすることによって、ヨナスが訴えるユダヤ人によるナチスへの戦いは、決して単にエルサレムの保護を目的とするものではなく、ヨーロッパ的民主主義の墨守を目的とするものへと拡張される。ユダヤ人は、西洋的な人間性を信じる、ユダヤ人以外のすべての人間のために戦わなければならない。したがってヨナスは、その論理的な必然性に従って、この檄文のなかでユダヤ人がユダヤの旗を掲げながらヨーロッパの最前線で戦うことを訴えている。

ここにはヨナスのシオニズム思想の特徴が反映されている。彼にとってそれは、単に保守的な国民国家を創設する運動である以上に、ヨーロッパ社会との連帯のなかでユダヤ人が中心的な役割を担い、共同体としての真のアイデンティティと承認を獲得しようとする運動だったのだ。[*59]

ヨナスはエルサレムでこの檄文を配って回り、戦争への参加を訴えた。しかし、周囲の反応は決して芳しくなかった。また、ヨナスらを受け入れてくれる連合国軍の兵士の公募もなかった。それでも彼は粘り強く好機を待っていた。

ローレとの結婚

一九四〇年、フランスがナチスドイツに降伏すると、イギリス軍はパレスチナで新しい部隊を設立することを決定した。その話を聞きつけたヨナスは真っ先に募集に応じ、第一パレスチナ対空砲兵隊に入隊した。ヨナスが所属した部隊での主な任務は、イスラエルの都市ハイファに駐屯し、空爆に対する防衛を行うことだった。その後、拠点はトルコの南に位置する地中海上の島キプロスに移された。この地は、イギリス軍にとって重要な補給地点であり、爆撃に対する防備は喫緊の課題だった。

この間、プライベートで大きな変化が起きた。休暇が許可されると、ヨナスはパレスチナに戻り、ローレと会っていた。一九四二年、二人はテルアビブの小さなペンションを借りて、海岸でデートした。エルサレムへ帰る日の午前、二人は海で泳いでいた。すると、ヨナスが危険な底流に引っかかり、沖へと流されてしまう。彼は必死で岸まで泳ぎ着こうとしたが、流れには抵抗できず、もがけばもがくほど体力を削られていった。浅瀬では不安そうにローレが見つめていた。ヨナスは「ローレ、すぐ戻って助けを呼んできて。もう戻れないんだ」*60と叫んだ。ヨナスの体力は限界に達し、溺れる寸前だった。すると、ローレは、引き返して助けを呼びに行くのではなく、あろうことか海へ飛び込み、ヨナスの方へと泳いで迫ってきた。そして彼の手を握り、沖から浜辺へと引き戻した。彼女の顔には決死の覚悟が表れていた。

浜辺に上がると、ヨナスは疲れ果ててぐったりと横になった。少し休んでから、二人はペンションに引き返し、荷物をまとめてエルサレムの家に帰った。帰宅後もヨナスはベッドに横たわり、茫然と天井を眺めていた。彼は自分が生きているということの実感を噛み締め、自分を助けてくれたローレのことを考えた。自分の手を握った彼女の決死の表情を思い浮かべた。彼女がいなければ自分は間違いなく死んでいた。そしてヨナスは、ローレに結婚を申し込むことを決めた。

同年九月三日、ヨナスはローレにプロポーズした。その日はローレの誕生日だった。彼は花束を差し出した。翌年、二人はハイファで結婚式を執り行った。

ヨナスとローレは互いに異なる個性の持ち主だった。ヨナスはどちらかと言えば世界に対して肯定的だったが、それに対してローレは根本的に厭世的だった。彼女は自分が疎外されているという感情に苛まれ、いつも憂鬱な表情をしていた。若い頃、父の拳銃を使って自殺を試みたことさえあった。しかし二人は紛れもなく最良な対話のパートナーだった。その後の生涯において、ヨナスはしばしばローレに研究の構想を語り、彼女からの質問や反論を受けて、思索を深化させていった。

たとえば、一九四四年三月三一日にヨナスが戦場から送った手紙の文章では、生命をめぐる哲学的な議論が記されており、それまでに何度かローレとの間で往復があったことが窺える内容になっている。ここで書かれている内容は、のちに哲学的生命論へと理論化されていき、本書の第5章ヨナス篇で取り上げる『生命の哲学』の緒論および第五章などにほとんどそのまま収録されることになる。そうした事情もあって、同書の扉には次のような言葉が記されている。

私の妻のために。私には語らなければならないことがある、と彼女が信じてくれたことが、私にそれを語らせてくれた。[*61]

ヨナスにとってローレは研究を進めるうえでも欠かすことのできない存在だった。しかし、二人の結婚生活は決して穏やかには始まらなかった。第二次世界大戦は続いていた。ヨナスの軍人としての生活はいよいよ佳境に突入することになる。

ユダヤ旅団への参加

一九四四年、イギリス首相ウィンストン・チャーチルの指令によって、ユダヤ人で組織された特別部隊「ユダヤ旅団グループ」が設立された。この部隊は、ダビデの星が刺繍された軍旗を掲げることが許され、ナチスドイツに対するユダヤ人の戦いを象徴する存在として位置づけられた。ヨナスは入隊を志願し、砲撃部隊に採用された。すでにイギリス軍で砲兵隊としてのキャリアを積み、対空砲撃のエキスパートになっていたヨナスは、その能力を買われて射撃長の地位に就いた。

ユダヤ旅団は最前線のイタリア戦線に投入された。一九四五年春、すでに第二次世界大戦は最終局面に差し掛かっていた。ナチスドイツの傀儡国家と化していたイタリア社会共和国では、ベニート・ムッソリーニが首相を務めながらも、国土の全域でドイツ軍が展開している状況にあった。イギリス陸軍をはじめとする連合国軍は南部から上陸して北上し、国内のドイツ軍を殲滅、イタリアの解放を目指していた。ヨナスの所属するユダヤ旅団もこの作戦に加わることになった。それまで、ゲリラに対する警備や、空爆に対する防備を任務としてきたヨナスにとって、それは初めてドイツ軍と交戦する作戦であり、本格的な「戦場」に足を踏み入れることを意味していた。

ユダヤ旅団はまずイタリアの最南部に位置するタラントに上陸し、北部への進軍を開始した。三月、中部に位置するセニオ川で、ドイツ軍の防衛線と対峙する。ヨナスの部隊はこの間、近郊の町フォルリに展開し、ボフォース四〇ミリ機関砲や七五ミリ野戦砲で武装し、前線突破の後方支援を任務とした。近郊の町とはいえ、そこは戦場と目の鼻の先であり、文字どおり最前線だった。

そこから一ヶ月間にわたって、セニオ川を挟んだ大規模な戦闘が続いた。ヨナスの属するユダヤ旅団はイギリス陸軍の第八軍団に合流し、歩兵部隊が要地をめぐって一進一退の死闘を繰り広げた。互いの斥候が昼も夜もなく急襲を繰り返し、毎日のように死者を出した。三月の後半になると戦いはいっそう激しさを増していく。一九日の戦闘では、ユダヤ旅団の攻撃によってドイツ軍の兵士三〇人が殺害され、自軍の兵士二人が死亡、さらに一九人が負傷した。一方、ドイツ軍は激しい砲撃によって応戦し、ユダヤ旅団の陣営にも甚大な被害が出た。二九日にはドイツ軍からの激しい迫撃砲による攻撃が行われ、ユダヤ旅団の兵士二人が死亡、一五人が負傷している。三一日にはユダヤ旅団の斥候部隊が強襲され、四人が死亡、一三人が負傷、一名が行方不明になっている。

四月になると戦況は一旦硬直化するが、二週目を迎えた頃にイギリス陸軍が計画的な総攻撃に出る。深夜に第八軍団の本格的な進撃が開始され、これに伴ってユダヤ旅団も前進し、セニオ川を突破、目標地点の占拠に成功した。これによってイタリア戦線における連合国軍の勝勢は決定的になった。ユダヤ旅団は周辺地域のドイツ軍を掃討しつつ、連合国軍の輸送拠点の防衛にあたった。四月一六日、ユダヤ旅団はボローニャ近郊に位置するサン・クレメンテ島に拠点を移した。[*62]

四月二三日、国内の反乱分子であるパルチザン勢力が大規模な武装蜂起を予告する。外から押し寄せる連合国軍と、内から湧き上がるパルチザンを抑え込めなくなったムッソリーニは、すべての責任を放棄してスイスへの亡命を試みるが、四月二八日にパルチザンに拘束される。パルチザンは、彼を愛人クラレッタ・ペタッチとともにその日のうちに銃殺し、その死体をミラノのロレート広場にあるガソリンスタンドで逆さ吊りにした。それによってイタリア社会共和国は事実上崩壊した。

同じ頃、ドイツの首都ベルリンは連合国の攻撃によって陥落寸前の状態にあった。四月三〇日、ヒトラーが地下壕で自殺する。五月七日、ナチスドイツは無条件降伏文書に調印し、ヨーロッパにおける戦争は終結する。

ドイツの降伏を受けて、ユダヤ旅団はボローニャに入り、それから北イタリアに位置するウッディーネに駐屯した。

イタリア戦線での作戦の間、ユダヤ旅団の噂はすぐに広まり、一行は現地のユダヤ人から熱烈な歓迎と祝福を受けた。ヨナスは駐屯期間中、そこにいる人々と会話し、ナチスドイツによるユダヤ人迫害の生々しい話を耳にした。同時に、亡命してきたユダヤ人に対して、イタリアの住民たちが高潔な振る舞いをしたことも知った。イタリア国内ではナチスドイツのゲシュタポが監視をしていたが、教会の司祭は非合法にユダヤ人を匿ったり、食糧の支援を行ったりした。鉄道員は迫害されているユダヤ人に対してゲシュタポがいない通路を示唆し、闇市では品物代を返金されることもあった。そうした、自らの身の危険を顧みない努力によって、多くのユダヤ人が救われたことを、ヨナスは知った。

この出来事を通じて、ヨナスはイタリア人への深い敬愛を抱くようになった。あとで述べるように、一九九三年一月、ヨナスの生涯の最後の講演がウッディーネで行われている。その際にも、彼は戦時中のイタリア住民によるユダヤ人救済に言及し、尊敬の念を示している。

戦場の思索

第二次世界大戦の最中、ヨナスが実質的に最前線で戦ったのは数ヶ月だった。幸いにも彼は戦闘で負傷することなく終戦を迎えることができた。しかし、そこでの体験は彼に大きな衝撃を与えた。砲撃の轟音や振動、立ち込める火薬の臭いと土煙、昼となく夜となく響く銃声、苦痛に歪む声、吹き飛んだ四肢、銃殺された死体、爆死した死体。その空間を支配していたのは、毎日誰かが負傷し、殺害されていく、圧倒的な暴力の光景だった。手で触れることができ、鼓膜を襲い、鼻を突く臭いをまとった、生々しい具体性がそこにはあった。

その体験はヨナスに新しい哲学的な思索の種を与えることになった。前述のとおりヨナスはハイデガーの哲学に習熟していた。しかし、戦場での彼の体験をその哲学で説明し尽くすことなどできなかった。限られた食糧、劣悪な衛生環境、いつ敵に遭遇し、いつ殺されるかわからないという恐怖、それらに取り囲まれた生活は、「世界－内－存在」などといった上品な概念では捉え尽くせないものだった。結論から言えば、ハイデガーの哲学には、人間が肉体として存在しており、その肉体は単なる有機体であって、簡単に傷ついてしまうものであるということ、そしてそうした肉体の傷つきやすさこそが人間の存在の本質に関わるものである、という視点が欠落しているように、ヨナスには感じられたのである。

もっとも、こうした肉体への眼差しの軽視はハイデガーだけの問題ではなく、精神と肉体を分割する西洋哲学の伝統的な二元論に根差すものである。ここからヨナスは、人間における肉体の意味を再評価することで、西洋哲学を規定する二元論を克服し、それによってハイデガーを乗り越えるという着想を得る。ここで言う肉体とは、あくまでも生理的な機能を持った有機体に他ならない。したがってこの哲学は、人間が生命として存在している、ということの意味を明らかにする思想になるはずである。戦場での体験はこうした新しい問いを触発することになったのだ。ヨナスは次のように述懐している。

こうした〔新しい哲学を構想する〕機会は第二次世界大戦の軍役時代にやってきた。そこで私は歴史的な研究から、人間が常に自分自身の傍らに抱いているがゆえに文献や図書館なしに熟慮しうる問題へと、投げ返されたのである。おそらく、身体が危険に晒されているということが、新しい思索を助けることになった。そうした状況において、肉体の運命から目を背けることはできなくなり、肉体の損壊が最大の恐怖になる。少なくとも、私には伝統的な哲学の観念論的な偏見が完全に理解できるようになった。その隠された二元論が、つまりその数千年におよぶ遺産が、有機体において反駁されているのを、私は見た。私たちはその存在様式を他のあらゆる生物と共有しているのである。そして、有機体の存在論的な理解は、魂の自己理解を物質の知から区別する断絶を橋渡しする、と思われた。有機体的なものの哲学あるいは哲学的生命論という目標が私の視野に現れてきた。これが私の戦後の課題となったのである。*63

この意味において、彼の戦場での体験を踏まえることなしに、戦後のヨナスの思想を読み解くことはできない。第5章で詳論するが、彼の哲学的生命論は、同じように生命あるいは肉体を主題としながらも、一九世紀後半から隆盛してきた「生の哲学」や、同時代のモーリス・メルロ゠ポンティの身体論などとは異なり、生命が死の脅威に晒されていること、それが本質的な傷つきやすさを抱えていることを重視する。そうした問題が語られるとき、彼の脳裏に浮かんでいたのは、爆撃に晒された人間の柔らかな皮膚だったのかもしれない。

もっとも、当時のヨナスがすぐにそうした研究に取り組めたわけではなかった。彼にはユダヤ旅団の指揮官としての任務が残っていた。パレスチナにすぐ帰ることもできず、駐屯軍として戦後処理にあたらなければならなかった。

ヨナスはウッディーネをあとにして、崩壊したドイツに入った。

しかしそこに、彼を待っているはずの家族はいなかった。

第3章

新たな始まり

それぞれの再出発

1945~1961

アーレント

三九～五五歳

戦争の終わり、そして二人の恩師との再会

一九四五年五月八日、ドイツが無条件降伏し、ナチス政権は終わりを迎えた。広島と長崎に原子爆弾が落とされたのち、八月一五日には日本が無条件降伏する。こうしてあまりに多くの惨禍を生みながら、第二次世界大戦は終結した。アーレントは広島と長崎の悲劇を深く受け止めていたようで、ブリュッヒャーへの手紙のなかで次のように書いている。「私は原子爆弾の爆発このかた、これまでよりいっそう不気味で恐ろしい気持ちがします。なんという危険なおもちゃを、世界を支配する愚者どもが手にしていることか」[*1]。ひとまず戦争が終わり、ナチ体制が崩壊したことには安堵していたであろうが、戦争後も継続することになる原子爆弾の危険性への懸念はいっそう高まっていた。一九五〇年代半ばに執筆される『政治入門』のなかでも、アーレントは原子爆弾がもたらす「政治の破壊」[*2]とその歴史的意味について考察をめぐらせており、核の問題に深い関心を示していたことが知られている。

戦争が終わり、消息が途絶えていた友人たちとも連絡が取れ始める。特にアーレントを喜ばせたのは、かつての恩師ヤスパースから届いた手紙であった。ヤスパースは妻ゲルトルートがユダヤ人であったこと

や、彼自身がナチスに対する批判的な発言を続けたことから、次第に大学のなかで孤立し、一九三八年には教壇に立つことができなくなり、公的発言や出版を禁じられていた。四五年四月半ばにはゲルトルートとともに収容所に送られることが決まっていた(!)のだが、三月三〇日のアメリカ軍によるハイデルベルク占領によって、何とかその悲劇を免れることができたのだった。[*3] ヤスパースはアーレントに宛てて次のように書いている。

何年もの間、しばしば私たちはあなたの運命がどうなったか憂慮してきて、もう久しくあなたの存命にあまり希望が持てなくなっていました。そこへ今こうしてあなたが再び現れたばかりか、大いなる世界から生き生きとした精神の働きを伝えてきた! あなたはお見受けするところ、ケーニヒスベルクやハイデルベルクにいようと、パリやアメリカにいようと、揺らぐことなく芯を固く守り抜いてきたのですね。人間たるもの、そうでなくてはならない。この試練を私はこれまで免れていて、これから受けるのです。私たちはこの地で、混沌のなかで何を築き上げるべきかを見ようと思います。[*4]

これに対して、アーレントは次のように返信している。

親愛な、親愛なカール・ヤスパース——。
あなたがたお二人が地獄の修羅場のすべてをご無事に切り抜けられたことを知ってからというもの、私は再びこの世界で故郷にいる安らぎをいささか感じられるようになりました。この年月の間ずっとお二人のことを案じていたことは、申し上げるまでもありません。[*5]

加えてアーレントは自身の近況を知らせ（「アメリカへ来てこのかた、つまり一九四一年以来、私は一種のフリーランス・ライターになっています。歴史家と時事評論家の中間のようなものです」）[*6]、ヤスパース夫妻の生活を細かく気遣いながら、「あなたの出版を待ちこがれています」と書き綴っている。

先の手紙でヤスパースは、「つい先日ヨナスが、イギリス軍ユダヤ人旅団の兵士としてパレスチナへ向かう途中で寄ってくれました。あなたのことを聞いて喜んでいましたよ」と短く知らせている。この知らせはアーレントにとっても嬉しいものだったに違いない。一九三三年以来、それぞれに違う道を歩んできた二人だが、この時点でようやく互いの無事を確認しあったのだった。さらに「ヨナスは何行かの嬉しい便りをくれて、あなたを訪ねたときのことも書いてありました」とヤスパースに返信していることから、ヨナスからアーレントに直接宛てた手紙があったことが窺い知れる。

二人が直接の再会を果たしたのは、一九五〇年にヨナスがニューヨークへアーレント夫妻を訪ねてきたときのことである。ヨナスの『回想記』によれば、「私は一九四九年から一九五〇年にかけての冬に——クリスマスと新年の間に——カナダへ赴いたわけであるが、その後すぐにニューヨークへと旅し、そこでハンナや私の友人ギュンターと再会した」[*7]。四九年一二月二四日付けの手紙でブリュッヒャーはアーレント宛にこう書いている。「ハンス・ヨナスが電話をかけてきた。カナダで教授になっている。戻ってくるつもりで、夏まであちらに留まるが、その後合衆国に逃げ出すという。彼からもよろしくとのこと」[*8]。その後、二人は交友を取り戻し、ヨナスがしばしばアーレント夫妻のアパートを訪れるようになる。

アーレントは一九四四年から、戦争中に行方不明になったユダヤの文化財や書物を救済する「ユダヤ文化復興委員会」の仕事に携わるようになる。救済すべき文化財や書物のリストを作成し、それを取り戻すための調査や交渉、手続きを行うのがその仕事であった。この任務はその後、一九四八年に設立された「ユダヤ文化復興」という機関へと引き継がれ、アーレントはその事務局長の役職に就いている。「彼女は一九四九年から五〇年にかけて六ヶ月間ヨーロッパを旅行し、最終的に一五〇万冊のヘブライとユダヤの文献、数千の儀式用品や美術品、千を超える法を記した巻物を回収する活動を指揮した」[*9]。

そのヨーロッパ訪問の前年（一九四八年）に、アーレントは母マルタを亡くしている。マルタは、友人が住むイギリスへと旅行に出かけたのだが、その船上でひどい喘息の発作を起こし、その後、ロンドンで息を引き取った。[*10] 幼い頃に父を亡くし、母と二人での生活を長く営んできたアーレントにとって、その死は大いなる悲しみを伴うものだったに違いない。仕事の合間をぬって、アーレントは母が亡くなったロンドンに立ち寄り、その死を悼んでいる。

その後、かつて亡命生活を送ったパリに立ち寄り、三三年以来初めて、母国ドイツの地も踏んでいる。四九年一二月にはヤスパースと感激の再会を果たした。[*11] アーレントはバーゼルでヤスパース夫妻のもとに滞在し、戦争の経験から戦後ドイツのあり方、それぞれの書き物、哲学談義までさまざまな話題について心ゆくまで語りあった。その後もアーレントは夫ブリュッヒャーとともにヤスパース夫妻のもとを繰り返し訪れ、生涯にわたって深い師弟関係を育むことになる。

そして五〇年二月に仕事でフライブルクに立ち寄ったとき、アーレントはもう一人の師であったハイデガーとも再会を果たしている。彼と再会すべきか否か、アーレントは直前まで迷っていたようだが、フライブルクで会った知人からハイデガーの住所を聞き、彼への短い手紙を書く。彼女はホテルの名前を記し、会いに来て欲しい気持ちをそれとなく伝えた。するとハイデガーは返事を認（したた）めた手紙を携えて、すぐにホテルに現れたという。「ボーイがあなたの名を告げたとき、（私はあなたのおいでを予期していなかったのです。

お手紙をまだ受け取っていなかったのですから)、突然、時間が止まってしまったかのようでした」と後日、アーレントはハイデガーに書き送っている。[*12]

その後、アーレントはハイデガー宅へと招かれ、彼の妻エルフリーデとも初めて対面している。エルフリーデは熱狂的なナチ党員であり、強烈な反ユダヤ主義者であり、しかも夫とアーレントの間にあったかつての関係についても知っていた。エルフリーデはアーレントに厳しい非難と嫌味の言葉を投げつけたらしい。アーレントは「あの非難の正直さと強烈さはショックでした、今もまだ尾を引いています」と同じ手紙に書いている。[*13] 対してハイデガーは「素晴らしかった昨晩と、心晴れ晴れとさせた今朝、この両方の思いがけなさが今も消えずに残っています」と感激の手紙を記している。[*14]

そこには少なからず温度差も見受けられるが、この時点から二人は再び熱心な手紙のやりとりを始め、互いの著書や論文を送りあったり、ハイデガーがアーレントにいくつもの自作詩を送ったりしている。五二年にアーレントがヨーロッパを再訪した際には、ハイデガーの大学講義「思索は何の謂いか Was heißt Denken?」にも参加しており、その内容に強い刺激を受けている。[*15]

こうしてアーレントは戦後、友人たちとの交流を少しずつ取り戻し、二人の師とも学問的関係性を育み直していくことになる。それは彼女があの戦争の悲劇から少しずつ自らの生活を取り戻していくためのプロセスでもあった。

イスラエル建国への絶望

こうした間にもアーレントは「歴史家と時事評論家の中間のようなフリーライター」として、ユダヤ問題や戦後ドイツに関する記事を多数執筆している。彼女の戦後ドイツに対する考察も興味深いのだが、ここではイスラエルの建国に対する彼女の反応に的を絞ろう。
　第二次世界大戦後、エルサレムをめぐる状況はいっそう深刻なものとなっていった。イギリスによるパレスチナの委任統治は一九四七年まで続いたが、ユダヤ人とアラブ人の間でますます高まる軋轢に対して、イギリス政府は事実上その調停を投げ出し、その役割を国際連合に委ねることになる。一九四七年一一月二九日、国連総会はパレスチナの再分割をめぐる投票を行い、以下の案が決議された。すなわち、ユダヤ人国家はガリラヤ地方と沿岸平野、ネゲブ地域から構成され、エルサレムは国際管理地区に、残りの地域がアラブ人国家に属するという分割案である。しかし、一九四五年にカイロで設立されたアラブ連盟は、この案への反対声明を出し、武力でもっての対抗を宣言する。
　他方、ユダヤ人機関の代表であったベン゠グリオンは、イギリスの委任統治が終了した一九四八年五月一四日に「イスラエル」と名づけられたユダヤ人国家の成立を宣言する。これを受けて、ヨルダン、イラク、シリア、レバノン、エジプトの正規軍がサウジアラビアとイエメンの援助のもとに一斉にイスラエルに大規模攻撃を仕掛けた。新国家イスラエルも武力でもってこれに対抗し、現在に至るまで続く惨禍の応酬の火蓋が切って落とされることとなる（正確にはイスラエル建国以前からアラブ人ゲリラによるユダヤ人居住地への襲撃は始まっていたが）。[*16]
　イスラエルでは一九四九年一月に初めての総選挙が行われ、国会が召集され、ベン゠グリオンを初代首相とし、ハイム・ヴァイツマンを初代大統領とする政府が樹立される。ついで新政府はエルサレムを首都とすることを発表するが、アメリカをはじめとするいくつかの国はその承認を拒否した。このイスラエル建国を受けて、ヨーロッパの大戦を生き残ったユダヤ人や、中東や北アフリカからのユダヤ人難民がイスラエルに押し寄せることとなるが、これがさらにパレスチナから追い出されたアラブ人の怒りを買い、その報復攻撃は激しさを増していくことになる。

アーレントは悲嘆をもってこの状況をアメリカの地から見守っていた。イスラエル建国を喜ぶ気持ちは彼女には一切なかった。その反対に、シオニズム運動が最終的に、国民国家の設立と周辺住民との終わりなき戦闘という結末に行き着いたことに、彼女は絶望していた。戦争中は、ナチスの反ユダヤ主義政策に対抗するためにシオニズムに接近していたアーレントであったが、ナチスが滅びたのちにシオニズムが到達したのは、もともとパレスチナに住んでいた人々を追い出して、ユダヤ人だけの国家を作るという傲慢さであった。それは、ドイツからユダヤ人を締め出して、優秀なアーリア民族だけの帝国を築くというナチスの試みとどれだけ違うものなのだろうか。一体、ユダヤ人たちは何のためにこれまで戦ってきたのだろうか。

アーレントは一九四三年に書かれた「シオニズムの危機」や一九四四年に書かれた「シオニズム再考」[*17]などの論考でも、すでにシオニズムが偏狭なナショナリズムと化していることを批判していたが、イスラエル建国が宣言される直前の状況を受けて、一九四八年五月に「ユダヤ人の郷土を救うために――まだ時間はある」という論考を発表している。ここでアーレントは、ユダヤ人とアラブ人がそれぞれ「どんな代償を払ってでも戦い抜く」という姿勢を貫くならば、それは間違いなく、後世にまで残る悲劇を生み出すだろう、と予測している。そして、「この地の全般的な空気はどうかというと、テロリズムや増大する全体主義的方法が暗黙のうちにも許容され、ひそかに称賛されるようになっている」と指摘している。[*18]反ユダヤ主義というイデオロギーをテロルによって推し進めるナチズムを批判してきたはずのシオニズムが、いつの間にか、自分たち自身が全体主義的なものへと落ち込み始めている。その矛盾にシオニストたちは気づかなければならない。

アーレントはひとまずユダヤ民族とアラブ民族の間で高まる暴力と憎しみの連鎖に歯止めをかけるために、一時的にパレスチナを国連による信託統治に委ねることを提案している。[*19] それによって冷却期間を設け、国際機関の監督と後援のもとにアラブ人とユダヤ人の両方が参加して話しあう委員会を設立すべきである。そして最終的には、アラブ人とユダヤ人双方がパレスチナを共同統治する連邦国家の設立を目指すべきである。このような連邦国家の設立が、アーレントがシオニズムに対して望んだものであった。

すなわち、「パレスチナの独立はユダヤ人とアラブ人の協力という堅固な基盤に基づいてのみ達成されうる」のであって、「ユダヤ人とアラブ人の指導者たちがいずれも、ユダヤ人とアラブ人の間には『橋はまったくない』と主張している限り」そこに解決の道はない。「残念ながら、ヒステリー的な雰囲気のなかではこのような提案は『利敵行為』であるとか非現実的であるとかしてはねつけられやすい」だろうが、「反対に、これこそがユダヤ人の郷土の現実性を救う唯一の道なのである」[*20]。そして、「まだ遅すぎることはない」と。

しかし、アーレントの提案が世論を動かすことはなかった。この後、イスラエル国家の設立が宣言され、ユダヤ人とアラブ人は終わりの見えない暴力の連鎖へと足を踏み入れていくことになる。シオニズムはユダヤ人国家の設立という目標を追い求めた結果、次第にナショナリズムへと傾倒し、イギリスの帝国主義政策に組み入れられ、さらにそこから全体主義的運動にまで接近してしまったのだった。自分たちが占拠した土地からアラブ人を徹底して排除し、アラブ人に憎しみと差別の言葉を投げ続けたことがそれを裏づけている。

これがユダヤ人の運命なのだろうか。なぜシオニズムはナショナリズムの罠へと陥ってしまったのだろうか。本来ユダヤ人が取り組むべき「政治」とはどのようなものであったのだろうか。ナチスが崩壊したのちも、イスラエル建国が生む悲劇に直面して、アーレントはこうした問いを反芻し続けねばならなかった。

全体主義とは何であったのか

以上のようなユダヤ問題についての時事的記事と並行して、アーレントは『全体主義の起源』へと繋がる論考の執筆を開始している。はじめに英語媒体で発表され、のちにヤスパースが創刊した雑誌『ヴァントルング』にもドイツ語で掲載された、「組織的な罪と普遍的な責任」と『ドイツ問題』へのアプローチ」（ともに一九四五年）、「帝国主義」（一九四六年）、「強制収容所」（一九四八年）などの諸論考である。これらの原稿をもとにしながら、アーレントは全体主義の経験を総括する大著を書き進めていった。第一部「反ユダヤ主義」と第二部「帝国主義」を構成する草稿のほとんどは四四年から四六年にかけて書かれ、第三部「全体主義」の草稿は四八年から四九年にかけて書かれた。[*21]

アーレントは当初、フランツ・ノイマンの『ビヒモス』に倣って、ナチズムを「人種帝国主義」として捉えており、「反ユダヤ主義」「帝国主義」「人種差別主義」という三部構成を想定していた。そこにスターリニズムの考察は含まれていなかった。だが、「戦後になってナチスとロシア双方の強制収容所と労働収容所に関する膨大な量の資料が、公式記録の形だけでなく、生存者たちの回想録、日記、小説、詩などの形でも現れ始め」、彼女はそれらを読んで、「全体主義的政治制度を他の政治制度から根本的に区別するものは強制収容所である」、「強制収容所は、この政治制度に本質的なものであり、かつ独自のものであった」という確信を抱くに至った。[*22] これを受けて、アーレントは当初の計画を変更し、「全体主義」と題された第三部を新たに執筆し、そこにナチズムだけでなくスターリニズムについての分析を加えることを決めたのだった。

全体主義はしばしば独裁支配や権威主義的支配の一類型だと見なされがちだが、そのような見方は間違っている、というのがアーレントの考えであった。全体主義は、歴史に例を見ない異様な支配体制であり、その異様さは強制収容所の存在に集約して表されている。その点で、ナチズムとスターリニズムには共通する支配構造があり、これは伝統的な「独裁」や「専制」とは根本的に異なるものと捉えられなければならない。一九六八年版の緒言でアーレントが書いているように、「私の世代が成年期のほとんどにわたってそれを抱きつつ生きねばならなかったあの問い――何が起こったのか？ なぜ起こったのか？ どのようにして起こり得たのか？」[*23]を突き詰めたのがこの大著であった。

ただし、「全体主義の起源」というタイトルは誤解を招くものであったとアーレントはのちに述べている。正確にはそれは「全体主義へと結晶化する諸要素」についての研究と呼ばれるべきものであった（一九五五年に出版されたドイツ版はその意図に沿った題名になっている）。大摑みに言えば、「反ユダヤ主義」（第一部）と「帝国主義」（第二部）が、「全体主義」（第三部）へと結晶化する二大要素となったのであり、人種主義と官僚制の発達、国民国家体制の衰退、無国籍者の増大、階級社会の解体、モッブや大衆の出現、などの諸要素がそれに加えられる。一九世紀後半から二〇世紀前半にかけて、これらの諸要素が絡まりあい、結晶化するなかで、近代社会が全体主義を招き寄せてしまった歴史過程が描かれるのである。

ただし、意外にも、アーレントはこの書のなかで、全体主義とは何であるのか、を明確に定義していない。全体主義支配の成立過程とその特徴は詳しく描かれるのだが、明確な定義づけを見つけることはできない。この点で、おそらく最も重要な手がかりを与えてくれるのは、『全体主義の起源』第二版（一九五八年）のエピローグとして追加された「イデオロギーとテロル」である。ここで強調されるのは、全体主義が終わりなく加速していく「運動」であり、安定した支配体制を目指す独裁支配や専制支配とは根本的に異なるまったく新たな統治体制だということである。

その加速的運動の指針となるのが「イデオロギー」であり、そのイデオロギーを実現するのが「テロル」である。たとえば、ナチズムの場合には、反ユダヤ主義というイデオロギーを、ユダヤ人の迫害と虐殺というテロルによって実現していき、スターリニズムの場合には、マルクス主義（唯物史観）というイデオロギーを、圧政と粛清というテロルによって実現していった。こうして「テロルによるイデオロギーの実現」という形式を取るのが、全体主義の統治体制である。そして、このような統治体制が結果としてもたらすのは、人間の「新しい始まりを生み出す能力」（＝自発性）と複数性の消滅である、とアーレントは論じている。

> 自然もしくは歴史の運動の従順な僕（しもべ）としてのテロルは、その運動の過程から、何か特定の意味の自由だけでなく、人間の誕生という事実そのものとともに与えられ、新しい始まりを生み出すという能力そのもののうちにある自由の源泉をも取り除かねばならない。人間の複数性を消滅させ、それ自身が歴史もしくは自然の歩みの一部であるかのように確実に働く〈一者〉を作り上げるテロルの鉄の箍（たが）とは、歴史と自然の力を解き放つだけでなく、そのままでは決して到達し得なかったような速度にまでその力を加速させる装置だったのである。[*24]

自然の法則（人種の淘汰）や歴史の法則（唯物史観）としてのイデオロギーをテロルによって実現していくという全体主義的統治が発動すると、そこに人間の自発性や複数性が発揮される余地はなくなる。個々の人間はあくまでそうした自然法則や歴史法則を実現するための駒でしかなくなり、自発性や複数性など意味を持たなくなるからである。すなわち、全体的テロルは「人間たちをぎゅうぎゅうに締めつけることによって、人々の間の空間を消滅させ」、それらの人々を「巨大な〈一者 One Man〉にしてしまう」[*25]。そうして人間の複数性が失われた状態では、新たな「始まり」を生み出すという自由の能力もまた失われてしまうことになる。

以上の議論からアーレントが、全体主義を「テロルによるイデオロギーの実現」という形式によって「人間の自発性と複数性を消去していく（そしてそれを全体性のうちへ取り込んでいく）政治運動」であると捉えていたことがわかるだろう[*26]。全体主義を単なる独裁体制や権威的抑圧体制として捉えるのではなく、「運動を持続し、周囲のものすべてを運動に取り込むことによってのみ、その力を維持しうる」政治運動として捉え、その構造を詳細に分析したところに、アーレントの全体主義分析の大きな功績がある。そして、次作『人間の条件』では、全体主義によって破壊の対象とされた、人間の自発性（＝始まりを生み出す能力）と複数性こそが、人間の公的生活を支える最重要な二要素であるとされ、これが「活動」の営みと結びつけて論じられることになる。

新たな「始まり」への希望

全体主義支配の極致をなすのは、言うまでもなく、強制収容所（あるいは絶滅収容所）である。ナチスの強制収容所では、六〇〇万人以上のユダヤ人が虐殺され、ソ連の強制収容所でも数百万人の人々が過酷な強制労働に従事させられたと言われている。アーレントによれば、強制収容所とは「すべてが可能であるという証明を行う実験場」であった。そこでは大量の人々が虐殺されただけではない。伝統的な支配体制においては、思いつかれることすらなかったような、非人道的な（あるいは非人道的という道徳的判断すら無意味化してしまうような）実験が行われる場、それが強制収容所であった。

収容所は人々を絶滅させ人間を辱めるためだけでなく、科学的に管理された条件のもとで、人間の行動様式としての自発性それ自体を消去し、人間の人格を単なるもの、動物ですらない何かへと変えてしまう恐るべき実験のために機能するものである。[*]

人間を人間ではない何か、いや動物ですらない何かへと変えてしまうのが収容所という装置であるが、アーレントはそのポイントを、人間の自発性（spontaneity）、すなわち新しい物事を始める能力、を無きものにしてしまうところに見出している。先にも見たように、この「自発性」こそが人間の「自由」の根本にあるものだとアーレントは見ていた。一方、こうした「自発性」（＝「始まり」を生み出す能力）を完全に破壊し、人間を「動物ですらない何か」へと変えようとする実験場が収容所であった、ということになる。

それゆえにこそ、アーレントはエピローグ「イデオロギーとテロル」の最後で、人間の「始まり」をもたらす能力とそれを根拠づける生命の誕生（＝出生）の重要性を強調し、そこに希望を見出すことによって、大著『全体主義の起源』を締めくくることにしたのだった。

しかしまた、歴史におけるすべての終わりは必然的に新しい始まりを内含するという真理も残る。この始まりは約束であり、終わりがもたらしうる唯一の「メッセージ」なのである。始まりは、それが歴史的事件になってしまわぬうちは、人間の最高の能力なのだ。政治的には始まりは人間の自由と同一のものである。「始まりが為されんがために人間は創られた」とアウグスティヌスは言った。この始まりはひとりひとりの人間の誕生によって保証されている。始まりとは実はひとりひとりの人間なのだ。[*28]

全体主義の核心を人間の「自発性」と「複数性」を破壊してしまうところに見定め、それと同時に、全体主義に対抗するための可能性を、人間の「始まり」を生み出す能力、およびそれを保証する「ひとりひとりの人間の誕生」に見出す。『全体主義の起源』初版の時点では記されていなかった、「始まり」および「出生」へのこうした希望こそが、第二版に付け加えられた新たな議論であり、これが次作の『人間の条件』へと直結する重要な伏線となる。

『全体主義の起源』は一九五一年に発売されるや否や、大きな反響を呼んだ。デイヴィッド・リースマンやエリック・フェーゲリンが熱心な書評を寄せ、痛烈な批判も含め、改めて全体主義とは何だったのかという議論を呼び起こした。アーレントは彼らの書評に感謝しつつ、その批判には強い意志をもって反論を返している。[*29]

『全体主義の起源』への高い評価によって、アーレントはアカデミズムの舞台へ正式にカムバックする。次第に大学での講義にも招かれるようになり、一九五三年にはプリンストン大学で「カール・マルクスと西欧政治思想の伝統」講義、一九五四年にはノートルダム大学で「哲学と政治」講義をそれぞれ行った。一九五五年にはカリフォルニア大学バークレー校で初めて客員教授となり、その後も、シカゴ大学（一九五六年）、プリンストン大学（一九五九年）、コロンビア大学（一九六〇年）などの客員教授を歴任している。

彼女は毎年の半分を執筆とヨーロッパ旅行のために空けており、[*30] 一九五六年にはロックフェラー財団の支援を得て研究と講義のためにヨーロッパへ渡航し、一九五八年にはブレーメンで「教育の危機」講義、チューリッヒで「自由と政治」講義、ミュンヘンで「文化と政治」講義を行っている。これらの講義はのちに論文化され、『過去と未来の間』（初版：一九六一年、第二版：一九六八年）という論集に収録されている。一つの大学に長く留まらず、毎年のように大学の客員教授を移り変わるスタイルは、[*31]彼女自身が「漂泊」の生活を送る「自覚的パーリア」であり続けようとしたことの表れであったように思われる。おそらくはそれが彼女にとって最もしっくり来る研究者としてのあり方だったのだろう。

とはいえ、もう一つ彼女にとって良いニュースとなったのは、『全体主義の起源』が出版されたのと同年に、アメリカ市民権を獲得したことであった。実に一八年間に及ぶ「亡命者＝無国籍者」としての生活はここでひとまずのピリオドを打ったのだ。この年、アーレントとブリュッヒャーは西九五丁目の家具付きアパートから、モーニングサイド・ドライヴ一三〇番地のアパートへ引っ越している。[*32]新居には「ささやかながらそれぞれの書斎と客間があり、そこにはしばしば親しい仲間たちが集まった」。[*33]映画『ハンナ・アーレント』のなかでも描かれているように、亡命知識人やニューヨーク知識人をはじめとする友人たちが集うそのちょっとしたサロン的空間（前章で紹介したラーエル・ファルンハーゲンのサロンを想起させる）には、一九五五年にニュースクールの教員となり、同じニューヨーク在住となったヨナスと、彼の妻ローレもたびたび訪れていた。ヨナスによれば、「マンハッタンにおける私たちの社交的関係の中心となったのは、ハンナ・アーレントのまわりにできたサークルであり、このサークルに私はいつも招待されたし、しばしばローレと一緒に招待された。ハンナと私はとても気のあった同士だった。しかし、彼女はローレにも心を惹かれていた。そして、『あなたは幸運を手に入れました。しめたものです。あなたは幸運を手に入れました』と私に何度も断言した」。[*34]こうしてアーレントはローレとも非常に親しい仲になった。[*35]

アーレントがヨーロッパへの旅行に出かけている間は、アパートの一室をヨナスに貸し出すこともあった。だが、最愛の妻と離れて、ヨナスと数ヶ月間同居することになったブリュッヒャーは、ヨナスに対してかなりストレスを溜めていたようで、その不満をたびたびアーレントへの手紙で書き綴っている。たとえば、「ヨナスがここにいるのはかなり煩わしい。この住まいではこれ以上いささかも我慢できない」[*36]、「よそ者にうろちょろされるのはすごく神経に障る。僕だってもう若くないんだ。それだけでなく、あれこれ嗅ぎまわる無神経さだ」[*37]、など。

ブリュッヒャーが、一九五二年にバード大学で常勤教授の職を得たというのも良いニュースであった。ブリュッヒャーはアーレントと違って、すぐにはアメリカの生活になじめず、英語の習得にも苦労していたのだが、アメリカ到着から一〇年たってようやく定職を得ることができた。そのせいでアーレント夫妻は離れて暮らさねばならない機会が増えたが[*38]、二人ともが学問の道で生計を立てられるようになったのは、やはり幸運なことだっただろう。

こうして彼/彼女らは少しずつ戦争の傷から立ち直り、アメリカに新たな定住の地を見出し、研究者としてのキャリアを再スタートさせていった。

『人間の条件』における「始まり/出生」論

『全体主義の起源』出版から七年後、彼女のおそらく最も重要な著書『人間の条件』(一九五八年)が出版される。この著作もまた発表後から大きな反響を呼び、アーレントの政治思想家としての評価を確立することに繋がった。少なからず批判も寄せられたが、それ以上に好意的な評価が集まった。もはやその内容を詳しく紹介する余裕はないが、ここでは「始まり」および「出生」というキーワードに絞って、その議論を紹介しておきたい。

アーレントは『人間の条件』のなかで、人間の営みを労働・仕事・活動の三つに分けて考察し、その歴史的変遷を分析した。有名な分類であるが、ごく簡単に定義しておけば、「労働 labor」とは人間が生命維持の必然性を満たすための営みであり、「仕事 work」とは耐久的なモノを製作することによって、われわれが住まう安定的で永続的な「世界」を創造するための営みである。そして「活動 action」とは主に言語を用いて他者とコミュニケーション（対話・議論）する営みである。

このうちアーレントが最も重視していたのは、明らかに「活動」である。先に述べたように、『全体主義の起源』第二版のエピローグにおいて、アーレントは人間の持つ「自発性」と「複数性」に全体主義に対抗する可能性／希望を見出していたが、その「自発性」と「複数性」が実現されるのは、まさにこの「活動」（他者との対話・議論）を通じてである、というのが『人間の条件』で展開される議論である。引用してみよう。

> 言論と活動は、このユニークな差異性を明らかにする。それを通じて、人間は単に異なっているという以上に、互いを区別しようとする。つまり言論と活動は、人間が、物理的な対象としてではなく、人間として、相互に現れる様式である。この現れは、単なる肉体的存在と違って、〔言論と活動に伴う〕創始（イニシアティヴ）にかかっている。しかも人間である以上止めることができないのがこの創始であり、人間を人間たらしめるのもこの創始である。[*39]

他者と言葉を通じて対話・議論することによって、ひとりひとりのユニークな差異性が明らかとなり、それによって人々の「複数性」が確証される。同時にこのような「活動」は、その対話・議論によって何か新しいことを「始める」ことにも繋がるだろう。このような「活動」を通じた「始まり」は、人間が生きる以上、止めようもないことであり、それこそが人間を人間たらしめている、とアーレントは考えていた。

言葉と行為によって私たちは自分自身を人間世界のなかに挿入する。そしてこの挿入は、第二の誕生に似ており、そこで私たちは自分のオリジナルな肉体的外形の赤裸々な事実を確証し、それを自分に引き受ける。この挿入は労働のように必要によって強制されたものでもなく、仕事のように有用性によって促されたものでもない。それは、私たちが仲間に加わろうと思う他者の存在によって刺激されたものである。とはいうものの、決して他人によって条件づけられているものではない。つまり、その衝動は、私たちが生まれたときに世界のなかに持ち込んだ始まりから生じているのである。[*40]

ここでアーレントは、言葉と行為によって私たちが自分自身を人間世界のなかに挿入することを「第二の誕生」と呼んでいる。この「第二の誕生」は「私たちが仲間に加わろうと思う他者の存在によって刺激されたもの」であり、必然性や有用性によって促されたものではない。なぜなら、「活動とは、物あるいは事柄の介入なしに直接人と人との間で行われる唯一の営みであり、多数性という人間の条件、すなわち、地球上に生き世界に住むのが一人の人間 man ではなく、多数の人間 men であるという事実に対応している」[*41]からである。

ただし、この「第二の誕生」への衝動は「私たちが生まれたときに世界のなかに持ち込んだ『始まり』

から生じている」とも、アーレントは付け加えている。これは、われわれがこの世界に生まれてきた「第一の誕生」のことを指しているのであろう。そうであるとすれば、「言論と活動」に伴う「第二の誕生」は、生物学的な「第一の誕生（出生）」にその起源を持っていたということになる。実際、アーレントは『人間の条件』第一章第一節において、〈活動的生活〉の三つの営みのうち、とりわけ「活動」は「出生」という人間の条件と最も密接な関連を持つものであり、それゆえに「出生」が政治的考察における中心概念になるだろうと述べている。「活動はすぐれて政治的な営みであるから、可死性ではなく出生こそ、形而上学的思考と区別される政治的思考の中心的なカテゴリーであろう」[*42]。

『全体主義の起源』エピローグで示されていたように、このような「始まり」および「出生」のアイデアの源泉をなしていたのは、アウグスティヌスであった[*43]。『人間の条件』おいても、アーレントは「始まりが為されんがために人間は創られたのであり、その前には人間は存在しなかった」という『神の国』（第一二巻二二章）における一文を引きながら、人間の人間たるゆえんは「始まり」を為すことにあり、その始まりは「人間ひとりひとりが唯一の存在であり、したがって、人間ひとりひとりが誕生するごとになにか新しいユニークなものが世界に持ち込まれる」[*44]ことに由来している、と論じている。こうして、人間の「出生」それ自体が「始まり」であり、その「始まり」がさらに「言論と活動」を介した「第二の誕生」へと繋がり、それが人間の「自発性」と「複数性」を実現する、という理路が示される。

このような「出生」に基づく「始まり」こそが、全体主義が廃絶しようとしたものであると同時に、その反対に、われわれが全体主義に対抗するための原理（アルケー）となるものであるという主張は、『全体主義の起源』エピローグですでに予示されていたものであったが、その理路が『人間の条件』の活動論においてより詳しく展開されているのであり、アウグスティヌスに由来する出生論がその思考を貫く鍵となっていることがわかる。ただし、このような出生論は、『人間の条件』で繰り返し強調される公的領域／私的領域の厳格な区分（古代ギリシア的思想）と少なからず食い違うところがあるようにも思われるのだが、この点については、第7章において改めて考察することにして、先へ進もう。

ヨナス

四二〜五八歳

ドイツの降伏後、ヨナスはユダヤ旅団グループの兵士としてドイツに帰還した。そこでヨナスを待っていたのは一面に広がる廃墟の光景だった。ドイツは連合国による激しい空爆に見舞われていた。そこにかつての面影は残されていなかった。

しかし、その光景を前にしたヨナスの胸に去来した感情は、いささか屈折していた。彼は当時の想いを次のように綴っている。

私たちはカールスルーエとプフォルツハイムを経由して走り続けた。その途中で廃墟となったドイツのいくつかの都市を通り抜けた。それらの都市は、少なくともアウトバーンからは廃墟のように見えた。その後、ドイツをめぐる旅の途中で、私はゴーストタウンにも等しい多くの場所を見た。特に、カッセルは月面の風景のようであり、穴ぼこだらけで瓦礫が積まれていた。この光景を眺めたとき、それを二度と体験したいとは思わないが、しかし黙っていることもできないような感情を抱いた――すなわち、歓声をあげるような、満足した、あるいは少なくとも半分満足した復讐の感情だった。それは心のなかの高貴とはいえない感情に属するものだ。それでも私は、ここで生じた恐るべきこと、私たちの家族を襲った恐るべきことに関して、何の復讐もなされないままでいたわけではない、という思いで、いっぱいになってしまった。[*45]

しかし、ヨナスが所属していたユダヤ旅団グループには、依然としてやり場のない復讐心を持て余す者も多くいた。そうした兵士たちは統治下のドイツで「ナチ狩り」とも言える報復行為に奔走した。ヨナスと行動をともにしていた歩兵隊たちが、潜伏していたナチスドイツの武装親衛隊を突き止め、一晩中拷問し、重傷を負わせた状態で放置するという事件まで起きた。また、夜陰に乗じて部隊を抜け出し、報復と称して民家を襲撃して一家を惨殺するという出来事も発生した。こうした行動を問題視したイギリス軍司令部は、ユダヤ旅団グループをドイツから離し、オランダのフェンローという街に駐屯させた。

母の死

フェンローはヨナスの故郷メンヒェングラートバッハからほど近い場所に位置していた。そのためヨナスは休みの許可を得て、その地に帰ることを決めた。幸い、解放軍としての任務はそれほど忙しくなかった。何よりも彼の部隊はおとなしくしていることを求められていた。彼には時間がたっぷりと残されていた。

ヨナスの生家の所有権は別の持ち主に移されていた。父はすでに病に倒れて亡くなっており、工場は空爆によって破壊され廃墟となっていた。会社の権利はドイツ人によって専有されていた。あらゆることが変わっていた。まるでヨナスの出自がそこにあったことを世界が忘れようとしているかのように、彼の故郷は失われていた。

ヨナスには気がかりなことがあった。母の消息だ。ヨナスが知りえている最新の情報では、母はリッツマンシュタットという街のゲットーで生活していたということだった。しかしそれ以上のことは何もわからず、その後の足取りは不明だった。

ヨナスは、家族の消息を知るためにユダヤ人センターに向かい、そこで他のユダヤ人と情報交換を行った。何かを知っている者を探しているうちに、彼は一人の女性と出会った。その女性はヨナスの母とともにゲットーで生活していた人物だった。そして彼女は、彼がヨナスであることを知ると、突然泣き出し、こう言った。

私はルージであなたのお母さんと一緒にいたのですが、あなたのお母さんは、そのあと、一九四二年にアウシュヴィッツに向けて再び移送されました*30。

それはヨナスが最も聞きたくない言葉だった。彼自身は一九三三年にはドイツから脱出していた。自分がそんなにも早く難を逃れることができたのに、彼には母親を救うことができなかった。兵士にまでなって、戦場でドイツ軍と死闘を繰り広げまでしたのに、そのときにはもう母親は強制収容所に送られていたのだ。彼は絶望の淵に突き落とされた。それは後年の次のような回想にも示されている。

そう、それは暗黒の歴史だ。私の人生の大きな苦悩だ。私の母の運命——この傷は決して癒えなかった。私にはそれを乗り越えることが決してできなかった。私の子どもたちはそのことを知っている。

酷かった。私に何かを思い出させるような会話になったり、映像が流れたりすると、崩れ落ちるようなむせび泣きの嵐が決って始まり、私を襲った。これはどうすることもできない。[*47]

高射砲とともに戦場を駆けてきたヨナスを支えてきた何かが、折れてしまった。復讐心は、粉砕された飴細工のように、静かに崩壊していった。[*48]

「人間を信じるということが必要だった」

——これから世界はどうなるのだろうか。私はどうなるのだろうか。

駐屯が始まってからすでに数ヶ月が経っていた。戦後の狂騒とは裏腹に、ヨナスの心は冷え切っていた。彼はしばしば歩哨警備の任務にあたったが、捕虜の尋問や、旧ナチス党党員の審査には携わらなかったし、もちろん「ナチ狩り」にも関わらなかった。周囲ではドイツの将来の構想をめぐってさまざまな議論が交わされていたが、ヨナスにとってそれは別の星の出来事のように感じられた。「ドイツ民族があっさりと悪魔のところに行こうとも、私は構わなかった」。[*49]

あるとき、ヨナスは空いた時間を使ってゲッティンゲンという街に向かった。そこにはループレヒトという老舗の出版社があった。ヨナスはかつて、まだ哲学研究者としてのキャリアを考えていた頃、『グノーシスと古代末期の精神』の続編となる原稿をパレスチナからこの出版社に送付していた。

しかし、一九三八年にドイツで「水晶の夜」事件が起きたことによって、彼は原稿の送付を止めてしまった。その後、それまで送付された原稿がどうなったのかは不明だった。ヨナスはそれを確かめるためにループレヒト社を訪問したのである。

ループレヒト社の社長はヨナスの訪問を心から喜び、原稿が人目につかない過疎地に保管されていることを伝えた。ヨナスはそのまま社長宅に招かれ、賓客としてもてなされた。ヨナスの当初の予定では、ループレヒト社のあとにマールブルクに向かい、博士論文の指導教員だったブルトマンを訪ねるつもりだった。それを聞いた社長はヨナスに頼み事をした。社長にはブルトマンに渡さなければならない本があったが、まだ送付の手続きを終えられていなかった。そこでヨナスに本を託し、代わりに届けてもらうことを依頼したのである。ヨナスはこれを引き受けた。

ゲッティンゲンをあとにしたヨナスは軍用車でマールブルクに到着した。そこは彼が大学生時代を過ごした場所であり、アーレントと出会った場所でもあった。

ヨナスはブルトマンの自宅のベルを鳴らし、夫人によって室内へと招かれた。夫人はヨナスがやってきたことに大変驚き、歓喜の涙を流した。幸い、そのときブルトマンは家にいた。ヨナスは彼の書斎へと案内された。

扉を開けると、ブルトマンは椅子に座っていた。彼は、ヨナスが知るよりも、ずっと年老いて痩せ衰えて見えた。ブルトマンはヨナスの姿を認めるとすぐに立ち上がった。二人は書斎の真ん中に歩み寄って、ぎこちない挨拶をした。長い時間が経っていた。そしてその間、あらゆることが変わり、さまざまなものが失われてしまった。

しかし、その直後のブルトマンの言葉がヨナスの心を揺さぶった。当時の会話を彼は次のように回想している。

いま私〔ヨナス〕は、ループレヒトから託された包装された本を小脇に抱えて、そこに立っていた。

すると、とても重大なことが起きた。彼〔ブルトマン〕はその本を指さし、私に質問した。「私は、この本がグノーシスの第二巻であることを期待してもよいのでしょうか」。その瞬間に、私のなかに何かが生じた。ドイツに帰還してからずっと私の心を占拠していたのは、おそろしい痛みだったのに、その傍らに、何か安らぎのようなものが再び入り込んできたのだ。そんなことは初めてだった。全世界の没落を超えて、最もおそろしい破局を超えて、ドイツの破滅を超えて、教え子ヨナスによって始められたグノーシス研究は完成することが可能だという希望が〔ブルトマンの心に〕生き残っていたという、この愛情に満ちた誠実さが示されたのを前にして、私は、和解のチャンスがもう一度あることに初めて気がついた。和解するには、私のなかで脅かされ揺さぶられていたこと、つまり人間を信じるということが必要だったのである。[*50]

ブルトマンの言葉は何気ない一言にすぎなかったのかもしれない。しかし、それがヨナスに対して、他の誰も与えることができなかった救いを与えた。そうだ、とヨナスは思った。私には研究がある。私は研究をすることができる。

その後ヨナスは、ナチスの支配下にありながらも決して自らの信念を曲げなかったカント研究者、ユリウス・エビングハウスをも訪問し、大きな感銘を受けた。彼の生き様から「哲学も公的な生活と行動に対する義務を負っている」[*51]という確信を得たヨナスは、再び研究者としての道を歩むことを決意した。随分遠回りをした。見なくていいものを見た。しかし、自分の思考を、自分が書いたものを、待っている人がいる。どんな悪や暴力が吹き荒れる世界であっても、そこには哲学を、知を信じる人がいる。廃墟となったドイツでヨナスが最後に見出したのは、彼が失いかけていた、そして半ば自ら放棄しかけてさえいた、そうした「人間」への信頼だった。

パレスチナからカナダへ

一九四五年一一月。オランダでの駐屯が解除され、ヨナスはパレスチナに帰ってきた。妻と再会し、二人で新しい家を探した。彼は再び研究者として生きていくことを志した。ヘブライ大学で講師を務め始め、イギリス高等教育協議会のもとで哲学と歴史の非常勤講師もこなした。しかし、任期のない専任講師のポストは見つからなかった。パレスチナの情勢は依然として不安定だった。それでも、イタリアの死線、ドイツの荒廃から帰還したヨナスにとって、そこで再開された日常はかけがえもなく平穏だった。

しかし、新生活は長くは続かなかった。

一九四八年五月一四日、イスラエル国家の樹立が宣言される。同日、レバノン、シリア、トランスヨルダン、イラク、エジプトの五ヶ国がイスラエルに対して宣戦布告する。同年五月一五日、これらのアラブ連盟五ヶ国がパレスチナへの侵攻を開始し、第一次中東戦争が勃発する。

当時、イスラエルには正式な国防軍が存在しなかった。そのため、アラブ連盟と対峙するイスラエル軍を新設するために、人材を招集し部隊を編成することが喫緊の課題として浮上した。こうした情勢のなかでヨナスもまたイスラエル軍に召集され、砲兵隊将校に任命された。ヨナスは、かつてハガナーでアラブ人勢力と交戦した経験があり、ユダヤ旅団グループでは指揮官として戦闘に参加した、高射砲のエキスパートだった。イスラエルの防衛部隊にとって即戦力に違いなかった。

しかし、同じ年、ヨナスには一つの新しい出来事が生じていた。子どもの誕生である。かつてのヨナスであればそのままイスラエル軍に身を投じていたかもしれない。だが、彼は父になっていた。自分の人生だけではなく、家族の人生に対しても、責任を負わなければならなくなった。劣勢に立たされているイスラエルに留まり、研究者としての夢を諦め、家族を危険に晒し、何より不安定で過酷な環境で子どもを育てることが、本当に私が望んでいることなのか。ヨナスはそう自分に問いかけ続けた。

散々苦悩した果てに、ヨナスはイスラエルを離れることを決意する。一九四九年、ヨナスはイスラエル軍からの帰休を得て、カナダにあるモントリオール・マギル大学に特別研究員として赴任することを決める。ヨナス一家は、スイスを経由して、船で一路カナダへ向かった。

ヨナスの人生をあとから眺め返すとき、パレスチナからカナダへの移住には、ヨナスの行動の明らかな変化が示されている。第1章で述べたとおり、ヨナスは少年時代からシオニズムに傾倒し、学生時代にはアーレントから揶揄されるほどのシオニストだった。パレスチナに入植後も、現地の学術的なサークルのなかで唯一ハガナーに参加し、第二次世界大戦では前線での戦闘を志願するなど、その行動は一貫している。

しかしそのヨナスは、イスラエル建国からわずか一年という短期間でその地をあとにし、何の縁もないカナダへと渡ってしまったのである。それまでのヨナスの行動を顧みる限り、そこにはいささか一貫性が欠けているようにも思える。

しかし、ヨナスがカナダへの渡航をやすやすと決めたわけではないこともまた事実だ。ヨナスはその決意を「実存的決断」[*52]と呼んでいる。すなわちその決断は、単に身の安全やアカデミックポストへの有益性を鑑みたものではなく、自分の「実存」に関する決断であったのであり、言い換えるなら自分自身を何者として理解するかに関わる決断だったのである。ヨナスにとって、カナダへの渡航を決めることは、別の人間になろうとすることに等しかった。その意味において、ヨナスはこの渡航によって、それまでとは違った形で自分を理解し、新しい人生を歩み始めた、と解釈することができよう。

何が彼を変えたのだろうか。その要因についてヨナスは多くを語っていない。しかし、第二次世界大戦中の彼の経験のなかにその示唆を見つけることは許されよう。

前述のとおり、彼のシオニズム活動を支えていたのは「ドイツ」への復讐心だった。その復讐心は、第二次世界大戦の終結によって、さしあたり失われてしまった。その最中に彼は母親を失った。ドイツへの復讐はもうできないし、復讐したところで母親は戻ってこない。戦後の駐屯期間に彼はその現実と直面せざるを得なかった。そして、同じ頃にブルトマンと再会したことで、復讐に駆られるのではない人生、研究者として生きることへの希望を得たことも、大きな意味を持っていた。

加えて、もう一つ見逃すことができないのは、子どもの誕生である。長女アラヤーが誕生したあとのヨナスは、その後の人生設計における最重要の項目を、子どもたちを育む平穏な家庭環境のうちに据えたように思える。それはあたかも、それまでヨナスの行動原理を支配していたシオニズムの場所に、子どもへの責任が置き換えられたかのようである。あるいは、あえて抽象的な言い方をするならば、ヨナスにとってシオニズムという政治的な「公的領域」への責任よりも、子どもという家族内の「私的領域」への責任が、より重要になっていった、ということのようにも思える。

第6章で述べられるとおり、後年、ヨナスの主著として世に送り出される『責任という原理』の大きな特徴は、あらゆる責任の原型を「子どもへの責任」のうちに見出し、ここから全人類への責任を説明していく、というアプローチにある。こうした発想の起源はこの頃のヨナスの経験に基づくのかもしれない。

以上のような複合的な要因が重なりあって、ヨナスはシオニズムから離れることを決めたと考えられる。

しかし、彼はすでに四〇歳を越えていた。研究者として再スタートするには遅すぎるくらいだ。残された人生のなかで、自分に何ができるのか。カナダへと渡る船のなかで、彼はそうした不安と向かいあっていたに違いない。

「私には小さな子どもがいる」

ヨナス一家はカナダに新しい居を構えた。ヨナスはモントリオール・マギル大学に附属するドーソン・カレッジという教育機関で哲学概論の授業を担当した。

最初の一年は驚きの連続だった。ヨナスがそれまで生活していたイスラエルは砂漠地帯に囲まれており、冬になっても雪は降らなかった。それに対して、カナダの冬は壮観だった。融けることのない雪が降り続き、あたりを神秘的な光が満たしていた。

一家は周囲の人間関係にも恵まれた。経済的な支援者と知りあうことができた。そこでは銃声は鳴らず、近隣諸国から宣戦布告をされる心配もなかった。「私たちは暖かい小さな世界のなかで暮らしていた」[*53]、と、ヨナスはカナダでの平穏な日々を振り返っている。

しかし、ドーソン・カレッジは一年で閉鎖されることがすでに決まっていた。そのためヨナスは着任後すぐに次のポストを探さなければならなかった。さまざまな大学機関と交渉した結果、一九五〇年に、オタワのカールトン・カレッジで特任教授に就任することが決まった。

生活は目まぐるしく変わっていった。オタワでの教員生活が始まった頃、ヨナスは新しい子どもを授かった。二人の子どもを抱えることで、任期の定めのない安定したポストを探すことがいよいよ急務になった。ヨナスは大学機関への粘り強い就職活動を継続し、公募書類や手紙を書き続けた。

この頃、ヨナスはオタワで一人の重要な人物と出会っている。彼の名は、ルートヴィッヒ・フォン・ベルタランフィ。現代生物学の重鎮であり、のちにオートポイエーシス理論や動的平衡論の基礎となった一般システム理論の提唱者として知られている。当時、ベルタランフィは気鋭の生物学者であり、ヨナスとほとんど同じ境遇の亡命知識人としてカナダで活動していた。二人は偶然に知りあって意気投合し、頻繁に議論する仲になった。ベルタランフィは、クザーヌスやライプニッツといった古典的な哲学から多くの示唆を得ており、人文的な教養の豊かな人物だった。一方ヨナスはヨナスで、戦時中から「生命の哲学」の着想を温めており、生物学者の意見には大きな関心があった。二人は互いにとって当時の最良の対話相手だった。事実、第5章で詳細に述べるヨナスの哲学的生命論では、「代謝」が中心的な概念として用いられるが、そこには明らかにベルタランフィからの影響が示されている。[*54]

一方、その頃エルサレムではヘブライ大学でヨナスを招聘しようという動きが活発化していた。その動向の中心にいたのは、ヨナスの兄貴分であるゲルショム・ショーレムだった。ショーレムはヘブライ大学内部の学務委員に働きかけ、周到な根回しを敷いて、ヨナスが哲学科の教授に就職できるよう、準備を整えていた。そうした重要なポストであったために、そこに並大抵ではない苦労と政治的戦略が費やされた。

ショーレムはヨナスに手紙を送り、正式に教授着任を依頼した。それはヨナスにとって、少なくともかつてシオニストであったヨナスにとって、考えられる限り最高の職位だった。ショーレムはそう考え、学内でもヨナスが必ず招聘に応じると確約した。

しかし、招聘の報せを受けたヨナスは、そうしたショーレムの期待とは異なる反応を示す。彼は当時の心情を次のように述べている。

私には今、二人の小さな子どもがいる。子どもたちは平和に生活させたいし、苦境に陥らせたくない。〔もしもこの招聘を私が受け入れれば、〕子どもたちは、貧しいイスラエル、私たちがスパルタ式の、不自由の多い生活を送ることになるであろうイスラエルに、さらに長い期間いることになってしまう。[*55]

こうした思いに駆られて、ヨナスはあろうことか、ショーレムの依頼を断ってしまう。ショーレムに宛てたヨナスの手紙には、教授の招聘を受け容れられないことが率直に綴られていた。

それに対して、ショーレムは激怒する。当然だ。ヨナスはショーレムの顔に泥を塗っただけではなく、ヘブライ大学における文学部の面目をも潰すことになったからである。ショーレムは生涯にわたってこの一件に関してヨナスを許さず、ヨナスを学会やシンポジウムに招聘することも一切しなくなった。

ヘブライ大学への着任を断ったことは、ヨナスが二度とイスラエルの学術界に関わることができない、ということを意味した。ヨナスは自らの退路を断ってしまったのである。しかし、依然としてヨナスは自らの腰を落ち着けられる専任ポストを探していた。もちろん、ドイツの大学に就職することなどできない。ヨナスの目に映っていた場所。それは、隣国アメリカだった。

ニューヨークへ、そしてアーレントとの再会

ヨナスは一九五五年にアメリカのニュースクール大学で常勤教授に就任する。それから一九七六年まで、実に二一年間にわたって、ヨナスは同大学に勤務した。

ニュースクール大学は数あるアメリカの大学のなかでも独特な個性を持つ大学である。同大学は一九一八年に哲学者ジョン・デューイらによって創設された。当時は第一次世界大戦の真っ只中であり、アメリ

カ国内ではナショナリズムが煽られ、政府による検閲 抑圧・外国人排斥が強化されていた。これに対してニュースクール大学は、そうした動向とは一線を画し、社会問題を正面から議論しうる自由な学問の拠点として構想され、設立されたのである。[*56]

一九三〇年代に入り、ヨーロッパの国々でナショナリズムが台頭し始めると、各地でユダヤ人や社会主義者の知識人が迫害を受け、亡命を余儀なくされる。これに呼応して、ニュースクール大学はそうした亡命知識人を積極的に雇用し、受け入れ先になるべく尽力した。一九三三年にはロックフェラー財団から支援を得て、学内に「亡命者の大学」と名づけられた大学院部門が設立された。第二次世界大戦が始まると、一八〇〇人以上の亡命知識人が受け入れられた。

こうした先鋭的なまでに徹底した歓待精神に惹かれ、この大学には各界の俊英が集結した。ヨナスと親交のあったカール・レーヴィットやレオ・シュトラリスをはじめとして、アルフレッド・シュッツ、マックス・ヴェルトハイマー、ヴィルヘルム・ライヒなど、そうした学者たちには枚挙に暇がない。ヨナスは二年間の試験的な雇用のあとに正式な教授に就任した。ニュースクール大学の学生たちはカナダの学生たちとはまったく違っていた。そこにはあくなき知的探究心があり、授業も白熱した。ヨナスの講義は大学内で大変な評判になり、学生からの支持も高かった。

こうしてヨナスは、第二次世界大戦以降の放浪を経て、ようやく腰を落ち着けることのできる拠点を得た。しかし彼はもう若くなかった。ニュースクール大学での在任期間中、残された時間のなかで自分自身の哲学を練り上げるために、ヨナスは研究に没頭していく。[*57]

本章のアーレント篇で述べられたとおり、この頃ヨナスは再びアーレントとの定期的な交流を持つようになった。ヨナスによれば、「このニューヨークの年月のなかで一番重要な交友関係は言うまでもなくハンナ・アーレントとの関係であった」[*58]。彼女はマンハッタンに住んでいて、ヨナスは近所に住んでいた。

学生時代にともに読書会をし、毎日のように一緒に昼食を取っていたアーレントは、パリに続いてアメリカに亡命し、今では気鋭の思想家に成長していた。一方、ヨナスはエルサレムから第二次世界大戦に参戦し、イタリア戦線では死地を乗り越えてきた。二人は、北極と南極くらい離れた道を進んで、戦争を生き抜いた。その二人が再び出会い、また大学生の頃のように、いつでも会える距離の場所で生活していた。考えてみれば不思議なことだった。あるいは奇跡のようなことだった。

しかし、いろいろなことが変わってもいた。アーレントには夫がいた。それも、ヨナスの学友・アンダースではなく、何だかよくわからない活動家のハインリッヒ・ブリュッヒャーだ。一方、ヨナスにも妻がいて、子どもは三人に増えていた。二人とも年を取り、それぞれに家族を作っていた。二人が歩む軌道はニューヨークにおいて再び接近し、しばらく並走することになったが、しかしその目指す先も、進む速度も、連れ添うものも違っていた。

それでもヨナスはアーレントとの交友の日々を楽しんだ。二人はときどき会い、とりとめもなく議論した。ヨナスは彼女に自分の論文を読んでもらって、意見してもらうこともあった。

異邦の地アメリカで、かつての親友が側(そば)にいたことがいかにヨナスを励ますことになったか、想像に難くない。また、後述するように、アーレントとの対話はその後のヨナスの思想に多大な影響を与えた。ただしそれは、二人の間に何の問題も生じなかった、ということではない。二人はやがてアーレントのある書籍をきっかけに対立することになる。

それが『エルサレムのアイヒマン』だ。

第4章

亀裂

アイヒマン論争

1961–1964

アーレント

五五〜五八歳

「悪の凡庸さ」についての考察

一九六〇年五月一一日、イスラエル諜報特務庁（モサド）はアルゼンチンに潜伏していたナチス親衛隊（SS）の元高官アドルフ・アイヒマンを逮捕した。モサドは二年以上にわたる入念な捜査のうえ、戦後アルゼンチンへと逃亡していたアイヒマンの居所を突き止めたのである。その後すぐアイヒマンはイスラエルへと移送され、投獄された。五月二五日、イスラエルのベン゠グリオン首相がアイヒマンの身柄確保を発表し、瞬く間に世界的なニュースとなった。

アイヒマンはナチス時代、数百万人ものユダヤ人を強制収容所へ移送するプロジェクトの最高責任者であった。この任務においてアイヒマンは極めて優れた能力を発揮し、ヒトラーが決定した「ユダヤ人問題の最終解決」（ユダヤ人の絶滅計画）の実現を手助けした。アイヒマンはヨーロッパ各地からユダヤ人をかき集め、それらの人々を最も効率的に強制収容所へと送り込む方法を検討し、各所で調整を重ね、それを実行する任務を担った。当時すでにほとんどのナチス高官は自殺するか、ニュルンベルク裁判で処刑されていたが、戦後一五年経ってアイヒマンのような大物が捕まったことは大きな反響を呼び、その行く末には世界的な注目が集まっていた。

アーレントも夫ブリュッヒャーとともにニューヨークでこのニュースに釘づけになっていた。その後、アイヒマンがエルサレムで国際裁判にかけられることが発表されると、彼女は雑誌『ニューヨーカー』の編集長ウィリアム・ショーンに、この裁判を傍聴し、そのレポートを書きたいと自ら申し入れた。ショーンはこの申し出をすぐさま受け入れた。アーレントはイスラエル在住であったクルト・ブルーメンフェルトに連絡をとり[*1]、イスラエルの新聞に掲載された関連記事は何でも知らせてくれるように依頼する。

彼女は「ぎっしり詰め込まれていた一九六一年のスケジュールの再調整」[*2]に取りかかり、ヴァッサー・カレッジでの講義をキャンセルし、ロックフェラー財団からの一年間の研究助成金給付の条件変更を願い出た。ロックフェラー財団への手紙には次のように書かれていたという。「私がなぜこの裁判の報道をしたいかはおわかりいただけると思っています。私はニュルンベルク裁判を見ることができませんでした。私は、生身のこの種の人間を見たことがありませんし、これがおそらく私の唯一のチャンスなのです」[*3]。またヴァッサー・カレッジへの手紙には次のように書かれていた。「この裁判に出席することは、なにか、私が自分の過去に対して負った責務のように感じるのです」[*4]。

裁判は一九六一年四月一一日に始まった。アーレントは四月七日にニューヨークを出発してパリ経由で九日にエルサレムに到着している[*5]。アーレントはそこでブルーメンフェルトをはじめとする旧友たちと再会を喜び、近況を報告しあい、これから始まる裁判についての情報と意見を交換しあった。家族・友人・同胞をかつての戦争で悲惨な形で亡くしたユダヤ人をはじめとして、世界中のほとんどの人々は、アイヒマンを血も涙もない極悪人だと予想し、彼が死刑にかけられるのは当然だと考えていた。

しかし実際に裁判が始まると、アーレントはそれとはまったく違った印象をアイヒマンに対して抱くようになった。彼女が裁判所で目にしたのは、ごくありふれた官僚的人物であった。彼は必ずしも反ユダヤ主義的な思想に染まっていたわけでもなければ、熱心なナチス崇拝者であったわけでもない。また大量の人々を殺戮することに喜びを覚える猟奇的人物であったわけでもない。[*6] むしろ彼は上から与えられた任務を淡々とこなし、自身の出世のみを気にかけるような、平凡な組織人であった。裁判で自身の罪と責任を問われると、アイヒマンは、いやそれは上から命令されたことなので仕方なかったのだ、自分には選択する余地はなかったのだ、それは決して自分の責任ではない、と繰り返し答えるだけであった。

この人物に関して、世間の多くの人々は勘違いをしている、とアーレントは次第に考えるようになった。そこで彼女がアイヒマンを形容するために生み出したのが「悪の凡庸さ banality of evil」という表現である。何百万人ものユダヤ人を虐殺することに加担したアイヒマンは、実は「凡庸な」、ごくありふれてわれわれの周囲によくいるような人物（官僚・サラリーマン）であった。しかしそのような平凡な人物が、特別な悪意も罪の意識も持たずに、ただただ与えられた任務を忠実に遂行することによって、何百万もの無辜（むこ）の人々を死に追いやったところにその恐ろしさがあるのだ。

アイヒマンはイヤゴーでもマクベスでもなかった。しかも〈悪人になってみせよう〉というリチャード三世の決心ほど彼に無縁なものはなかっただろう。自分の昇進には恐ろしく熱心だったということのほかに彼には何の動機もなかったのだ。そうしてこの熱心さはそれ自体としては決して犯罪的なものではなかった。[*7]

アイヒマンという人物の厄介なところはまさに、実に多くの人々が彼に似ていたし、しかもその多くの者が倒錯してもいずサディストでもなく、恐ろしいほどノーマルだったし、今でもノーマルであるということなのだ。[*8]

しかしアーレントはこの「悪の凡庸さ」という概念によって、アイヒマンを免罪しようとしたわけでは決してない。むしろこのような「凡庸」でごくありふれた人物が、ホロコーストという史上かつてない巨悪に手を貸したところに最大の問題がある。アイヒマンのような人物が、何ら罪の意識を感じることなくユダヤ人の大量虐殺に加担してしまうところに全体主義の恐ろしさがあり、ここに現代社会が抱える巨大な闇が隠されている、とアーレントは考えたのだった。

巨大な悪は悪魔的な人物によってなされるものだ、というのが西洋の伝統的な考え方であった。しかしわれわれが今直面しているのは、それとはまったく違う種類の悪である。「やったことはとんでもないことだが、それを犯した人物――今、法廷にいる、少なくとも極めて有能ではある人物――は、ごくごく平凡でどこにでもいるような人間であり、悪魔的でもなければ怪物的でもなかった」[*9]、このギャップにまずわれわれは驚くべきである、というのがアイヒマン裁判を傍聴したアーレントの第一の感想であった。

ただしアイヒマンは「凡庸」ではあっても無能であったわけではない。アイヒマンは組織人としては極めて有能であり優秀な人物であった。いかに効率的にユダヤ人たちを居住地からかき集め、無駄なく強制収容所へ輸送するか。どのタイミングでどれだけの人数を列車に詰め込むか。そうした計画と実行においては、アイヒマンは優れた能力を発揮して、ナチス内での昇進を重ねていった。しかしその行為がどのような帰結を生み出すのか、自分が一体何をしているのか、そのことについての思考と想像力が彼にはまったく欠けていた。そしてこの「思考欠如 thoughtlessness」こそが彼の抱える最大の問題点なのだ。

俗な表現をするなら、彼は自分のしていることがどういうことか全然わかっていなかった。〔中略〕彼は愚かではなかった。完全な思考欠如――これは愚かさとは決して同じではない――、これこそが、彼をあの時代の最大の犯罪者の一人とさせた要因だったのだ。*10

それゆえ、アイヒマンの「凡庸な悪」は彼の「思考欠如」に由来するのであって、彼の悪魔的性格に由来しているのではない、というのがアーレントの下した判定であった。しかし、こうしたアーレントの議論は、世界中のユダヤ人から苛烈な批判を浴びることになる。

アイヒマン論争

アイヒマン裁判の傍聴から帰国したのち、アーレントは一九六二年の夏から秋にかけて本格的にそのレポートを執筆し、一一月末に脱稿した。「エルサレムのアイヒマン――悪の凡庸さについての報告」は『ニューヨーカー』誌に一九六三年二月一六日から三月一六日にかけて、五回に分けて掲載され、同年五月に書籍として公刊された。

第一回目の雑誌掲載直後から、アーレントはそれまでに経験したことのない激しい非難と攻撃を浴びることになった。アイヒマンを冷血な極悪人としてでなく、凡庸な小役人的人物として描くことによってアーレントはアイヒマンの罪を軽減してしまっている、「凡庸な悪」という表現はアイヒマンには相応しくない、現実にホロコーストに加担している以上、彼は巨大な悪として描かれねばならない、というのがその主な批判内容であった。

またアーレントが裁判レポートのなかで、ユダヤ人評議会に対する告発を行ったことも、多くのユダヤ人の逆鱗に触れた。戦時中、ユダヤ人評議会はナチスにユダヤ人の居住リストや財産目録を渡すなどして、間接的にホロコーストに寄与する役割を果たしていた、ユダヤ人指導者たちは実質的にナチスに協力していたに等しい、と彼女は厳しいトーンで書いたのである。

自分の民族の滅亡に手を貸したユダヤ人指導者たちのこの役割は、ユダヤ人にとって疑いもなくこの暗澹たる物語全体のなかでも最も暗澹とした一章である。〔中略〕アムステルダムでもワルシャワでもベルリンでもブダペストでも、ユダヤ人役員は名簿と財産目録を作成し、移送と絶滅の費用を移送させる者から徴収し、空き家となった住居を見張り、ユダヤ人を捕まえて列車に乗せる仕事を手伝う警察力を提供するという仕事を任されており、そうして最後に、最終的な没収のためにユダヤ人自治体の財産をきちんと引き渡したのだ。[*11]

この記述は、アイヒマンの描き方以上に激烈な批判を呼び起こした。ナチスの高官であったアイヒマンの極悪非道さを十分に描かず、逆にユダヤ人指導者側の責任を糾弾するとは一体何事か、アーレントにはユダヤ人としての自覚と同胞への思いやりが欠けているのではないか、と。彼女の内部告発は、あの戦争における多くの死者も含めたユダヤ人全体への冒瀆であるように受け取られたのである。

さらにアーレントは、この裁判が大がかりな「見せ物(スペクタクル)」となっていることも批判した。彼女によれば、この裁判はイスラエル首相であるベン゠グリオンによって仕掛けられた一種の「芝居(プレイ)」であり[*12]、世界中の人々にユダヤ民族の苦難と悲劇を知らしめ、非ユダヤ人を「恥じ入らせる」ための「レッスン」であった。[*13]

つまり、この裁判はベン＝グリオンによってイスラエル国家建設を正当化するための政治的ショーとして利用されたのであり、アイヒマンという個人を正しく裁くことよりも、反ユダヤ主義という〈歴史〉を裁くことにこそ、その本眼が置かれていた、[*14]というのが彼女の理解であった。言うまでもなく、そこには当時のイスラエルを取り巻く状況に対する彼女の批判がこめられていたわけだが、これもまたやはり不必要な身内への批判であると多くのユダヤ人に受け取られた。

当時、アーレントの問題意識を正確に受け取った人々は少数派であった。多くの読者は、なぜわざわざそんなことを書く必要があるのかと激昂した。彼女が描くべきは、まず何よりもアイヒマンによる鬼畜の所業ではないのか。なぜこの裁判の見せ方や、戦時中のユダヤ人評議会の振る舞いや、現在のイスラエルの状況の方が非難されなければならないのか。一体、アーレントはユダヤ人同胞の悲劇についてどのように考えているのか。彼女には仲間の死を悼むという感情が欠けているのではないのか。

ホロコーストの傷がまだ癒えていないなかで、アーレントが彼女特有の皮肉めいた挑発的な語り口で描き出したルポルタージュが、かように激烈な怒りをユダヤ系の人々から買ったのは、ある意味では当然の帰結だっただろう。アーレントも多少の批判・攻撃は覚悟していたに違いない。しかしその反応は彼女が予想していたよりもずっと激しいものだった。さらに、周囲の親しい友人たちからも強い非難の言葉を受け、縁を切られたことに対しては、彼女は少なからずショックを受けた。長年の付き合いであるブルーメンフェルトからも決別を告げられることになった。しかし彼女は決して意見を曲げず、自分の主張を貫き通した。その頑なさが最もよく表れているのが、有名なショーレムとの往復書簡である。

ショーレムの怒り

ゲルショム・ショーレムはベルリンの同化ユダヤ人家庭に生まれ、若い時期からユダヤ人としての強いアイデンティティを持ち、青年シオニスト運動のリーダーを務めていた。彼は一〇代のうちにすでに完璧にヘブライ語を習得し、ゲアハルトからゲルショムに改名し、二〇代半ば（一九二三年）にはエルサレムに移住して、本格的なカバラ研究を始めている。[*15] ショーレムはシオニズム運動の中心にもなった人物であり、彼がヨナスをヘブライ大学に招こうとした（がヨナスはそれを断った）というエピソードは前章ヨナス篇に紹介されていたとおりである。

アーレントとショーレムが初めて出会ったのはパリにおいてであり、彼らを結びつけたのは友人ベンヤミンの存在であった。ベンヤミンが亡命に失敗して命を絶ったという悲報をショーレムに知らせたのもアーレントであり、その後、二人の間ではベンヤミンの遺稿の出版に向けた書簡のやりとりがなされている。そこでは、ベンヤミンの遺稿を粗雑に取り扱い、いっこうに出版しようとしないアドルノとホルクハイマーへの不満と怒りを込めたやりとりも繰り返されている。また、アーレントが理事長を務めたユダヤ文化復興財団では、ショーレムもヘブライ大学の代表として理事に名を連ねており、ナチスが押収したユダヤ関連の文化財を収集・保管・返還する事業に積極的に携わっていたため、その活動方針をめぐっても、両者の間で頻繁に意見が交換されている。[*16]

だが、「常にショーレムにとってアーレントは、『ユダヤ的なもの』の理解に欠ける困った友人」[*17]でもあった。前章で述べたように、アーレントは戦時中、シオニズム系組織で働きつつも、シオニズム運動そのものからは距離をとり、イスラエル建国に対しては批判的姿勢を明らかにしていた。これに対し、ショーレムはたとえば、一九四五年に発表された「シオニズム再考」に強く反論する手紙を書き送っている。[*18] こうした論争を経ながらも、両者の交流は途切れることなく続いていたのだが、両者の見解の不一致がもはや我慢できない地点にまで達したのが、アイヒマン裁判についての彼女のレポートであった。『エルサレムのアイヒマン』出版の翌月、ショーレムはこの本を読んだ感想をアーレントに書き送っている。ショーレムの文章は深い怒りに満ちており、それでもできる限りの冷静さをもって論理的に、しかし根本的かつ徹底的に、アーレントの議論を批判しようとするものであった。その行間からは長年にわたってシオニズム運動に携わり、ユダヤ思想を研究し続けてきたショーレムの自負が滲み出ている。そしてその自負は確かな根拠を持つものである。

> ユダヤ人の問題に関して私は多年にわたって考えてきましたし、それについての少なからぬ文献を研究してきました。数々の出来事に立ち会った他のすべての同時代の真面目な人々にとってと同様、私にとってもまったくもって明らかなのは、この問題がひどく深刻で、複雑に絡みあっていて、決して見渡したり還元したりできないものである、ということです。ユダヤ人の歴史（とうとう五〇年来、この問題に私は関わってきたのですが）には、底知れない深淵に付きまとわれたいくつもの局面が存在しています。[*19]

アーレントのアイヒマン論には多くの歴史的事実への誤認が含まれているだけではない。ユダヤ人の苦難に対する根本的な侮蔑が含まれている、とショーレムは感じていた。ユダヤ人の歴史には、そしてあの戦争での悲劇には、軽々しい分析と拙速な断罪を拒む、深刻で複雑な性格があるのだ。なかには「英雄主義と絡まりあったひ弱さ」や「下劣な振る舞いや権力欲」に囚われた人々もいたかもしれない。間違いを犯した人々もいたかもしれない。しかし、われわれのうちの誰がそれを断罪する権利を持つだろうか。あのカタストロフにおいてそのような要素がまったく現れないとしたらその方がむしろ不自然であろう。ハンナ、果たして君は彼／彼女らを裁けるほど偉い人間なのか。そのようにショーレムは問いかけている。アーレントはあまりに性急に、またあまりに一面的な立場から、当時のユダヤ人指導者たちを断罪している。あの悲劇に対して、「なぜ彼らはそもそも殺されるがままになっていたのか」とイスラエルの若者が問いかけることにはそれなりの根拠があろう。しかし、そうした事柄と取り組むに当たって、「私たちには同時に冷静さを保証してくれる真正な距離が欠けていますし、それは欠けざるを得ないのです[*20]」。「判断」を行うためには、一定の「距離」が必要とされるというのは、のちにアーレントが自身の判断力論において強調したことであったが、ショーレムがここで訴えかけているのもまさにそのことであった。「あなたの本では、あらゆる決定的な点において、もっぱらユダヤ人の存在の『弱さ』という観点のみが語られ、まさにそのことが強調されています[*21]」。そのような弱さが存在する場面も確かにあったのかもしれない。しかし、アーレントの強調の仕方は「私の見る限り、完全に一面的であり、そのことによって激烈な怒りを引き起こします[*22]」。そして、その書き方が読者に「苦々しさや羞恥といった感情[*23]」を残す。それは何よりも、「私たちの生の生々しい心情に触れる事柄があなたのもとで論じられる際の、心ない、いやしばしば悪意さえ伴った口調」によるものなのだ。この本の語り口それ自体が、われわれユダヤ人に怒りと恥辱をもたらすのだ。こうした「語り口」の問題こそショーレムが特に強調したものだった[*24]。

語り口の問題

さらにショーレムは書く。

ユダヤ人の言葉には、完全には定義できないものの、まったき具体性を持った、〈アヘヴァース・イスラエル Ahabath Israel〉と呼ばれるもの、つまりユダヤ人への愛があります。親愛なるハンナ。ドイツ左翼出身の少なからぬ知識人におけるのと同様に、あなたにはそれがまったく見受けられないのです。あなたが取り組んでおられるような試みには、私たちの民族――私はあなたを徹底的にこの民族の一員以外の何ものでもないと見なしています――の三分の一が殺戮されたこの場合のように、まさしくとても深い感情が働かざるを得ず、またそのような感情が呼び起こされているところでは、こう言ってよければ、もっとも古風な、事象に即した、根本的な論じ方が必要でした。[*25]

ここでショーレムは「ユダヤ人への愛」という概念を持ち出す。彼に言わせれば、アーレントに最も欠けているのはそれである。もし「ユダヤ人への愛」を持ちあわせていれば、ホロコーストの悲劇を経たあとで、その傷がまだ癒えないなかで、ナチス高官の側に寄り添い、同胞の責任を糾弾するなどといった振る舞いはできないはずだ。たとえそれが事実であったとしても、そうでなかったとしても。

あなたがあなたの本であまりにしばしば用いている軽々しい文体――英語の〈軽薄さ flippancy〉を私は思い浮かべます――に私は共感しません。あの文体は、あなたが語っている事柄に対しては、想像を絶するほどに不適当です。[*26]

『エルサレムのアイヒマン』に対して多くの読者が感じた「苦々しさや羞恥」は、その内容もさることながら、アーレントの記述の「心のなさ」、そして「頻繁に現れるほとんど冷笑的で悪意に満ちた語り口」

にある、とショーレムは喝破した。何百万人もの無実のユダヤ人が非道に虐殺された問題を扱っているにもかかわらず、その責任者であるナチス高官を追及しているにもかかわらず、またユダヤ人指導者の責任を内部告発するという重大な内容にもかかわらず、アーレントの語り口は一貫して皮肉めいていて冷笑的であり、沈痛さに欠けている。これもまたショーレムの側からは当然の批判であっただろう。

極限的な状況下でのユダヤ人の振る舞いについてのアーレントの断罪の仕方もまた「バランスの取れた判断」では決してなく、それは「しばしばデマゴギーにまで変質した〈誇張〉でしかない」[*27]。ユダヤ人の最長老たちが「あのような状況下でどのような決断を下さねばならなかったのか、今日、私たちのなかの誰が言うことができるでしょうか？」[*28]。ユダヤ評議会についても、「彼らが正しかったのか間違っていたのか、私にはわかりません。僭越に判断することを私は差し控えます。私はその場にいなかったのです」[*29]。また収容所において「自分たち自身の絶滅に参加し、仲間の収容所の執行を手助けすることを余儀なくされた」人々に対して、「迫害者と犠牲者の間の明確な区別が損なわれ消し去られていた」[*30]と論ずるのは完全に誤っている、とショーレムはアーレントへの批判を重ねていく。

もちろんアイヒマンの罪責についての分析にも彼はまったく納得していない。

あなたの本のもうひとつの中心テーマである、アイヒマンに帰される罪ないしは罪の大きさについては、何も言うつもりはありません。アイヒマンへの判決文について、法廷が起草したものと、あなたによって置き換えられたテクストとを、私は読みました。私は法廷の判決文の方が遥かに説得力を持っていると思います。[*31]

ショーレムは、「悪の凡庸さ」というテーゼにもまったく納得していない、とはっきり告げている。「あの凡庸さなるものはむしろ一つの決まり文句のように聞こえます」[*32]。この「悪の凡庸さ」という概念は、『全体主義の起源』においてアーレントが示していた分析とは矛盾するものではないか。すなわち、『全体主義の起源』の最後で、アーレントは全体主義を「根源悪」と表現していたにもかかわらず、その全体主義支配を担ったアイヒマンに対して「悪の凡庸さ」というフレーズを用いるのは、矛盾するものではないのか。「あなたの当時の分析がその雄弁な証明と知見を示していたあの根源悪の痕跡は、今では一つの決まり文句のもとで消え失せてしまっています」[*33]。これもまた、アーレントの「悪」の観念に対する鋭い問いかけである。

さて、以上のようなショーレムの厳しい問いかけに対して、アーレントはどのように応えたのであろうか。

アーレントからの応答

ショーレムからの批判に対するアーレントの応答は、これもまた非常に興味深いものである。彼女は彼から投げかけられた問いを真正面から打ち返している。

まずアーレントが違和を表明しているのは、ショーレムが「私はあなたをどこまでも、他でもない私たちの民族の一員だと見なします」と書いたことについてである[*34]。「あなたがお書きになったことは私を当惑させます」とアーレントは切り出す。私は自分がユダヤ人として生まれたことを認め、そのような「与えられたもの」に対して、「〈ピュシス〉によってあるのであって〈ノモス〉によってあるわけではないもの」に対して、「基本的な感謝の気持ちのようなもの」を持っている。「ユダヤ人であることは、私にとっては、私の人生の疑う余地のない所与の事柄のひとつであって、私はその事実を別のものに変えたいと思ったことは一度もありませんでした[*35]」。

しかし、そのことと自分が「ユダヤ民族の一員」であると見なされることは決して等しい事柄ではない、とアーレントは論じる。「あなたがどうして私が収まらない、これまで一度も収まったことのない引き出しに、私を整理しようとするのか、私には理解できません[*36]」。好むと好まざるとにかかわらず、自分がユダヤ人として生まれたことは事実である。しかし、だからといって自分がユダヤ民族という大きな集団の一員だと見なされて然るべきだ、ということにはならない。そこには大きな隔たりがある。

彼女が「ユダヤ民族の一員」という表現を強く拒否したのは、ユダヤ民族を大きな家族と見なし、個々人がその家族の一員である、と見なすような考え方を厭ったためであった。ここにもナショナリズムとしてのシオニズムを厳しく批判した彼女の態度が反映されている。ユダヤ人がナチスとドイツ国民から理不尽な差別と残酷な迫害・虐殺にあったことは事実である。しかし、それを批判するがゆえに、ユダヤ人自身が偏狭なナショナリズムや民族主義に陥ってしまったのでは元も子もないではないか。それは自分たちもまた敵と同じ思考法（イデオロギー）に陥ってしまうことを意味しているのではないか。

さらに彼女はショーレムの「ユダヤ人への愛」という言葉にも同様の反発を示す。

あなたはまったく正しいのです、私はこの種の「愛」によっては心を動かされません。それには二つの理由があります。第一に、私は今までの人生において、ただの一度も何らかの民族あるいは集団を愛したことはありません。ドイツ人、フランス人、アメリカ人、労働者階級など、その類の集団を愛したことはないのです。私はただ自分の友人だけを愛するのであり、それ以外のどんな愛も私にはまったくありえません。第二に、このユダヤ人への愛は、私自身がユダヤ人であるからこそ、私には疑わしいものに思われます。私は自分自身や、何らかの形で自分の実質がそれに属していると知っているものを愛したりはしません。[*37]

ここにはアーレントの政治的態度が明確に表明されている。私は「ユダヤ人への愛」などというものは持ったことがない、私が持つのはただ「友人への愛」だけである。ここに表明されているのは、決して近代的な個人主義や自由主義(リベラリズム)などではない。アーレントはむしろそうした近代的な自由主義に強い疑念を示していた。[*38] そうではなく、無前提に人々を「民族」や「集団」のうちに包摂し、その一員であるからにはその「民族」や「集団」に対して愛情を持つのが当然だ、という思考法に対して彼女は強い否を突きつけていたのである。その点では、ナショナリズムも民族主義もマルクス主義も大差ない。そうした「全体」のうちに「個」を取り込もうとするイデオロギーに対して、アーレントは徹底した嫌悪を示した。

個人の自由が奪われるからいけない(個人主義・自由主義)、というのではない。これも前章で述べたように、人間の複数性と自発性(新しいことを始める能力)をなきものにしようとするところに全体主義の最大の問題点がある、と彼女は考えていた。ナショナリズムや民族主義やマルクス主義などがそのまま全体主義であるわけではないが、少なからずそれに繋がる傾向を持っている、とアーレントは見ていた。「あなたにはユダヤ人への愛がないのか」というショーレムからの批判に対して、彼女が強く反発したのはこうした理由からであった。

さらにアーレントは次々とショーレムの批判に反論していく。

私は決してアイヒマンを「シオニスト」として論じてなどいない、もしあなたが「あの文章の持つアイロニーを理解されなかったのであれば、私はまったくお手上げです」[39]。また「私が投げかけた問いは、単純に裏切り者だったと言うことができないユダヤ人幹部たちの協力、しかも最終的解決の時期の協力」についてのものだった[40]。この問題は、私たちの「克服されていない過去」の一部であり、私にはそれを報告・告発する義務があった。「強制収容所のなかで犠牲者と迫害者のあいだの境界自体が消し去られていたこと」[41]については『全体主義の起源』のなかですでに詳しく述べており、それはあくまで全体主義システムの問題であってそれに関与したユダヤ人たちの問題ではなかった。等々。

こうした反論を列挙したうえで、アーレントは次の言葉をショーレムに突きつける。

あなたがどのようにして私の本を「シオニズムへの嘲笑」だとお考えになることができたのか、次のことを知らなければまったくわからなくなるところでした。前もってレッテルを貼ることのできない、心穏やかでない意見にでも黙って耳を傾けることが、シオニスト集団の中でどれほど忘れられてしまったのか、ということを。〔中略〕あなたを混乱させているのは、私の議論や考え方が、あなたが見慣れないものだということから来ています。言い換えれば、問題は私が独立した存在だということなのです。このことによって私が言いたいのは、一方では、私がいかなる組織にも属さず、いつも自分自身で語っているということです[42]。

あなたが私の本を曲解して批判する（少なくとも彼女の目にはそのように映った）のは、あなた方シオニストたちがもはや自分たちのイデオロギーに合致する意見しか受け入れないようになってしまったためである。それはかつてナチズムが有していたのと同じ偏狭さではないだろうか。反ユダヤ主義というイデオロギーに対抗するところから生まれたシオニズム運動は、いつの間にか敵の似姿へと転化しているのではないだろうか。私はそのような立場には立たない。私が政治的に思考し、語る際には、「ユダヤ民族」なるものから離れて「独立した存在」としてそうするのである。そのことがきっとあなたには理解できないし、我慢ならないのだろう。私はレッシングに倣って「独立的思考」を重視するのであり、それはいかなるイデオロギーによっても強制されないものである。*43

以上のようなアーレントとショーレムの主張は、いずれもそれぞれの理を持つものだと思われる。二つの正義がここで衝突していると言ってもよい。*44 あくまでユダヤ民族の蒙った悲劇を強調し、その重さを厳粛に受け止めるべきだとするショーレムの主張も、ある意味では真っ当なものであろう。むしろユダヤ人であればショーレムの主張に共感する方が自然だとも言えよう。

しかしアーレントはそれを正面から否定した。自分はユダヤ人として生まれながらも、あえて「ユダヤ民族」という集団に属しない立場から思考し発言するのだと宣言した。それゆえに同胞であるユダヤ人の戦争中の責任についても臆せず告発し、アイヒマンに対しても独立した個の観点から分析し批判する。あくまで全体主義という支配体制のなかで何が生じたのか、それが何をもたらしたのかを粛々と探求する。そしてそれをあえて「軽薄な」語り口で、多分にアイロニーを交えながら記述する。これがアーレントの取ったスタイルであった。

あえて裁くこと

この問題に対して「公平な判断」を下すのにはまだ時期尚早だというショーレムの意見に対しても、アーレントは一定の譲歩を示しつつ、「私たちが判断することを始めるときにのみ、しかもしっかりと判断を始めるときにのみ、この過去を終わらせることができるのだ、と私は信じています」[*45]と自らの信念を明らかにしている。たとえ不完全なものであれ、それが一部の人々の感情を逆なでするものであれ、過去の過ちに対して、生き残ったわれわれが何らかの判断＝裁き（ジャッジメント）を下していくこと、それこそが過去に折り合いをつけ、世界と和解する唯一の道である、と。

このようなアーレントの信念に対応しているのが、『エルサレムのアイヒマン』の末尾である。そのエピローグでアーレントは「エルサレム法廷の失敗」の理由を列挙したうえで、もし自分が判事であったならば、次のように判決文を書いたであろう、そうすれば正義としての処刑が正しくなされたはずだと主張して、架空の判決文を書き上げている。裁判のレポーターとしては非常に大胆な試みだが、その最後は次のように締めくくられている。

議論を進めるために、君が大量虐殺組織の従順な道具となったのはひとえに君の逆境のためだったと仮定してみよう。その場合にもなお、君が大量虐殺の政策を実行し、それゆえ積極的に支持したという事実は変わらない。というのは、政治は子どもの遊び場ではないからだ。政治においては服従と支持は同じものなのだ。そしてまさに、ユダヤ民族および他のいくつかの国の国民たちとともにこの地球上に生きることを拒む――あたかも君と君の上官が、この世界に誰が住み誰が住んではならないかを決定する権利を持っているかのように――政治を君が支持し実行したからこそ、何人からも、すなわち人類に属する何ものからも、君とともにこの地球上に生きたいと願うことは期待しえないとわれわれは思う。これが、君が絞首されねばならぬ理由、しかもその唯一の理由である。[*46]

とりわけ最後の一文の情け容赦なさを見れば、アーレントが「悪の凡庸さ」という概念によってアイヒマンを免罪しようとしていたという批判が的外れなものであることが改めて理解されよう。この厳しさこそ、アーレントが最後にアイヒマンに向けたものであった。「ユダヤ民族および他のいくつかの国の国民たちとともにこの地球上に生きることを拒」んだこと、あたかも「この世界に誰が住み誰が住んではならないかを決定する権利を持っているかのように」振る舞ったことこそが、彼が絞首刑にされねばならない理由である。そのような場面において、自分は上から命令されたことを忠実に実行していただけだ、自分にはそれを拒む権利はなかった、自分だけが悪いわけではない、などという言い訳は通用しない。なぜなら「政治は子どもの遊び場ではな」く、「政治においては服従と支持は同じもの」だからだ。

さらに「凡庸な悪」と「根源悪」という二つの悪の概念がアーレントの考察のなかで矛盾しているのではないか、というショーレムからの批判に対しては、次のような興味深い答えを返している。

> あなたはまったく正しいのです。私は考えを変えており、もはや根源悪について語ってはいません。もうずいぶん長い間お会いしていませんね。そうでなければ、私たちはもっと前にこの主題について話していたことでしょう。よくわからないのは、どうしてあなたが「悪の凡庸さ」という表現を「決まり文句」とお呼びになるのか、ということです。私の知る限りでは、これまで誰もこの言葉を用いたことはありません。とはいえ、それは大したことではありませんが。実際のところ私は今では、悪はただ極端なものであっても、根源的なものであることは決してない、そして深さを持つことも悪魔的な要素を持つこともない、と考えています。それはまさに、菌のように表面に生え拡がるからこそ、全世界を荒廃させうるのです。[*47]

ここでアーレントは『全体主義の起源』執筆時点から自分が「悪」についての認識を変化させたことを認めている。[*48] すなわち、『全体主義の起源』の末尾で全体主義を「根源悪」と表現していたのに対して、現在ではそのような表現は不適当であり、むしろ全体主義を理解するためには「悪の凡庸さ」をこそ捉えなければならない、そして全体主義的な悪とは、実は深遠さも悪魔的な要素も持ちあわせず、「菌のように表面に生え拡がる」性格のものである。「それに対して、深く、根源的であるのは常に善だけです」[*49]。

以上がアーレントからショーレムへの応答のあらましである。多くの読者の感情を逆なでし、そのことによって世界中から非難されることになったとしても、それによって多くの親しい友人を失うことになったとしても、自分なりのやり方でアイヒマン（ナチス）およびユダヤ人指導者双方に対する判断（ジャッジメント）＝裁きを下すことによってしか、あの悲惨な過去と折り合いをつけることができない、という態度をアーレントは貫き通した。その結果、彼女は実際にこの論争を通じて多くの友人を失い、絶縁することになった。このことはやはり彼女の心に大きな傷を与えることになった。それを受けて平然としていられるほど、アーレントは強い心臓を持っていたわけではない。

そして、その親しい友人のなかにはハンス・ヨナスも含まれていた。

ヨナス

五八～六一歳

一九六一年、アイヒマン裁判のためにエルサレムに派遣されていたアーレントを、ヨナスはニューヨークで出迎えた。彼女は浮かない顔をして、次のような不可解なことを言った。

こうなってしまった以上、報告しないといけないことのせいで、私はきっとユダヤ人の陣営に大混乱を引き起こすことになるよ。私はそう思う。[*50]

ヨナスは首を傾げた。彼女は何を言っているんだろう。わからない顔をするヨナスに対して、アーレントはそれ以上何も説明しなかった。

その真意をヨナスは間もなく知ることになる。

雑誌『ニューヨーカー』に一連の記事が掲載されると、ヨナスは愕然とした。その内容は彼の期待とはかけ離れたものだった。それどころか、到底容認できず、「見解の違い」などといった生易しいものとしては許されないような過ちが犯されていさえした。ヨナスは当時の衝撃を次のように語っている。

すべてが突然に崩れ落ちてしまった。私を彼女と個人的にとても親密にさせていたものが崩れ落ちてしまった。「いいだろう。君はそのことについてそう考えている。でも僕は違った風に考える。僕たち二人にはちゃんとした理由があるし、このことについて誠実な態度を取っている。それでも違う結論に達した、っていうことだね」。そんな風な、お互いに何でも打ち明けることを可能にしていたもの、それがすべて崩れ落ちてしまったのだ。*51

そしてその後、『エルサレムのアイヒマン』が公刊されると、ヨナスはアーレントに手紙を認めて、そのなかで彼女を批判した。ヨナスはその手紙のなかで、他のテクストからは想像もできないほどに、非情なまでに批判的になる。そして二人の関係は一時的に険悪になる。

生涯を通して親友であった二人に、たった一度起きた決裂の危機は、こうして始まった。

アイヒマン裁判への態度

ヨナスにとってアイヒマン裁判はどのような意味を持っていたのだろうか。彼は一連の出来事に対してほとんど何も公的な発言や著述活動をしていない。それは、ヨナス自身が認めているように、彼にとってナチスをめぐる問題があまりにも刺激の強すぎるテーマだったからだ。しかし、いくつかの断片的な記録のうちに、彼の当時の態度を垣間見ることができる。そのうちの一つの事例を見てみよう。

一九六一年一月二二日、『ニューヨーク・タイムズ』誌に、弁護士のテルフォード・タイラーが「アイヒマンの事例における様々な問題」と題した論説を発表した。この論説で、タイラーは進行中のアイヒマン裁判に対して多くの疑問点を寄せ、それが真に国際秩序に基づく正義であるのかを問うている。そのなかの論点の一つとして、タイラーはイスラエル政府がアイヒマン裁判を「歴史的正義」として位置づけていることを批判している。言うまでもなく、アイヒマンは戦争犯罪人だが、その犯罪が行われたのはドイツにおいてであって、イスラエルにおいてではない。そうである以上、アイヒマンがイスラエルで裁かれなければならない必然性はない。タイラーは、「法が犯された地域社会に対してだけ犯罪が行われるわけではない」ということが「法の本質」[*52]であると指摘し、次のように述べている。

ユダヤ人の殺害を「ユダヤ人に対する犯罪」として禁止することは、それが非ユダヤ人に対する犯罪ではない、という危険な意味合いを持つ。殺人は被害者の親族だけを怒らせるという、テウトネス族の法律の哲学は、まさにこのようなものだった。しかし、それは現代社会で満足できる法体系とは程遠い。[*53]

この論説を読んだヨナスは、同年一月二九日に、ニューヨーク・タイムズ社の編集部に次のような抗議文を送っている。そこでは、タイラーが犯しているいくつかの事実誤認とともに、先の引用に対する次のような反論が述べられている。

「ユダヤ人の殺害を『ユダヤ人に対する犯罪』として禁止することは、それが非ユダヤ人に対する犯罪ではない、という危険な意味合いを持つ」。これは論理的には、たとえばレイプを女性に対する犯罪と呼ぶことが、人道に対する罪であることを否定している、ということと同じである。これは反論する価値がないほどに本当に馬鹿げている。[*54]

タイラーもヨナスも、ユダヤ人を殺害することは単なる「ユダヤ人に対する犯罪」であるに留まらず、すべての「非ユダヤ人」に対しての、すなわち「人道に対する罪」でもある、と考えている。その点において二人の意見に相違はない。しかし、ヨナスがタイラーを批判するのは、アイヒマンをイスラエルで裁くことが、「人道に対する罪」ではなく、「ユダヤ人に対する犯罪」へと限定される、と解釈されているからである。そうした解釈の前提には、ユダヤ人を人類から隔絶された「被害者の親族」としてしか認めない、差別的な眼差しが潜んでいる。これに対して、ヨナスの立場からするならば、たとえアイヒマンをイスラエルでユダヤ人が裁判にかけるのであったとしても、それは「ユダヤ人に対する犯罪」であると同時に「人道に対する罪」として裁くこととして理解されうるのである。

こうしたヨナスの考え方は第二次世界大戦への彼の参戦の動機とも首尾一貫している。そこでヨナスは、ナチスに対するユダヤ人の戦いを、単なるユダヤ人という特定のコミュニティの利害によって正当化するのではなく、ナチスによって脅かされている普遍的な人間性を根拠に正当化していた。同様に、ヨナスにとってアイヒマン裁判は「人道に対する罪」をめぐるより普遍的な問題として位置づけられている。

しかし、そうであるとしたら、なぜアイヒマン裁判はイスラエルで行われなければならず、別の場所で行われてはならないのだろうか。もしもそれが「人道に対する罪」をめぐる裁判であるなら、世界中のどこで行われても等価であるはずだ。これに対してヨナスは次のように述べている。

しかし、イスラエルは、自らの領土のために、イスラエルの国土と時代を超えて行われてきたさまざまな犯罪の特定のものだけをイスラエルで裁くのであり、あらゆる国土と時代に行われたすべての犯罪を裁くわけではない。この謎は次のような常識に任せておくのがいいだろう。すなわち、なぜ、イスラエルはこうした犯罪を自らの領土で裁かなければならなかったのか、という問いは、私たちの時代の悲劇的な歴史に関するより望ましい問いによって、答えられうるということだ。[*55]

このヨナスの主張は明らかに歯切れが悪い。彼自身、アイヒマン裁判がイスラエルで開かれなければならなかった理由を、明確に説明できていない。見方によっては、「常識」に逃げているとさえ解釈されうる。

もっとも、ヨナスはアイヒマン裁判の専門家ではないし、それに関していかなる公的な意見も発表していないのだから、彼がこの問題に関して明瞭な説明をできなかったとしても、それは批判されるべき事柄ではない。ここで確認しておきたいのは、アイヒマン裁判に対する彼の態度である。少なくともヨナスは、アイヒマン裁判がイスラエルで行われることを「常識」的なことと考えており、同時にそれを「人道に対する罪」への裁判として解釈していた。翻って、アイヒマン裁判が単なるユダヤ人の復讐心へと還元されることは、彼にとって何よりも屈辱的な見解だったに違いない。

アーレントへの手紙

前述のとおり、『エルサレムのアイヒマン』が公刊されると、ヨナスはアーレントに対して同書を批判する手紙を送った。アイヒマン裁判をめぐる彼女の主張は彼にとって看過できないものだったし、特に、ショーレムへの公開書簡がその怒りを激化させた。彼が綴った手紙には攻撃的な言葉が並んでいる。たとえばその冒頭は次のようなものである。

ハンナへ。僕は君にこの手紙を書いている。でもそんなことは全然論理的ではないし、理性的でもない。いままでにも手紙を書くべきときがあったようにも思うけれど、そのとき僕には書くことができなかった。もうそんなときは過ぎ去った。でも僕は手紙を書くよ。

〔僕は君を説得するという〕何の成功の望みもないことをあえてしている。まさにその望みのなさは決定的に実証されてしまっている。それでも、それを僕に最終的に促したのは、君が公表したショーレムへの応答だった。もう遅すぎたのだけれど、僕がそれを読んだとき、僕は心の奥底で驚愕した。そして自分にこう言い聞かせた。彼女は失われてしまったんだ、って。もはや親友の声さえも彼女に届かないのだとしたら、〔イスラエルの人々の〕何十年もかけて獲得された個人の合法性が、生きていくための実際的な居住権が、力強く道徳的な精神であることを証明された独立性が、少なくとも彼女に熟慮をもたらすこともないのだとしたら、ほんの一瞬彼女を止めることも、自らを吟味させることもないのだとしたら――。君の応答が、それ〔ショーレムの書簡〕は彼〔ショーレム〕の声ではなく捏造された世間の意見である、という愚かなものであり、シオニストの眼が真理に対して盲目的である、という軽蔑されるべきものであり、そして君が自分自身からのみそう考える（あたかもそれは他者の洞察から何も学ぶことなく得られたものであるかのように）、という救いがないほど自惚れたものなのだとしたら――。もしそうだとしたら、君は、失われたものとして、見捨てられなければならない。君がこうして馬脚を現したことに人は驚いているし、そしてそれは、人々がそれを悪意のある嘘だと信じたがるほどに、君の知性とほとんど一致しない。君の馬鹿げた自己顕示は、いつだって君に対して危険を引き起こしてきたし、いまでは君自身が自分で暴露してしまったことによって、致命的な弱点になってしまった。そしてそれは、君の敵たちに「他人の不幸への喜び Schadenfreude」を喚起しないではいなかった——しかし、そこに最悪の敵は含まれていない。最悪の敵とは、要するに、君自身だからだ。[*56]

この手紙で彼はまるで感情の任せるままに彼女への批判を綴っているかのように思える。ただし、その批判はあくまでも友情に基づき、そしてその友情を賭けたものでもあった。そうした覚悟は次の文章にも示されている。

論理的であることを決定的な基準とするなら、君自身から君自身を救うという最後の希望は、私のうちに押し殺されなければならなかった。だって、一体どんな理由で、ショーレムにできなかったことを僕ができるっていうんだ？　それに対してぞっとするほど理論武装してしまっていると、君自身が証明しているのに？　僕には君に耳を傾けさせることができるのか？　ショーレムは六週間しか君を待たなかった。でも僕は君を十ヶ月も待っていて、その間に世間の偏見の犠牲者の一人になっていた。それなのに、僕はどうしたら非難から守られるというんだ？　それでも矛盾したことに、まさにこの絶望が僕に〔君を説得するということを〕実際にやってみることを不可避にした。なぜなら、長年の親友について、またその気高い性質について、ごく最近の近況にかかわらずまさに親友であることを自覚しているなら、あらゆる努力をすることなしに、彼女は失われてしまった、などと言うことは許されないからだ。君が論駁してくることなんてはじめからわかっているし、僕はそれを恐れているけれど、それでも僕は、間違っていることを一つか二つの実例で証明し、君が言っていることにおいて批判されるべき点を証明する。そういう感謝されない課題に取り組もうと思う。*57

ヨナスは、アーレントが自分の批判によって心変わりをすることなどありえないと、最初からわかっていたのかもしれない。それでも、だからといって二人の間の意見の違いを見逃したまま関係を維持することが、彼にはできなかった。同時に、そうした対話の努力をしないまま、彼女を親友から切り捨てることもまた、彼にはできなかった。そうした理由からヨナスはアーレントへの辛辣な批判を展開することになったのである。

「誇りを持って身につけよ、この黄色い星を!」

手紙のなかでヨナスは批判の論点を一つに絞っている。それは、『エルサレムのアイヒマン』の第四章で言及される、「誇りを持って身につけよ、この黄色い星を!」というスローガンに関する事実誤認についてである。まずは、当該箇所におけるアーレントの記述を確認しよう。

同書においてアーレントはアイヒマンが裁判中に見せた度重なる事実誤認あるいはその歪曲を指摘している。その限りにおいて当然彼女はアイヒマンに対して批判的である。しかし、同時に「それは根本においてはヒトラー以降のドイツで一般に見られるものとそれほど異なるわけではない」*58と指摘し、アイヒマンの事実歪曲の傾向をドイツ一般の問題へと拡大する。そして、そこで言う「ドイツ」には、いわゆるナチスの党員だけではなく、それによって迫害されていたドイツ国内のユダヤ人も含まれる。アーレントはこうした仕方で、アイヒマンと同質の悪徳をユダヤ人にまで帰属させ、アイヒマンの責任を事実上相対化させているのである。

では、ユダヤ人はどのような意味で事実歪曲を行っており、その意味でアイヒマン的だったのだろうか。アーレントが指摘するのは、シオニスト系の雑誌『ディー・ユーディッシェ・ルントシャウ』をめぐる動向である。政権掌握当初、ナチスはシオニズムに対して協力的であった。ドイツからパレスチナへの移住を目指すシオニズムと、ドイツ国内からのユダヤ人の排除を目論むナチズムは、少なくとも最初期においては利害が一致していたからである。そのため、ドイツ国内のユダヤ人たちの間では、一方において、ドイツ国内に留まってドイツ国籍を維持し、ドイツの文化を受け入れようとする「同化ユダヤ人」と、他方において、パレスチナにユダヤ人のコミュニティを樹立しようとするシオニストとの間で、分断が生じていった。

そうした状況を背景として、一九三三年四月一日にナチスがユダヤ人排除を訴えるボイコット運動を起こすと、これに乗じてシオニスト陣営はパレスチナへの移住を声高に訴え、『ディー・ユーディッシェ・ルントシャウ』の編集長ローバート・ヴェルチュは誌面でスローガンを発表した。それが、前述の「誇りを持って身につけよ、この黄色い星を！」だったのである。アーレントはこのスローガンの意味を次のように分析している。

「誇りを持って身につけよ、この黄色い星を！」という、『ディー・ユーディッシェ・ルントシャウ』の編集長ローバート・ヴェルチュによって打ち出された当時もっとも人気のあったスローガンは、一般の気分を表現していた。一九三三年四月一日——実際にナチがユダヤ人にバッジを、白地に黄色の六芒星を帯びることを命ずるよりも六年以上も前のことだが——のボイコット日に対する答として作成されたこのスローガンの矛先は、「同化主義者」と、「常に時代に取り残されている人々」とに向けられていた。公判廷でもこのスローガンをドイツから来た証人たちは非常な感動を込めて思い起こした。しかし彼らは、非常に優れたジャーナリストだったローバート・ヴェルチュ自身が近年になって、当時の事態の進展を予見することができたならば、自分は決してこのスローガンを打ち出しはしなかっただろう、と述懐したことに触れはしなかった。[*59]

アーレントの解釈に従うなら、このスローガンはナチスのボイコット運動を利用して国内の同化ユダヤ人に対して向けられた批判であり、その限りにおいて、ナチスとシオニストの共犯関係を意味するものだった。そしてこのスローガンは今でも「ドイツから来た証人たち」に支持されている。しかし、当のヴェルチュは当時の自分のスローガンについては反省を示している。それが意味しているのは、自身が結果的にナチスに加担してしまっていたことを、ヴェルチュが認めているということに他ならない。しかし、アイヒマン裁判に出席するユダヤ人たちにはそうした反省がなく、自分たちがそのスローガンを支持したことによって、一時的にでもナチスに加担していたことを忘れている。アーレントは、その自己欺瞞に、アイヒマンと同質な事実歪曲の傾向を洞察するのである。

こうした主張を展開するアーレントに対して、ヨナスは彼女が根本的な事実誤認を犯していると指摘する。『エルサレムのアイヒマン』の先の引用において、アーレントは「誇りを持って身につけよ、この黄色い星を！」というヴェルチュのスローガンを「Wear it with Pride, the Yellow Star!」という英語で紹介している。ところで、アーレントが紹介しているこのスローガンは、ドイツ語のオリジナルでは「Tragt ihn mit Stolz, den gelben Fleck!」である。ヨナスはこの文章に対するアーレントの翻訳には問題があると主張する。

第一に、ドイツ語の「Fleck」には「汚点」という意味があり、素直に英訳すれば「blot」になる。また第二に、「Tragt」という動詞は、確かにアーレントが訳しているとおり、「身につける wear」という意味もあるが、このスローガンの文脈においては、むしろ「耐える tolerate」と訳されるべきである。つまり、ヴェルチュのスローガンが正しく理解されるなら、「誇りを持って身につけよ、この黄色い星を！」ではなく、「誇りを持って耐えよ、この黄色い汚点を！」と訳されるべきなのだ。

このスローガンの真意はヨーロッパにおけるユダヤ人迫害の歴史を踏まえなければ理解できない。一二一五年、カトリック教会は第四ラテラノ公会議においてユダヤ人差別のためにユダヤ人に対して「黄色い布」の着用を義務づけた。スローガンにおける「黄色い汚点」とは、この識別布の着用という屈辱を指すものであり、転じてそれはヨーロッパにおけるユダヤ人迫害を象徴するものでもあって、「私たちに対してなされたこと、私たちに課されたことを言葉にせずに表現するものである」[*60]。ヴェルチュがナチスによるボイコット運動の直後、このスローガンを提示したのは、ナチスの行動を過去のカトリック教会によるユダヤ人迫害に重ねあわせるものであり、それによってナチスへの抵抗を呼びかけるものであった。すなわちこのスローガンは、アーレントが言うように同化ユダヤ人を批判するものではまったくなく、あくまでもナチスを批判するものだったのである。

ヨナスはアーレントの誤訳が、あくまでも彼女の戦略的な意図によるものであったと解釈し、彼女を批判する。ヨナスが考える限り、ナチスが政権を掌握したとき、ナチスとシオニストが結託していたなどという事実はないし、またアイヒマンを裁くユダヤ人たちがアイヒマンと同様の事実歪曲に陥り、同じ穴のには思えたのである。

貉（むじな）であるなどということもない。むしろ、アーレントこそがそうした事実歪曲を犯している、とヨナスには思えたのである。

決裂と和解

結局、アーレントはヨナスの手紙を読んでも決して譲歩しなかった。アーレントはヨナスに対して個人的に何らかの応答を示したと考えられているが、その応答は文書の形では残されておらず[*61]、ヨナスもその反応についてその後沈黙を貫いている。唯一はっきりしていることは、これをきっかけにして二人は決裂し、事実上の絶交状態に陥った、ということだ。

絶交状態はおよそ二年間続いたが、しかし意外な形で幕切れを見せることになる。ヨナスの妻ローレは、彼がアーレントと絶交するなどと言い出している姿に、違和感を抱いていた。ローレはある日、次のように言って、ヨナスを叱った。

ハンス、あなたがここでしていることはやはり愚かです。私だったら、あなたがハンナと交わしている友情を壊すことなどしません。たとえ、もっとも深い意見の相違が原因であったとしても、です。結局、それは一冊の本にすぎないじゃない。あなたには、人間としての彼女を自分の人生から簡単に切り離すことなんて、やっぱりできないでしょう。あなたは彼女ともう一度親しくなるべきです。[*62]

ヨナスはその言葉に背中を押され、アーレントと和解しに赴いた。アーレントは何でもなかったかのように、彼を迎え入れたという。こうして、『エルサレムのアイヒマン』をめぐる二人の短い確執は、幕を閉じた。ただし二人の和解は、二度とユダヤをめぐる歴史の問題を議論してはならない、という暗黙の約束によって実現されることになった。[*63]

しかし、アーレントと和解するということは、彼女がもともと敵対していた勢力に対して、ヨナスが微妙な立場に置かれるということを意味していた。たとえばショーレムとの関係である。ヨナスはアーレントに送った怒りの手紙のコピーをショーレムにも送っていた。ショーレムはヨナスの主張に基本的に同意しており、彼にとってヨナスによるアーレントへの批判は、自分がアーレントと対立しているなか、ヨナスも自分の味方についてくれたということを意味していた。もちろんショーレムはヨナスとアーレントが親友であることを知っていたし、だからこそその友情を賭してまでヨナスが自分の立場を支持したという事実に、少なからぬ感動を覚えたとしても不思議ではない。しかしその後、ヨナスがアーレントと和解したという話を聞くと、ショーレムはそれに対して深い絶望を抱いたという。[*64]

アーレントとの決別と和解の経験は、ヨナスにとって、「漂泊」の日々が彼女に与えた大きな変化とともに、学生時代から変わらない彼女の本質を実感させる機会になった。晩年のヨナスは次のように述懐している。

私は内気な女の子としての彼女と知りあった。そうこうするうちに彼女は、極めて権威的に表現することができ、特に、誰かから何かを学ぼうとするつもりのない、非常に自負心の強い有名人になっていた。しかし、個人的なことにおいて彼女は、かつてそうであったのと同じように、人の心を打つ心の優しい親友だった。[*65]

第5章

精神の生活、生命の哲学

方向転換の季節

1964–1975

〈活動的生活〉から〈精神の生活〉へ

アイヒマン裁判はアーレントの思想形成において一つの転換点となった。すなわち、彼女の関心が、〈活動的生活〉から〈精神の生活〉へと転換していく契機となったのである。いくつかの講演や講義を経たうえで、アーレントは〈精神の生活〉をテーマとした著作発表に向けて草稿を書きためていった。結局、この著作は彼女の生前には完成することはなく、彼女の死後、親友であった作家メアリー・マッカーシーの手によって編纂され、『精神の生活』として出版された。

『精神の生活』序文には、彼女が「精神の生活」についての研究を始めるようになった直接のきっかけがアイヒマン裁判であったとはっきり述べられている。アイヒマンがあまりに「凡庸」な人物であったこと、彼の行いがあまりに浅薄なものであったことにショックを受けたアーレントは、「アイヒマンがわれわれ他の人間と違っていたのは、彼が明らかに思考を働かせるということをまるで知らなかったということだけ」という結論に至る。[*1] そしてそれが次に、もしアイヒマンの「思考欠如 thoughtlessness」があのような巨悪を引き起こしたのだとすれば、逆に「思考 thinking」は悪を行うことを抑制する条件になりうるのだろうか、という問いへと繋がっていく。

こうしてアーレントの関心は、労働・仕事・活動という三つの営みからなる〈活動的生活〉から、思考・意志・判断という三つの営みからなる〈精神の生活〉へと移っていくことになる。『人間の条件』では〈活動的生活 Vita Activa〉と〈観想的生活 Vita Contemplativa〉が対比され、伝統的な西欧社会では後者が前者に優越してきたことが論じられたうえで、前者の重要性が説き直されていた。また『エルサレムのアイヒマン』と同じ一九六三年に発表された『革命について』でも同様の立場が取られており、積極的な「活動」への参加の意義が説かれていた。

これに対して『エルサレムのアイヒマン』以後は〈精神の生活〉が主な考察対象となっていくわけだが、その際、アーレントはあえて伝統的な〈観想的生活〉ではなく、〈精神の生活 Life of the Mind〉という語を用いている。[*2] 「観想(テオリア)」が真理を見定めるための黙考・瞑想を意味してきたのに対して、アーレントは思考・意志・判断という能動的な営みからなる〈精神の生活〉のあり方を独自に構想したのだった。

ただし、〈精神の生活〉への関心はアイヒマン裁判以後に初めて生まれてきたものではない。『人間の条件』の最終段落が、いささか唐突な「思考」への言及で終わっていることがその証左である。「活動的であることの経験だけが、また純粋な営みの尺度だけが〈活動的生活〉内部のさまざまな営みに用いられるものであるとするならば、思考は当然それらの営みよりも優れているであろう」と述べられたうえで、「何もしていないときこそ最も活動的であり、独りだけでいるときこそ、最も独りでない」というカトーの言葉で『人間の条件』は締めくくられている。[*3] その意味では、この時点ですでにのちの〈精神の生活〉への探求が予示されていたと見ておくべきであろう。

さて、われわれは「思考」によって「悪」を防ぐことができるのだろうか。未完の大著『精神の生活』

の全体像を紹介する余裕はないので、ここではその著作のもととなったいくつかの講演（『責任と判断』所収）を参照しながら、彼女の思索を紹介しよう。

まず確認しておくべきは、ナチスの出現によって伝統的な道徳や倫理がその有効性を失ってしまったということである。全体主義支配のもとでは道徳や倫理が崩壊する。そこでは「汝殺すなかれ」という命法が「汝殺すべし」という命法に反転してしまう事態さえ生じた。道徳 moral の語源は慣習 mores に、倫理 ethics の語源はエートス（習慣）ēthos にあって、一定の慣習や習慣が長年続いてきたことが、道徳・倫理の根拠となっていた。そのような道徳・倫理が有効性を失ったとき、われわれはどのようにして「悪」に立ち向かうべきなのか。「すべての習慣的な基準を崩壊させ、前例のない出来事、すなわち一般的な規則によっても、こうした規則からの例外によっても予見できなかった出来事に直面したとき、人間の裁き（ジャッジメント）＝判断の機能〔判断力〕はどうなるのでしょうか」[*4]。

このとき、アーレントが重視するのはソクラテスによる「悪を為すよりも為される方がましである」という命題である。なぜ悪を為してはならないのか。それは、われわれが悪を為した際に、その悪を為した自己とその後ずっとともに暮らしていかなければならないからである。「ここで前提にされているのは、私は他者とともに暮らすだけでなく、私自身とも暮らすのであり、このともにあること（トゥギャザネス）が、いわば、他のすべての問題に先立っているということです」[*5]と述べられるように、アーレントは「私」のうちにもう一人の「自己」が存在しており、その自己と対話しつつ生きていくのだというイメージを持っていた。たとえば、私が殺人を犯した場合には、私はその殺人者としての自己とともに生涯を送っていかねばならないのであり、それはまともな感覚を持つ人間からすれば耐え難いことであろう、というのである。

この「自己と矛盾してはならない」という規範は、カントが提唱した定言命法とも合致するものである。

カントは「自分だけに有利な例外を認めることで、自己と矛盾した行動はしてはならないし、自分を軽蔑するようなところに身を置いてはならない」[*6]という原則を提示し、「人間は他人に対する義務を負う前に、自分に対する義務を負う」ことを指摘することによって、自己の内部から理性的に導かれる道徳の体系を創り上げた。これはソクラテスが自己および他者との対話を通じて、道徳や倫理を導き出したのに通ずる態度である。アーレントはこうしてソクラテスやカントを手がかりとしながら、全体主義という悪を経験したのちにありうべき新たな道徳を内在的に導き出そうとしたのだった。「道徳性は個人の単独性singularityに関わるものです。善と悪の基準や、私は何をなすべきかという問いに対する答えは、最終的には、私が周囲の人々と共有する習慣や習俗に関わるものではありませんし、神の命令や人の命令によるものでもありません。私が自分に下す決定によるものなのです」[*7]。

一者のなかの二者

そしてアーレントはここから、「思考」とは私のなかにいるもう一人の自己と対話する営みであるという「一者のなかの二者」モデルを構想する。

私は一人なのですが、単に一人なのではなく、私には自己というものがあり、この自己は私の自己として、私に関わりがあるということです。この自己は幻想などではありません。この自己は私に語りかけてきて、自らの意見を語るのです。私は自分自身と語りあうのであり、自分自身を単に意識しているだけではないのです。この意味では私は一人ですが、私という一人のうちに二人の人がいるのであり、そこには自己との調和や不調和がありうるのです。[*8]

この「一者のなかの二者」モデルは、ソクラテスやプラトンによってすでに示されていたものであり、これこそが現代の困難に対応する「思考」のあり方だとアーレントは論じる。同時にそれは、一人で沈思黙考して真理を見定めるという伝統的な「観想」のあり方に対して、彼女が新たに提示した「思考」のモデルでもあった。そしてこの新たな「思考」モデルは、『人間の条件』で展開された「活動」と「複数性」のアイデアとも共鳴している。

ソクラテスとプラトンによる思考の過程についての叙述が重要なのは、たとえ通過的にであれ、それが、人間が単独ではなく複数で存在すること、地球で暮らしているのは単数の人（man）ではなく人々（men）であることを暗示しているからです。たとえ私たちが独りでいるとしても、その独りであることを明示し現実化する際には、私たちは誰かとともにいるのです、すなわち自己とともに。[*9]

こうして「思考は心が沈黙のままに自己と行う対話」であり、その副産物として「良心」が生まれてくるのであり、また思考の解放的効果の副産物として「判断」が生み出されるのだと彼女は言う。[*10] もし私が他の人々と意見を異にすれば、相手との議論をやめて歩み去ることができる。しかし私は自己と議論をやめて歩み去ることはできない。だから「他のすべてのものを考慮に入れる前に、まず最初に自己と意見が一致するように努めるのが望ましいのです[*11]」。

このようにして、アーレントは「一者のなかの二者」モデルの「思考」を「良心」および「判断」の基底に置き、そこから新たな規範を導き出そうとしていた。これに対して、アイヒマンはこうした「自己との対話」としての「思考」を欠いていた（思考欠如）からこそ、適正な「良心」と「判断」を見失い、「凡庸な悪」へ陥っていったのである。そうであるとすれば、やはり「思考」には「悪」（とりわけ「凡庸な悪」）へと陥ることを防ぐ機能があったのだ、という結論が導かれよう。

もし思考が、一者のなかの二者という無言の対話が、意識のなかに与えられたアイデンティティのうちにある差異を具現化し、それによって副産物としての良心を生み出すならば、そのとき、思考の解放的効果の副産物としての判断が思考を現実化し、それを現れの世界のうちに明示化することになるのです。[*12]

アーレントはさらにこうした批判の視点をドイツ国民にまで向けている。すなわち、こうした問題の議論においてしばしば見落とされがちなのは、「真の道徳的な問題が発生したのは、ナチス党員の振る舞いによってではなく、特段の信念なしに、ただ当時の体制に『同調した』だけの人々の行動によってだったということです」[*13]。道徳が単なる習俗の集まりと化してしまい、人々がそれに疑問を持たず、盲目的にそれに従うようになるとき、全体主義の運動は加速していくことになる。そうした状況は、「犯罪者によってではなく、ごく普通の人々によって」もたらされたものである。[*14] ナチス支配を省みて問われるべきは、敵の行動よりもむしろ「こうした状況をもたらすために何もしなかった友人たちの振る舞いだったのです」[*15]。

『エルサレムのアイヒマン』で同胞であるはずのユダヤ人指導者に向けた厳しい批判の目線と同じものが、ここではドイツ国民に向けられていると見ることができよう。ヒトラーの演説やナチスのイデオロギーににつき従ってしまうとき、そこに全体主義の悪がカビのように広がるのである。[*16]

こうした人々もまたアイヒマンと同じく、「思考欠如」状態に陥り、「良心」と「判断」を停止させてしまっていたのではないか。特別な犯罪者ではない一般の市民が「思考欠如」に陥り、上からの命令に盲目的

「幻想を抱いた」ドイツ国民に対して、アーレントは容赦なく厳しい視線を向ける。程度の差こそあれ、

晩年のアーレント

以上のようにして、アイヒマン論争以降、アーレントは複数の講義や講演のなかで、道徳・思考・判断をめぐる思索を展開し、未完の大作『精神の生活』執筆へと繋がる試論を積み重ねていった（「独裁体制のもとでの個人の責任」「道徳哲学のいくつかの問題」「集団責任」「思考と道徳についての考察」など）。全体主義の悪に陥らないための「思考」とはどのようなものか、そもそも「思考する」とはどういうことなのか、という問いがその根本を貫くものであった。

またこの時期、アーレントはアメリカで巻き起こった公民権運動や反ベトナム戦争運動、学生運動などにも強い関心を持ち、それらの運動に対する積極的な発言を行っている。彼女は基本的にこれらの市民運動を自発的な「活動」の発露として支持していた。「私の見るところでは、実に久しぶりに自発的な政治運動が起こり、それがたんに宣伝を行うだけでなく、活動し、しかも、そのうえほとんどもっぱら道徳的な動機から活動したということなのです。普通なら権力や利害と考えられるものが動いているところにまったく珍しい、この道徳的な因子が加わったことで、現代にとって新しいもうひとつの経験が政治のゲームに登場したのです。活動するのは楽しいということがわかったのです」。[*17]

この運動をきっかけとしてアーレントは「権力 power」と「暴力 violence」の違いについて論じた「暴力

について」（一九六九年）や、良心的不服従と政治的不服従の違いについて論じた「市民的不服従」（一九七〇年）などの論考を書いている。アーレントは、市民的不服従もまた共同的な「活動」の一種であり、人々の相互的な「同意」に基づくものであり、アメリカの伝統に合致する「自発的結社の最新の型」であると述べている。[*18] メイフラワー誓約が起草されて以来、自発的結社はアメリカ独特の救済策であり続けてきたのであり、「他の国とは違って、この共和国は、現在起きている変革と失敗の大騒動にもかかわらず、いくばくかの自信を持って未来に立ち向かうための伝統的な道具をまだ失っていないのかもしれない」[*19]、とアーレントは期待を込めてその論考を締めくくっている。

アーレントは一九六七年からニュースクール・フォア・ソーシャル・リサーチの正教授に就任し、正式にヨナスと同僚になる。とはいえ、これまでと変わらず、半学期をニュースクールで教え、残りの半学期はヨーロッパで過ごすというスタイルは貫いた。そしていくつかの大学において、『精神の生活』（思考・意志論）および『カント政治哲学講義』（判断論）のもととなる講義を重ねていった。

しかし、一九七〇年一〇月末にアーレントは最愛の夫、ブリュッヒャーを突然の心臓発作で失う。数年前からブリュッヒャーは体調を崩しがちであったが、亡くなる前日には自宅に友人を招いてもてなし、酒を酌み交わしながら快活に語らいあっていた。だが、その翌日の昼食中、ブリュッヒャーは心臓発作で突然倒れた。アーレントは驚き慌てて救急車を呼んだが、ブリュッヒャーはとても落ち着いており、妻の手をとって静かに「来たよ」と告げたという。[*20]

ブリュッヒャーは生涯一冊の本も著さなかった代わりに、対話の名手であった。彼は無類の議論好きであり、どんなときにも話すこと（スピーチ）への情熱を失うことはなかった。その意味で彼は、アーレントが敬愛するソクラテスに近い存在であった。ブリュッヒャー自身もソクラテスを好んでおり、大学の講義でたびたびテーマに取り上げている。アーレントにとって、ブリュッヒャーは最上の話し相手であり、研究上のアドバイザーであり、最愛のパートナーであった。[*21] 友人たちが驚いたことに、アーレントは、ユダヤ人でない夫のためにユダヤ教式の葬儀を執り行った。その意図は明らかではないが、そこには彼女の幼年期における父の死の思い出が蘇ったのではないか、とブルーエルは推察している。[*22]

ブリュッヒャーを亡くしたアーレントの悲しみは深かった。しばらくの間、彼女はそのショックから立ち直ることができなかった。その悲しみを癒したのは、ドイツ時代からの友人アンヌ・メンデルスゾーンやアメリカでの親友メアリー・マッカーシー、ブリュッヒャーとも仲の良かったJ・グレン・グレイらとの交流だった。[*23] アーレントはマッカーシーへの手紙のなかで次のように書いている。「今、私はハインリッヒの部屋に座って、彼のタイプライターを使っています。それが、私にしっかりとつかまるものをくれるのです。不思議なことに私は一瞬たりとも実際にコントロールを失ってはいないのです」[*24]。

この時期にアーレントとヨナスの間で交わされた貴重なやりとりとして、一九七四年一一月にヨナスがアーレントに送った手紙が残されている。[*25] マールブルクでの出会いから五〇年経ったことを自ら祝しながら、ヨナスは次のように書いている。

私たちは必ずしも「同類」ではありません。ものの見方が違うということもよくあるし、ものごとへの反応の仕方もおのずと違ったものになります。けれども、結局のところ、常になにが問題なのかという問い、これについては私たちは初めからわかりあえているというのは、言うまでもありません。なにが重要で、なにがそうでないか、この点には疑いなどありえなかった。だからこそ私たちは、アイヒマンのことを別にすれば、議論すべきことを心ゆくまで議論することができたのですね。私たちは「原理の点では」、あるいは「実際上は」――なんでも好きなように言えばいいのですが――合意できているということを知っているからです。そのうえ、一つはっきりとした事実があります。ありがたいことに、理由を与えて説明する必要なんてないという事実です。それは、私はあなたが大好きだ（I like you enormously）、ということです。*26

それに対して、アーレントは次のようにヨナスに返している。

私はとても期待に満ちながらあなたに聞いてみたいことがあります。それは、あなたの仕事がどんな風に進んでいくのか、ということです。私は普通に仕事をしましたし、かなり多くのことをしましたし、時々いわゆる電話病に罹ります。健康的にはとても良好ですけどね。
実際、私たちはおたがい老齢になった（geworden）のですから、残された課題はただ、私たちがおたがい老齢である（sein）こともできるのか、見るということだけですね。なるとあるとでは別物ですから。私もあなたと同じように考えてしまいます。「〔老齢の〕落ち着きに、どんな自由があるんだろう？」って。決まり文句みたいに言いますね、「ひとはそうある者になる」。だとしたら、老齢であることの本質は、自分がなった者であることがとうとう許されること、なのかもしれません。ついになり終わった（Werden ist vorüber）わけですから。*27

一九七五年の四月、アーレントはデンマーク政府から「ヨーロッパ文明への貢献におけるソニング賞」を授与される。彼女はデンマークで開かれたその授賞式に参加し、公的な場に仮面（ペルソナ）をつけて現れることの意義と、一方で公的な場から引きこもって思考することの意味についてスピーチした。[*28] 公的な場において名誉を受けることの居心地の悪さについて語りつつも、あえてその仮面を引き受けながら、世界に現れることの意味を論じた。

また彼女は同じ年にもう一度ヨーロッパへと渡り、一九六九年に亡くなった師ヤスパースの書簡を整理し、いずれそれらが公刊されるための手はずを整えた。[*29] このとき彼女は、もう一人の師ハイデガーのもとも訪れている。[*30] しかしハイデガーもまたひどく歳をとり、耳が遠くなって、以前よりもよそよそしい印象を彼女に与えた。彼女の周囲の誰もが老い、人生の冬を迎えつつあった。それでも、最後の最後にハイデガーの妻エルフリーデと和解できたことは、彼女にとってささやかな慰めになった。

晩年のアーレントはほとんどの時間を静かに『精神の生活』の草稿を書くことに費やした。原稿が行き詰まるとマッカーシーやグレイに電話をして、お喋りで気晴らしをし、執筆中の原稿についての意見を求めた。[*31] その年の秋にはアーレントの六九歳を祝うパーティが開かれ、多くの友人たちが集まって、彼女と語らいあった。

同年の一二月初め、アーレントは友人夫婦を夕食に招き、解散整理中の「ユダヤ文化再建」に関する計画について議論していた。食後、アーレントは煙草に火を点けようとしたところ、突然咳き込みながら引き攣けを起こし、椅子のなかに崩れ落ちて意識を失った。[*32] 友人夫妻は慌てて医師を呼んだが、その医師が到着する前に、アーレントは意識を取り戻すことなく、心臓発作で亡くなった。享年六九歳であった。

アーレントが倒れたという連絡はすぐにヨナスに伝えられ、彼は夫人を連れて彼女の自宅へ急行している。深夜二三時に到着した彼は、死亡直後のアーレントの遺体を目の当たりにし、警察とともに現場の確認に立ち会っている。ヨナスはどのような思いでアーレントの最期を見届けたのだろうか。

後日、ヨナスはハイデガーへ宛てて、アーレントの死を知らせる手紙を書いている。

お二人〔食卓に招かれていた友人夫妻〕は私に次のように証言して下さいました。その晩、お二人はハンナの唯一の客人であり、刺激的なお喋りをしている最中に、彼女は——ちょうど、煙草に火を点けようとして——突然に引き攣りました。彼女は、ぜいぜい言いながら咳き込んでしまい、それでもまだ火の点いていない煙草を放していませんでした。その後、頭を後ろに反らして、動かなくなってしまった、ということです。私は、一時間もあとに、彼女がひじ掛け椅子の上でまだその姿勢でいるのを見ました。表情はもう仮面のように硬直していましたが、苦しみの痕跡はありませんでした。苦痛が過ぎ去るのはほんの数分だったに違いありません。救急車と医者がやってきたときには、ただ死が確認されただけでした。その晩に葬儀会社が遺体を引き取りに来るまで、私たちは皆そこに残っていました。夜のうちに、またたく間にニュースはニューヨークを縦断し、多くの外国にまで拡散していきました。[*33]

彼女のタイプライターには、『判断』草稿の第一ページ目が挟まれたままになっていた。『精神の生活』の草稿を未完成に残したまま、彼女はこの世を去っていったのだった。

ニュースクール大学に着任したヨナスは、そこでようやく腰を落ちつけて、自分自身の哲学の構想に専念できるようになる。第2章で述べたとおり、彼には第二次世界大戦中から生命をめぐる哲学を構築するという壮大な構想があり、それらは論文として散発的に発表され、個別のテーマのもとで少しずつ輪郭を表していった。一九六六年、それらの諸論文をまとめた書籍として、ヨナスは『生命の哲学』を公刊し[*34]、それによってグノーシスの研究者から「哲学的生命論」の研究者へと転身することになる。この時期のヨナスを特徴づけているのはそうした劇的な方向転換に他ならない。本章では『生命の哲学』を中心にしながらこの時期のヨナスの思想を検討し、そこにアーレントからの影響を読み取りながら、その後の彼の人生に及ぼした影響を明らかにしていこう。

「死の存在論」

生命とは何だろうか。それが『生命の哲学』におけるヨナスの根本的な問いである。この問いに常識的に答えようとすれば、多くの場合、生物学的な定義によって解答が試みられるだろう。しかし、ヨナスはそうした説明が根本的な欠陥を抱えていると指摘する。

そもそも生物学はどのように生命を理解し、説明しているのだろうか。一言で生物学と言っても、その対象や方法は領域に応じてさまざまだろう。しかし、ヨナスはごく大まかに、生物学的な生命の理解を次のように解釈している。すなわちその理解は、生命を、その個体を形作る物質へと細かく分解し、それらの最小の部分の組み合わせとして解釈することで、生命が何であるかを明らかにしようとする、というものだ。そうした理解において、たとえばある種の動物は、その動物の肉体を構成している細胞の組み合わせへと分解され、またその細胞は、細胞膜や核などの構成要素の組み合わせへと分解される。さらに、その核は塩基やリン酸へと分解され、リン酸は、水素・リン・酸素へと分解される。こうして生命は最小の元素にまで分解され、こうした元素が組みあわさった塊として、個体が総体として解釈されるのである。この場合、生命を理解した、ということは、その生命が最小の元素からどのように組成されているかを理解した、ということに等しい。

しかし、このときに注意すべきなのは、その元素そのものは生きていない、ということだ。水素も、リンも、酸素も、それだけを取り出してみれば死んだ物質にすぎない。そうである以上、こうした諸元素の塊として生命を説明することは、生命を死んだ物質の塊として説明することを意味する。それはすなわち、生命が生命として存在することの否定であり、そうである以上、こうした方法では生命とは何かを問うこと自体が不可能になるのだ。

ヨナスは、このように生命が死んだものとして説明される存在論を、「死の存在論」と呼ぶ。この存在論は、生物学の世界において前提とされるだけではなく、自然科学が対象とする世界全体を覆うものである。そうした世界観において、あらゆる自然現象はそれを構成する最小の物質の組み合わせとして解釈され、それ自身の固有の生命を否定されてしまうのだ。こうした死の存在論に基づく限り、生命は死へと解体されてしまうのだから、そもそも生命と死の間の本質的な違いは失われてしまい、この世界に存在するものはすべて死んでいる、ということになる。ヨナスはそうした事態を次のように表現する。

死において身体は初めて謎でなくなる。死において身体は、生きているという謎めいていて非正統的なあり方から、すべての物質世界の内部にある一つの物体の、明白で「親しい」状態へと戻ってくる。この物質世界の一般法則があらゆる理解可能性の規準なのである。有機体の肉体をこの規準に近づけること、したがってこの意味において、生と死の境界を消し去ること、すなわち、死の側から、死体の状態の側から、生と死の本質的差異を廃棄すること、これが、世界に存在する事実としての生命に関して近代的思索が向けられている方向である。今日の私たちの思想は、死の存在論的優位のもとにあるのだ。[*35]

したがって、ヨナスによれば、生命とは何かという問いに対して、死の存在論においては何らかの解答を与えることそのものが不可能になる。ここにヨナスの哲学的生命論の根本的な問題関心がある。生命を問うことを不可能にさせているのは、自然科学において前提とされる「死の存在論」に他ならない。そうである以上、生命を正しく問うためには、まずその前提として、この死の存在論を相対化させ、これとは異なる存在論を出発点に据えなければならない。

ハイデガーとニヒリズム

もっとも、死の存在論に基づくことによって世界をよりよく説明できるなら、そこには何の問題もない。たとえ生命が死に還元され、生命の本質を問うことが不可能になるのだとしても、ただそれだけでは、死の存在論を相対化するための理由にはならない。これに対してヨナスは、死の存在論がその論理的な帰結としてニヒリズムに陥ると指摘し、ここからこの存在論を克服することの必要性を訴える。

ヨナスによれば、死の存在論において、あらゆる物体は自然法則に従って必然的に運動すると考えられる。そうである以上、死の存在論の世界に自由は存在しない。生命の一員である人間の思考もその例外ではなく、それは自然法則に従った脳内物質の必然的な運動へと還元される。当然のことながら、この脳内物質も死んだ物質の一つにすぎない。ヨナスはこうした仕方で人間の意識を説明する学説を「随伴現象説」と呼ぶ。それは、「精神を『随伴現象』、すなわち物質の一定のシステム（脳）における一定の出来事の副産物として表す理論[36]」であり、「感覚刺激－求心神経伝導－中枢シナプス－遠心伝導－筋興奮という連鎖を欠落のない連続[37]」へと還元する立場である。こうしたモデルに基づくとき、私たちは、自分の身体が要求する生理的な条件に突き動かされて思考しているにすぎない、ということになる。したがって、死の存在論において自由な思考はそもそも不可能になる。

しかし、ここで大きな矛盾が発生する。なぜなら、死の存在論において思考が不可能であるにもかかわらず、死の存在論そのものが一つの理論である限り、それは人間によって自由に思考されたものであるからだ。死の存在論は、それが人間によって考案された理論である以上、あくまでも自由な思考を前提にしている。ここでは自己言及のパラドクスが起きてしまうのだ。したがってこの存在論は、一方で自由な思考を前提としながら、他方で自由な思考を同時に否定する、という自己矛盾に陥る。

この矛盾は、死の存在論のなかで生きる人間が、自分自身の思考において直面する矛盾として顕在化する。すなわち、人間は両立しえない二つの立場へと引き裂かれてしまい、必然性に従属する自然あるいは世界と、その世界にあるはずのない自由な思考を持つ人間との間で、深い断絶が生じてしまうのだ。ヨナスは次のように述べる。

世界のなかで人間のみが考える。世界の一部であるがゆえにではなく、世界の一部であるにもかかわらず、人間のみが考えるのである。人間はもはや自然の意味を分かち持つのではなく、かろうじてなお自然の機械論的な制約を——自らの身体を通じて——分かち持つにすぎない。それと同様に、自然は人間の内的な関心を分かち持っていない。したがって、まさに人間をあらゆる自然よりも優位に置いている当のもの、人間の比類のない栄誉、すなわち精神は、もはや存在の総体のなかで人間の存在を一層高位に置くという結果をもたらさず、むしろ反対に、人間を残りの現実から区別する架橋不可能な裂け目を表している。存在全体の結びつきから疎外されることによって、まさしく人間の意識は人間を世界における異邦人とするのであり、あらゆる真の反省行為はまさにその異邦性の証拠である。[*38]

ヨナスによれば、死の存在論は構造的に人間に「異邦性」を与える。なぜなら人間は、本来ならこの世界に存在するはずのない自由な思考を、例外的に持ってしまっている者であるからだ。それによって、人間は「存在全体の結びつきから疎外される」のである。

死の存在論において、人間にとって自然は異邦化する。言い換えるなら、自然は人間にとって親しい場所ではなくなり、自分がそこにいる理由を説明できない場所として、本来そこにいるべきではない場所として、人間に開示されるのである。自然は人間に対してあくまでも無関心なのだ。ヨナスによれば、この疎外感を最も徹底的に論じた哲学者こそハイデガーに他ならない。だからこそその主著『存在と時間』は、『人間の偶然性、人間がいまここに存在していることの偶然性』[39]を理論の中心に置いているのである。

前述のとおり、死の存在論は人間を死んだ物質に還元する。死んだ物質は自らの存在に無関心なはずである。そうである以上、死の存在論において、人間にはその世界に存在し続けるためのいかなる理由も見出すことができない。なぜなら、「無関心なものの所産であるがゆえに、人間の存在もまた無関心でなければならない」からであり、「そうだとすれば、自らの死ぬべき定めとの出会いは『大いに飲もう、大いに食べよう、明日には死んでしまうのだから』という反応を正当化するだけだろう」[40]。このように自分自身の存在さえも無意味なものになってしまう事態こそ、ヨナスが死の存在論のうちに洞察するニヒリズムである。そして、「ニヒリズムの根底にあるのは、人間と存在全体の間の断絶なのである」[41]。

ヨナスは現代社会のこうした事態が、古代グノーシス主義の神話の構造とあまりにも酷似している、と指摘する。第1章で述べたとおり、古代グノーシス主義はヨナスの最初期の研究対象であり、その神話は、本来は至高の神に由来するはずの人間が、創造された悪しき世界に存在してしまっている、という構造を持つ。つまり、本来は自由であるはずの人間が、死んだ物質の織り成す必然的な世界に存在してしまっている、という死の存在論は、あるいはその体現者であるハイデガーの哲学は、グノーシス的ニヒリズムの再来のようにヨナスには思われたのである。この発想が大胆であることは言うまでもないが、それは特にヨナスにとって大きな意味を持っている。なぜならヨナスは、古代グノーシス主義を研究していたときにはグノーシスをハイデガーによって解釈していたのに対し、今ではハイデガーをグノーシスによって解釈しているからである。[42] こうした鮮やかな視点の逆照射は、一見役に立たないように思える古典的教養が持つ、時代を超えた偉大な批評的価値を垣間見せてくれるものであろう。[43]

哲学的生命論の戦略

死の存在論の問題は、第一に、それが思考を前提にしながら同時に思考を否定する、という自己矛盾に陥ることであり、第二に、その矛盾によって引き起こされるニヒリズムである。だからこそ、死の存在論は相対化され、別の存在論が構築されなければならない。その際に要請されるのは、その存在論を構築する行為、すなわち自由な思考がそのうちで基礎づけられるような存在論である。このアプローチはハイデガーが『存在と時間』で取った戦略と通底する。彼はそこで、存在の意味を問うために、存在を問う現存在自身の構造を明らかにすることから、分析を出発させているからである。

ただし、ヨナスがハイデガーと明確に異なるのは、自由に思考することは常に身体を伴う、と考えた点である。それこそが、彼が第二次世界大戦の戦場で学んできた、譲ることのできない前提だった。人間は殴られれば傷つき、撃たれれば死んでしまう。人間の自由な思考を基礎づけうる存在論は、同時にそうした思考が身体として存在すること、それも傷つきやすい有機体として存在することをも基礎づけるものでなければならない。しかし、傷つきやすい有機体であるのは何も人間だけではない。人間以外のさまざまな生物種もまた有機体である。そして、思考と有機体との間に何らかの必然的な連関があるのだとしたら、その当然の帰結として、人間以外の有機体にもまた何らかの仕方で思考が認められなければならない。ヨナスは、こうしたアプローチによって、生命とは何であるかを問うのである。その基本的な構想は次のように説明されている。

生命の哲学はその対象のうちに有機体の哲学と精神の哲学を包括している。このことはそれ自体がすでに生命の哲学の第一命題であり、実際のところそれは、この哲学がその遂行の過程で正当化しなければならない、先取り的な仮説である。なぜなら、ここでの〔有機体と精神という〕外的な範囲が内容として主張しているのはまさしく次のようなことであるからだ。すなわち、有機体はその最も低い形成物においてすでに精神的なものをあらかじめ形成しており、精神はその最も高い到達点においてもなお有機体的なものに留まる、ということである。[*44]

ヨナスの構想する哲学的生命論は、有機体のうちに精神を基礎づけるという点で、生物学的な生命の理解を回避するものであり、同時に、精神のうちに有機体を基礎づけるという点で、ハイデガーのニヒリズムを克服しようとする。つまりそれは、「一方では観念論および実存主義の人間中心主義的な制約を、他方では自然科学の物質主義的制約を、ともに打破することを試みている」[*45]のである。

こうした方法をとるヨナスの哲学的生命論にとって、中心的な役割を果たす概念は「自由」である。ただしその概念はもはや人間の思考の性質へと限定されるものではなく、人間以外の有機体にも認められうるように修正されなければならない。ヨナスによれば、「自由」は「客観的に識別可能な存在様態」であり、「有機体的なものそれ自体に帰属しており、その限りで『有機体』という範疇のあらゆる構成員に共有され、いかなる非構成員にも共有されていない、存在のあり方」であって、「さしあたりは単なる物理的事実にさえも適用されうる、存在論的に記述可能な概念である」[*46]。したがって、どんなに単純な生物であっても、たとえばアメーバであっても、ヨナスの構想する哲学的生命論に従うなら自由である。そうした説明が可能でなければ哲学的生命論は成り立たない。しかし、おそらくアメーバには意識は芽生えていないだろうし、自由に思考しているわけでもないだろう。そうであるとしたら、アメーバはどのような意味で自由であると言えるのだろうか。

ヨナスはこうした自由の基礎を「代謝 Stoffwechsel」という活動のうちに洞察する。言うまでもなく、あらゆる生命が代謝をする。代謝とは、それまで自分の体内にあったものを外部に排出し、外部にあったものを体内に摂取することで、内と外の内容物を交換しながら、その存在を維持する働きである。有機体は、常に代謝しながら存在しているのであり、代謝が停止すれば死んでしまう。その限りにおいて、有機体の本質は代謝である、と考えることさえできる。

では、代謝するということは、有機体の個体にとってどのような意味を持っているのだろうか。ヨナスによれば、代謝をしながら存在するということは、生命の個体の同一性が、その個体を構成している物質の同一性では説明できない、ということである。たとえば、ここに一匹のアメーバが存在するとしよう。このアメーバを構成する物質は代謝によって一定期間に完全に入れ替わるとする。その場合、一年前のアメーバと、今日のアメーバは、たとえ同じアメーバであっても、その肉体を構成している物質はまったく異なっている。そうであるにもかかわらず、そのアメーバの存在は同一性を持っている。これは、言い換えるなら、そのアメーバの存在は死んだ物質には還元できない、ということである。

そうであるとしたら、代謝する生命の同一性は何によって保証されているのだろうか。ヨナスによれば、それは「形相」である。形相とは、アリストテレスの哲学に由来する、「質料」に対立する概念であり、ここでは物質をその生命の輪郭へとまとめ上げる統一性を意味している。ヨナスは、形相こそが生命の存在そのものであって、質料すなわち死んだ物質は、その形相を成り立たせるための材料にすぎない、と考える。

生命を死んだ物質の塊として説明することはできない。言い換えるなら、生命は、死んだ物質の同一性には拘束されないものであり、死んだ物質から解放された存在である。この意味において生命は死んだ物質から自由な存在である。こうした推論に従って、ヨナスは生命の代謝活動のうちに自由の概念を基礎づけるのだ。

ただしこのことは、生命が物質を必要としないで存在できる、ということを意味するわけではない。形相は、たとえ死んだ物質から自由であるのだとしても、死んだ物質なしにこの世界で存在することができるわけではない。むしろ生命は常に「多様な質料の形相」[*47]として存在するのであり、絶え間のない代謝の継続によってしか生存することができない。そうである以上、生命の自由は物質から解放されていると同時に物質に依存しており、常に物質を必要とし、というよりもむしろ、不断に次の物質を渇望しているのである。ヨナスはこうした逆説的な自由のあり方を「窮乏する自由 bedürftige Freiheit」[*48]と表現している。

生命における死と実存

言うまでもなく、生命の自由が「窮乏」するものとして性格づけられるのは、生命が自らの存在を維持しようとして、死の運命に対して抗おうとするからだ。そうした自己保存は、生命がただ漫然と存在しているのではなく、その存在が無くなるかもしれないという可能性によって、すなわち死の脅威に晒されていることによって、初めて可能になる。もしも死ぬことがなかったら生命は代謝などしなかっただろう。したがって、生命の本質的な自由を成り立たせているのは、その存在に常に影のようにつきまとう、死の可能性に他ならない。

ヨナスは死を代謝の停止として解釈する。生命の「システムがいま現にある物質総計の同一性と実際に一つになる場合――すなわち、システムの個々の内容が、二つの『時間の断面』において合致し、そのあいだのさまざまな時間の断面においても同一のままである場合――には、そのシステムは生きるのをやめている。つまり、死んでいる」[*49]。しかし、代謝は常に停止する可能性があるのであって、代謝するということは、この可能性を受け入れるということを意味する。ヨナスは、生命の存在が常に受け入れていることの可能性を、生命の「可死性 Sterblichkeit」[*50]と呼ぶ。

生命が存在する、ということは、可死性を伴いながら存在するということ、あるいは言い換えるなら、可死性を生きる、ということである。生命は本質的に傷つきやすい。生命を脅かす傷は、たとえば、石につく傷とはまったく意味が異なっているのであり、その差をもたらしている性格こそが可死性に他ならない。だからこそ生命の自由は「窮乏」として捉えられ、生命は非生命から区別されるのだ。そうである以上、「生命が死すべきものであることは、それが生命であるにもかかわらず、ではなく、それが生命のもっとも基本的なあり方に従ってのことである」[*51]。ヨナスは、こうした生命の「逆説的で、不安定で、不確実で、危険で、有限で、死に深く結びついたあり方」[*52]を術語的に「実存 Existenz」[*53]と表現している。実存として生きる生命は、死んだ物質がそうであるような、無関心な存在ではありえない。ヨナスは次のように述べる。

> 代謝のこの二重の側面——その能力と窮乏——によって、非存在が存在自身に含まれた選択肢として世界に登場した。このことによってはじめて「存在すること」は一つの強調された意味(betonter Sinn)を手に入れる。自らが否定されるという脅威によってそのもっとも深い内奥において性格づけられることで、存在はここで自らを主張しなければならなくなる。存在が主張されるとき、それは重大な関心事(Anliegen)としての現存在(Dasein)となる。[*54]

生命にとって「存在すること」は「一つの強調された意味」を持つ。なぜなら、生命は「否定されるという脅威」に対して「自らを主張しなければならなくなる」からだ。ヨナスによれば、「存在が主張されるとき、それは重大な関心事としての現存在になる」。こうした仕方で、生命が自分自身を肯定し、それを目的として存在するあり方を、「目的保持性」[*55]と呼んでいる。

以上において示されるのが、死の存在論に対抗してヨナスによって打ち出された生命の存在論的な解釈の骨子である。ここには、ヨナスが第二次世界大戦中に構想していた、ハイデガーの実存分析を肉体の傷つきやすさと両立する形で解釈する、というアイデアが忠実に理論化されている。実際に、「実存」や「現存在」という用語は明らかにハイデガーの『存在と時間』を継承するものであるが、ヨナスはその名を人間だけに与えるのではなく、生命一般に与えるのである。

人間の自由と想像力

生命の自由が基礎づけられたことで、人間の自由な思考を基礎づける準備が整えられる。人間を傷つきやすい有機体として解釈し、他の生物種と連続するものとして位置づけるヨナスは、原初的な生命が持つ「窮乏する自由」の発展的な形態として、人間の自由な思考を解釈する。もちろん人間も代謝をする。しかし、自由のあり方は生物種の進化に応じて変化していくのであって、人間には他の生物種にはない独自な自由の次元がある。

ヨナスによれば、人間にとって決定的な器官は視覚である。聴覚や触覚といった他の感覚器官が対象との直接的な接触を伴うのに対して、視覚は離れたところから対象を知覚することができる。たとえば聴覚において、耳が音に触れなければ何も聴くことはできないし、触覚においてはもちろん物体に触れなければ何の知覚も得られない。これに対して視覚はそうした対象との接触を感じさせない、ということは、対象が「私」に作用を与えたり、反対に「私」が対象に作用を与えたりするような、相互作用に依存することなく、対象の認識が与えられるということだ。

ヨナスは、こうした対象との交渉を超えて認識を得る能力を、「図像能力」[*56]あるいは「想像力」[*57]と呼ぶ。想像力とは文字どおりに「像」を思い描く能力である。ヨナスによれば、像はそのモデルから原理的に独立している。なぜなら、人間は一つのモデルから無限に多様な像を描くことができるからであり、想像力の産物は、現実に存在する対象との一致に囚われないからだ。ヨナスはここに、原初的な有機体の窮乏する自由と連続しながらも、これを超えた自由のあり方を洞察し、次のように述べる。

> 意図を持って最初に一本の線が引かれるとき、自由の次元が開かれる。その自由においては、原型に対する忠実さ、あるいは、そもそもモデルに対する忠実ささえもが、一つの決断でしかない。この次元は実際の現実を全体として乗り越え、無限のヴァリエーションからなる自らの領域を、可能なものの王国として提示する。そしてその可能なものは、人間がそれを選ぶことによって、人間によって真になりうるものなのだ。真なるものを見守ることと、新しいものを創り出す力は、同じ能力なのだ。[*58]

想像力が描き出す像には「無限のヴァリエーション」が認められるのであり、そこには「可能なものの王国」が開かれている。すなわち像は、それ以外ではありえない仕方で描かれるのではなく、それ以外でもありうるものとして、一つの可能性としてのみ描かれるのである。そうであるにもかかわらず、像の無限の多様性は、像がそのモデルに対して忠実であることを否定するわけではない。ヨナスによれば、「その可能なものは、人間がそれを選ぶことによって、人間によって真になりうるもの」である。言い換えるなら、人間はある対象の像を、今までにはない仕方で、その対象の現実の姿とは異なる仕方で描くことによって、翻って、そのモデルの真の姿に肉薄し、その本質を忠実に描き出すことができる。ヨナスによれば、このような意味において「事物を再創造する者は、潜在的には新しい事物を創造する者でもある」のであり、また「真なるものを見守ることと、新しいものを創り出す力は、同じ能力」なのである。

ヨナスはこうした人間に固有な自由のあり方を「像を描く自由」と呼び、自らの人間観を「ホモ・ピクトル」と名づけている。[*59] これはラテン語で「描く人」を意味する言葉だ。このように、視覚の機能と像概念に注目しながら、別様でもありえる真理性をもたらす想像力を重視する点に、ヨナスの哲学的人間学の特徴がある。同時に彼は、こうした現実に囚われることのない自由な想像力が、現実から抽象された概念をもたらし、そうした概念を操作することで理論の形成を可能にすると考え、次のように主張する。

現象の持つ距離が中立的な「像」をもたらすのであって、「作用」ではなくこの像が、直観され、比較され、記憶のなかで保持・想起され、想像力において変化させられ、任意に再編されるのである。こうして本質が現実存在から切り離されうるようになり、それによって理論が可能になる。概念的思考に引き継がれるのは、まさしくこの視覚に固有の抽象という契機であり、概念と理念は、視覚が最初に作り出した客観性の範型を、視覚から受け継ぐのである。[*60]

以上のようにしてヨナスは、有機体の器官としての視覚の分析から出発し、概念を用いた自由な思考がどのように形成されるのかを説明する。前述のとおり、死の存在論は思考の自由をめぐって自己矛盾に陥っていた。これに対して、ヨナスの存在論に従う限りそうした矛盾は発生しない。それは、人間にとって世界が異邦の地とならないということを意味するのであり、そうした仕方で、ヨナスは人間と世界の断絶を架橋しようとするのである。

不死性の神話

理論は自由な想像力によって形成される。それは死の存在論であっても例外ではない。前述のとおり、想像力は現実の対象を無限に多様な仕方で描き出す。同様に、この世界をめぐる理論もまた無限に多様な仕方で描き出されうる。想像力によって描き出された世界の像とは、文字どおり世界像に他ならない。死の存在論はそうした世界像の一つの可能性である。しかし、それが唯一の可能性である、というわけではない。ヨナスの人間学は、こうした仕方で、死の存在論をそのうちに内包しながら、同時に別の世界像を描き出す可能性を開くのである。

こうした前提のうえで、ヨナスは死の存在論とは異なる別の世界像を描き出そうとする。それは、死の存在論によってもたらされるニヒリズムを超えた、人間がこの世界に存在する理由を雄弁に語りうるような、世界の成り立ちをめぐる一つの形而上学であり、物語に他ならない。ただし、死の存在論がそうであるように、この物語もまた一つの世界像にすぎず、唯一絶対のものではない。それでも、死の存在論の外部にそうした別の物語を打ち立てることが一つのオルタナティヴとして求められていると、ヨナスは考えるのである。

こうした、かなり異様なテーマを扱った章が、『生命の哲学』に収録された「不死性と今日の実存」である[*61]。この章が特殊なのは、その内容もさることながら、冒頭に「for H. A.」と記されていることだ。これは、明らかにアーレントへの言及であり、『生命の哲学』においてはっきりと彼女の名前が現れるのはこの箇所だけである。その意味においてもこの章は注目するに値する。[*62]

前半部分では、現代社会において不死性がもはや信じられなくなり、人々が刹那的な生き方を志向している状況が指摘される。それは、アーレントが『人間の条件』において提示した「世界」の不死性に対する絶望を示唆していると同時に、ヨナス自身が指摘していた死の存在論のニヒリズムとも共鳴している。すなわちそのニヒリズムとは、世界の不死性を信じられなくなった人間が、死んだ物質によって支配された無関心な自然に投げ出され、「大いに飲もう、大いに食べよう、明日には死んでしまうのだから」という刹那的な快楽主義を呼び寄せることであった。

『人間の条件』において、アーレントは公共的な活動に可能性を見出していた。それに対してヨナスは、世界によって保証されるのではない、もう一つの不死性に可能性を見出そうとする。それが「行為の不死性」[*63]という概念である。アーレントにおいて世界の不死性は、世界が人間の生まれる前から存在し、死んだのちも存続する人工物の空間であることによって、担保されていた。これに対して行為の不死性とは、人間の行ったことが、いわば行為そのものが、その行為を行った人間が死んだのちも、この世界に何らかの形で存続し続けることによって担保される性格である。ただしその存続は、技術的な人工物によって保存されているのでもなければ、他者の記憶のうちに保存されているのでもない。そうした、現実に存在するいかなる媒体とも無関係に、行為の痕跡がこの世界に残されていく、とヨナスは考えるのである。これは彼の直観でしかなく、というよりもむしろ、根拠のない予感のようなものだ。しかし、もしもこの世界で不死性を基礎づけることができるとしたら、そうした仕方以外にはありえない、と彼は考える。そして、死の存在論のニヒリズムに対抗して構想されるべき世界像は、こうした行為の不死性を正当化しうるような物語に他ならない。
ヨナスはこうした世界像を一つの「神話」[*64]として描き出す。すなわち、神がこの世界をどのように創造し、その後どのように世界が経過してきたのか、という観点から、現在の現実全体を解釈しようとするのである。もちろん、それは科学的に説明できるものではない。ヨナスは自らの神話があくまでも「仮説的」[*65]であり「実験的」[*66]なものでしかないことを強調している。しかし、そもそも唯一絶対の世界像など存在しない。問題は、それがどれほど哲学的生命論の要求を満たし、かつ、人々を納得させることができるのか、ということでしかない。

ヨナスはまず、大前提として、この世界を神によって創造されたものとして解釈する。すなわち、世界は偶然に発生したのではなく、神によって存在することを望まれたものである。その限りにおいて、世界は配慮するに値するものであり、決して無意味ではない。ただし、世界は自然法則によって支配されているのでもあって、神の自由意志でさえもその法則に干渉することはできない。ヨナスはその理由を、神が創造によってすべての力を失ったから、と解釈し、次のように述べる。

> 始まりにおいて、私たちには知りようもない選択によって、存在の根拠である神的なものは、生成という偶然と冒険と無限の多様性に身を委ねることを決定した。しかも、それは全面的になされた。すなわち、空間と時間の冒険へ入り込んだとき、神は何一つ自分の要素を残しておかなかった。[*67]

ヨナスによれば、「神的なもの」は宇宙を創成することによってその「生成という偶然と冒険と無限の多様性」に自らを委ねた。つまり神によって創成された宇宙は、神の意志によって選択されたものでありながら、創成されたあとの進行は「偶然」に委ねられるようになった。神が諸物質に対して自らを委ねた以上、諸物質は神の性質を、すなわち精神をそのうちに潜在させることになる。しかし、創造において神が「空間と時間の冒険」へと入り込み、そのあとには「何一つ自分の要素を残しておかなかった」ということは、神は力を使い果たし、この宇宙に対して干渉するいかなる力も持たなくなった、ということを意味している。したがって、この世界において物質は精神の萌芽を宿しながらも、神による支配の手を離れ、自然法則に従って運動するようになったのである。

宇宙はその後、偶然の戯れのなかでさまざまな出来事を引き起こしていく。多くの星が生まれ、交錯し、消えていった。そしてあるとき、一つの出来事として、地球に生命が誕生する。ヨナスによれば、「生命の最初の胎動――世界の新しい言葉――が生じ、それとともに永遠の領域における関心が大きく上昇し、それが不意に飛躍的に増大して永遠の領域の豊かさを取り戻そうとするにいたる」[*68]。ここで述べられているとおり、生命の誕生は、それまで潜在したままであった神の精神を開花させるものとして描かれる。その後、生命は長い時間をかけて繁殖し、多様化し、進化していく。ヨナスによれば、「そのそれぞれが神の新たな様態を意味しており、神の隠れた本質を試し、世界が辿る冒険のなかで不意に生じるさまざまな出来事をとおして神の隠れた本質をあらわにしていく」[*69]。

ただし、この進化の過程は決して世界が望ましい状態へと進展していくことを意味しない。生命の存在は死の可能性によって担われているのであって、生命が自由になればなるほど、死の可能性もまた増大していくからである。そして、そうした可能性が最大に達する存在こそ、人間に他ならない。ヨナスは次のように述べる。

神の像は、物質的万有によってためらいがちに開始され、人間以前の生命が示す、最初は広く、のちにはだんだん狭くなってゆく螺旋状の姿で、長らく、未決定なままで形作られていた。その神の像は、この最後の転換によって、また劇的な運動の加速によって、人間による不確かな管理のもとへ移行する。その結果、神の像は、人間が自分と世界に関して行うことによって――救われる形で、もしくは台無しにされる形で――実現されることになる。[*70]

「劇的な運動の加速」としての人間は、生命が持ちうる最も高度な自由を発揮しながら、現在では高度に発展したテクノロジーによって、人類自身を破滅させる可能性を有している。しかし、それに対して神が人間を戒めたり、罰したりすることはできない。前述のとおり、神は宇宙の創成の瞬間に、神としては無力になったからだ。したがって、「神の像」としての宇宙は「人間による不確かな管理」に置かれることになる。しかし、だからといってそれは、人間がどのような行為をしても神に関係がない、ということではない。ヨナスは神と人間の行為の関係を次のように解釈する。すなわち、人間が行う行為は神の像に痕跡を残すのであり、一度残された痕跡は決して消えない、というものだ。

私たちは作り上げることも壊すこともできる。治すことも傷つけることもできる。神性を養うことも放棄することもできる。それを完成させることも歪めることもできる。一方の刻印による傷跡は他方の刻印による輝きと同じだけ後世に残る。したがって、私たちの行為の不死性は虚栄に満ちた自惚れの理由にはならない。むしろ私たちには、私たちの行為の大多数がいかなる痕跡も残さないようにと望む理由の方がたっぷりあるだろう。しかしそれは認められない。私たちの行為は実際に描線を引いたのであり、それは残るのである。[*71]

ここで現れる「描線」という概念が前述の行為の不死性を担保することになる。こうした仕方でヨナスは、この世界の自然法則と整合させながら、生命の自由、人間の自由、行為の不死性を説明しうる世界像を描き出す。そしてこの神話は人間をあくまでもこの世界に痕跡を残す存在として説明するのである。ただしそれは、同時に世界に対する人間の責任を基礎づけ、これから引かれていく描線に対する、言い換えるなら未来に対する責任への視点を開くのだ。

もちろん、これらはすべて仮説的な推測であって、普遍的な妥当性を持つ命題ではない。しかし、このちヨナスが打ち出していくことになる倫理思想の原型、特に未来世代への責任の基礎づけのアイデアは、すでにこの神話のうちに姿を現しているのである。

ヨナスの生命とアーレントの生命

生命論、人間学、神話と、極めて広範な射程を持った『生命の哲学』は、紛れもなくヨナスの生涯にとって記念碑的な著作だった。彼は同書を公刊することで、自らのオリジナルな思想を携え、ハイデガーの批判的克服を目指す哲学者の一人として、存在感を発揮していくようになった。彼の生涯にわたるすべての著作のなかでも、この著作は突出して理論的かつ厳密であり、それ以降の思想の足場を固める役割を果たしている。

キャリアの面でもこの著作は大きな役割を果たした。同書を高く評価されたヨナスは、アメリカにおける生命倫理の最初期の拠点である、ヘイスティングス・センターの初代研究員に就任する。このセンターでは、生物学、医学、法学、哲学など、さまざまな分野で活躍する気鋭の研究者が結集し、クローン技術、臓器移植問題、脳死判定問題、遺伝子解析、遺伝子工学など、最先端の医療・医学が引き起こす倫理的・法的・社会的問題について横断的な研究が行われていた。そのなかでヨナスは、生命をめぐる哲学の専門家として議論に加わり、いくつかの論点について新しい概念を提案したり、ときには社会の動向に対して峻烈な批判を寄せたりした。彼はそのコミュニティで強烈な個性を発揮し、自らの地位を確固たるものにしていったのである。彼の学説は今日においても生命倫理学の古典的な見解として、繰り返し参照されている。

そうした議論に参画しているうちに、ヨナスの関心は徐々に変化していき、生命をめぐる存在論的な問題の探究から、その生命を操作しようとする科学技術の問題へ、その問題を解決するための倫理学的な原理論の構築へと移っていった。こうして結実する思想が、次章で主題化することになる、主著『責任という原理』に他ならない。

ところで、前述のとおり、『生命の哲学』にはアーレントからの影響をほとんど確認することができない。神話の思想において部分的に名前を挙げてはいるものの、彼が論考のなかで本格的に彼女の思想を取り上げ、踏み込んだ解釈を披露している箇所はない。第3章アーレント篇でも示唆されていたとおり、彼女にとっても生命は主要な概念の一つであった。それでもヨナスはアーレントの生命概念を援用しようとはしなかったのである。実際、両者の生命概念を比較してみると、そこには大きな見解の隔たりが示されている。

アーレントは生命の概念を二つに区分している。すなわち、第一に「ゾーエー」であり、第二に「ビオス」である。[*72] 図式的に説明するならば、両者の違いは次のように表される。ゾーエーとは生物学的な生命であり、自然の循環に従属するあり方を指している。それは、呼吸する、食べる、排泄するといった、生物学的機能を維持しようとする働きであり、食料を得るための「労働」と密接に連関している。これに対して、「ビオス」は、そうした生物学的な機能への従属を超えて、市民として自由に生きることを指している。それは、私的利害を超えて自らの意見を述べ、他者と連帯し、より善い生き方を目指す働きである。この意味において「活動」は、ビオスとしての生命と密接に連関している。ゾーエーは「私的領域」を、ビオスは「公的領域」を自らの場としており、両者は明確に棲み分けされている。こうした仕方でアーレントは人間の生のうちに、ただ生物学的な必然性に従属しているあり方と、それを超えて市民として自由に活動するあり方を区別していたのである。

しかし、ヨナスの生命論はこのアーレントの概念区分を攪乱するものである。なぜなら、ヨナスは人間の自由を代謝という生物学的な必然性から説明しているからだ。ヨナスにとって自由とは「窮乏する自由」に他ならない。そうしたヨナスの思想を、あえてアーレントの視座から再整理するなら、彼は人間のビオスをゾーエーへと還元してしまい、ビオスが本来持つ私的利害からの自由という視座を失っている、という解釈が成り立つ。一方、ヨナスの視座からアーレントの生命概念を解釈するなら、アーレントは生物学的な代謝活動のうちに単なる必然性しか洞察しておらず、そこに萌しているはずの自由を看過している、ということになる。つまり両者の間では、代謝を自由と見なすか、必然性と見なすかについて、根本的な衝突が起きているのである。

アーレントの立場から眺めれば、ヨナスの生命論において人間が市民として自由に活動しようとしても、その自由が代謝に根差している以上、その人間は自身の生活の心配から逃れることができなくなり、結局市民として他者と連帯することができなくなる、ということになる。一方、ヨナスの立場から眺めれば、アーレントの生命概念に従う限り、人間は他の生物種との連続性を維持できなくなり、人間だけが特殊で孤立した存在になり、再び世界との断絶に陥ってしまうのであり、そしてその断絶がニヒリズムを呼び起こすことになる。このように、両者の衝突の背景にはそれぞれの問題関心の明確な違いが透けて見えてくる。

もっとも、これらはあくまでも仮想的な対話である。ヨナスとアーレントがそれぞれの生命観をめぐって議論をした記録は、少なくとも文書の形では、残されていない。とはいえ二人がこの問題について意識的にお互いを避けあっていた、ということでもないだろう。むしろ、もう二人にはゆっくりと対話する時間が多くは残されていなかったのかもしれない。ヨナスは、ようやく自らの哲学を確立させたときには、もう老齢に差し掛かっていた。一方アーレントはあまりにも早くにこの世を去ってしまったからだ。

残されたヨナスは、彼女と並んで歩く代わりに、その意志を遠い未来へと連れていこうとした。こののちに発表される大著『責任という原理』には、ヨナスのすべての思想のなかで、最も色濃くアーレントからの影響が反映されることになる。

第6章

最後の対話

テクノロジーへの問い

1975-1993

アーレント

「究極的なもの」をめぐって

アーレントの死から三年後、彼女を追悼したアンソロジー『ハンナ・アーレント——公的世界の再発見』（未邦訳）が出版された。メルヴィン・A・ヒルによって編纂されたこの共著には、ヤング＝ブルーエル、バーナード・クリック、J・グレン・グレイらによる論考が収められているが、このなかに晩年のアーレントを囲んで開催された「アーレントの仕事 The Work of Hannah Arendt」というシンポジウムの記録が残されている。[*1] 登壇者はアーレントの親友であったメアリー・マッカーシー、彼女の教え子であったアルブレヒト・ヴェルマーやリチャード・バーンスタイン、国際政治学者として有名なハンス・モーゲンソーなどがおり、そしてそのなかにヨナスの名前も含まれていた。[*2] おそらくこのシンポジウムは、二人が公式に対話した記録として残されている唯一のものである。その内容がわれわれにとっても大変興味深いものであるので、ここに紹介したい。

まずヨナスが次のように語りかけるところから二人の対話が始まる。

われわれの存在と活動の根底には他者と世界を共有したいという欲望があるということは疑いえないでしょう。しかしわれわれは一定の他者と一定の世界を共有することを欲します。もし政治の役割が世界を人間にとって心地よい住まい（fitting home）にすることにあるとすれば、そこでこういう問いが出てくるでしょう。「人間にとって心地よい住まいとはどのようなものなのか？」と。[*3]

われわれの存在と活動の根底には他者と世界を共有したいという欲望があり、そのための世界を創り出していくのが政治の役割である、というヨナスの見解は、おおよそアーレントの思想と合致するものである。おそらくは、ヨナスがアーレントの思考に寄り添った発言を行っているのであろう。二人の考えが分かれるのはこの先からである。

ヨナスは次のように議論を進める。「人間にとって心地よい住まい（＝世界）とはどのようなものなのか？」という先の問いに答えるためには、まず「人間がどのような存在であり、またどのような存在であるべきか」という問いに答えなければならない。人間の存在についてのそのような根源的問いに対する答えを持っていない限り、「われわれはどのような世界を創り出していくべきか」という政治的問いにも答えられないはずだからである。

こうした問いに答えるために、かつてカントは最高善 supreme good という概念に訴えかけた、とヨナスは説明する。カントの時代とは異なるにしても、現代においてもなお、そのような最高善という概念は存在しているはずである。たとえ明確には定義できないとしても、最高善が空虚な概念であるはずはない。また、この最高善という概念は人間が何であるかという問いとも密接に結びついているはずである。

ヨナスは『責任という原理』のなかでニーチェ以後のニヒリズムの流れに抗い、「価値の空白化」や

「善の相対化」と呼ばれる状況を批判し、現代においてもなお明確な倫理や規範（すなわち正義や善）は人類にとって必要であることを論じていた。

倫理が存在しなければならないのは、人間が行為するからである。倫理とは、行為の秩序のためのもの、そして行為する力を規制するためのものである。だから、規制されるはずの行為の力が大きければ大きいほど、倫理はいっそう不可欠に存在しなければならない。[*4]

こうした確信を持つヨナスからすれば、アーレントの思想はその根底に普遍的な「善」の概念、およびそれに基づく「倫理」を欠いていると映っていたのではないだろうか。ヨナスはアーレントの「活動」論および「出生」論を高く評価しながらも、もともとのアーレントの発想とは少しずれた位置から、その可能性を突き詰めようとしていた（本章ヨナス篇参照）。それゆえにこそ、ヨナスはあえてアーレントに「人間とは何であるか」また「人間はどうあるべきか」という形而上学的および倫理的な問いをぶつけ、彼女の「活動」論および「出生」論を深めていくためには、そうした問いへの考察がその根底に必要とされているのではないか、と問いかけたのだと推察される。

さらにヨナスはアーレントに次のように語りかける。

われわれの決定する力は今ここの状況や短期的な未来の状況の扱いを超えています。われわれの行動や活動の力は今やそのような事態を超え、究極的なもの（ultimates）——私はそれを開いたものにしておきたいのですが——に対する判断や直感や信仰に関わる事柄を真剣に巻き込むものとなっています。

二〇世紀まではそう理解されていたように、〔これまでの〕通常の政治では、われわれは究極的なものを呼び出さずともやっていくことができていました。国家の状況が本当の究極的な価値や基準によって決定されねばならないということはありませんでした。しかし、現代の科学技術の状況のもとにおいては、われわれが下す、やるかやらないか(willy-nilly)の決定は、地球上の全体的な状況および人間の全体的な未来に影響するものになっています。ですから、私は西欧の形而上学から足を洗って、そんなものはわれわれを袋小路に陥れるだけだと言ったり、その破綻を宣言したり、〔それに代わる〕共通の判断に訴えかけることができる、と主張することはできないのです。[*5]

ここでのヨナスの発言は、科学技術(テクノロジー)の発展がもたらす危険性を想定している。『責任という原理』で詳しく述べられるように、ヨナスは原子力開発、遺伝子操作、延命技術をはじめとする科学技術の進化が、われわれの生命と世界のあり方に根本的な変化をもたらすことを強く危惧していた。現代の科学技術は、原子力によって地球全体を破壊したり、遺伝子操作によって生命のあり方を改変したり、延命技術によって人間の寿命を極限にまで延ばしたりする力を持っている。このような科学技術の巨大な力は人類および地球上の生命全体に決定的な影響を及ぼす。こうした途方もない技術力を持ったわれわれは、決して「人間とは何なのか」「人間はどうあるべきなのか」という形而上的問いを捨ててはならず、また最高善という「究極的なもの」(普遍的なもの)を諦めてはならない、というのがヨナスの信念であった。

超越性と内在性

しかし、アーレントはこうしたヨナスの提案に真っ向から反論している。

もしわれわれの未来が、あなたが今まさに言ったように、究極的なものを得ることにかかっているのならば、私は悲観的にならざるを得ません。その究極的なものがわれわれを上から決定するのならば（そしてそうであるとすれば、当然のことながら、誰がその究極的なものを認定するのか、その究極的なものを認定するための規則とは何なのか、ということが問題になります。いずれにせよ、そこでは〔問いの〕無限後退が生じることになるでしょう）。もしそうであるとすれば、われわれは道に迷ってしまうことになります。なぜなら、この状況は実際に新たな神（God）の登場を要請することに繋がるだろうからです。[*6]

現代の困難に対峙するためには、形而上学的な概念（究極的なもの）が必要である、というヨナスの主張を、アーレントは明確に拒否する。なぜならば、そのような思考は新たな「神」を要請することに繋がるからだ、というのである。近代以降、もはや「神」は存在しない。もし人々が神を信じていたのならば、全体主義によるホロコーストなど起こりえなかったはずである。もはや「究極的なもの」など存在しない。そのことを前提にしたうえで、われわれは前に進む他ない。

前章で見たように、アーレントは、アウシュヴィッツ以後、究極的なものや普遍的なものを前提とした道徳倫理を構想することはもはや不可能だと考え、それに代わって「一者のなかの二者」としての自己内対話（＝「思考」）から導き出される「良心」と「判断」こそが、悪に対する唯一の歯止めになるはずだと考えていた。「究極的なもの」に代わって、われわれが頼りとすべきは、「自己と矛盾してはならない」というソクラテス的命法であり、またそのような主体を前提とした市民による複数的な対話（＝「活動」）である。このような〈活動的生活〉と〈精神の生活〉の組み合わせこそが、現代社会の諸問題に立ち向かうための基本姿勢になる。

他方、ヨナスはあくまで究極的なもの・普遍的なものへと向かう道徳倫理の構築を目指し、その根拠を生命それ自体のかけがえなさとその傷つきやすさに対する保護のうちに見出そうとしたのであった。この点において、アーレントとヨナスの方向性は大きく食い違っている。ここには「究極的なもの」（超越性）に倫理の根拠を見出そうとするヨナスと、「複数的なもの」（内在性）に道徳の根拠を見出そうとするアーレントの違いが明示的に表れていると見ることができよう。[*7]

アーレントの反論に対してヨナスは、われわれがもはや「究極的なもの」を前提にできないという意見にひとまず同意しながらも、今日の文明が向かっている破局的な終末を回避するためには、「究極的なもの」についての一定の知を必要としているのではないか、という提言を行う。なぜならこの破局的な終末それ自体が「究極的な」状況であるからだ。究極的なものの概念を一切持たないなかで、この終末を避けるための方途を考えることはできない。ヨナスはここでソクラテス流の「無知の知」を引き合いに出しながら、たとえ不完全であるにしても、究極的なもの（真理）を探求する姿勢を捨ててはならないことを主張している（ちなみにヨナス自身はここで「神」という言葉は一度も用いていない）。

〔科学技術をめぐる〕われわれの営為はそのうちに終末論的な傾向を持っています。それはユートピア主義のうちに打ち立てられ、文字どおりに究極的な状況に向かって動いています。究極的な価値についての知――あるいは究極的に望ましいものが何であるかということについての知――、あるいは世界を心地よい住まいにするための、人間が何であるかということについての知を欠いているとしても、われわれは少なくとも終末論的な状況が生じるのを許してはなりません。これはそれだけで非常に重要な実践的命令であって、われわれがその命令を引き出せるのは、究極的なものの概念とともにある洞察からだけです。このような洞察に基づいてこそ、われわれは確かなものを打ち立てることができるのです。だから少なくとも、私が持ち出した視点は今でも強制力を持つものとして、一定の妥当性があると思うのです。[*8]

形而上学の成立が困難な時代において、なお形而上学（普遍的なものの探求）を諦めないこと。普遍的な規範（〜すべし）をわれわれは今もなお必要としていること。そしてそれに基づいた政治的実践が行われなければならないこと。これがヨナスの主張であった。全体主義の悲劇を経たのちでもなお、むしろそれを経たからこそ、われわれは破局的な終末を回避するために新たな倫理を必要としているのだ。

この発言に対して、アーレントは短く「その点には同意します」とだけ答えて、二人の対話は終わっている。

科学技術をめぐる対話

実は、アーレントもまた当時の科学技術の発展に対して強い疑問と危惧の念を抱いていた。たとえば、『人間の条件』のプロローグは、一九五七年に打ち上げられた人工衛星スプートニクの話題から始まっている。当時熱狂をもって受け止められていたこのニュースに対して、アーレントは強い警戒を示していた。この出来事は、人間が地球から脱出しようとする願望を示しているとアーレントは見る。「人類はもはや永遠に地球に縛りつけられているわけではない」というわけだ。[*9]

現代の科学者たちは、人間の生を条件づけてきた最人の要素である「地球」から人間を引き剝がそうとすることに熱中している。その試みは、「人間の条件」を根本的に変えてしまうことに繋がるだろう。これは人間にとって相当に危険な事態を意味しているはずだ、とアーレントは直感していた。科学技術の進歩によって、「人間の条件」そのものが改変され、人間の生のあり方そのものが改変されつつあることに彼女は強い危惧を示している。

さらにアーレントは、新たな生命を人工的に造り出そうとする科学技術の試みにも言及している。これはいわば、人間が神＝創造主（クリエイター）の力を手に入れようとしているに等しい。この点においてもやはり、人間は科学技術によって「人間の条件」から離脱しようと試みようとしているのだと彼女は考えていた。

> そして私たちは、遠くない将来に、生命の奇蹟を創造し、再創造するという、以前には自然の最も偉大で最も深く最も聖なる秘密と見られていた事柄を実現できるだろうと期待している。私は「創造する（クリエイト）」という言葉をわざと使っている。それは、私たちが実際に行っていることが、かつていつの時代でも神だけが行うことのできる特権と考えられていたものであることを示すためである。[*10]

さらに、一九五〇年代半ばに『人間の条件』と並行して執筆していた『政治とは何か／政治入門』（生前未発表）の草稿では、アーレントは紙幅を割いて原子力技術の問題に言及している。原子力技術の出現によってなにか決定的な変化が起こってしまった、と彼女は感じていた。核爆発のもとでは「自然の過程が生じているのではなく、この地上の自然では出現しないものが、世界の創造と破壊のために、この地上に向けられていく」現象が生じている。[*11] そして、アーレントは核兵器の発明と全体主義の出現を結びつけて次のように主張する。

今日言われているように、この〔核兵器による〕全面戦争の遂行は、周知のように、全体主義的支配形態のなかに起源があり、全面戦争はこれと事実、不可避的に結びついているのである。絶滅戦争は、全体主義体制にふさわしい唯一の戦争である。[*12]

ともに全体主義（ナチズム）の経験から出発したアーレントとヨナスが、イスラエル建国やアイヒマン裁判をめぐる意見対立を経ながらも、戦後アメリカにおいてともに当時の科学技術に対して深い関心を寄せていたという事実は注目に値する。とはいっても、科学技術に対する関心は当時の哲学者・思想家にとって決して珍しいものではなく、二人のかつての師であったハイデガーもヤスパースも、またアーレントの最初の夫であったギュンター・アンダースも、戦後、科学技術をめぐる哲学的思索を展開していた。[*13]とりわけ彼らの関心の中心にあったのは原子力の問題であった。アーレントもヨナスもそれらの議論から影響を受け、それを批判的に引き継ぎつつ、それぞれの思想・哲学に基づいた科学技術論を展開しようとしていたのだと言えよう。[*14]

この問題について、アーレントはあくまで究極的・普遍的なものに依拠せず、地上に生きる人々の対話・議論（＝活動）に基づいて、科学技術開発に対する判断を下すべきだという主張を行っている。

問題は、ただ私たちが自分の新しい科学的・技術的知識を、この方向に用いることを望むかどうかということであるが、これは科学的手段によっては決めることはできない。それは第一級の政治的問題であり、したがって職業的科学者や職業的政治屋の決定に委ねることはできない。[*15]

新たな科学技術をどのように用いるかという判断は、科学的手段によって、あるいは専門的な知識によって決定することはできない。その判断はあくまで、複数的な人々の「活動」によって導かれるものでなければならない。科学者のしていることに対して判断を下すべきなのは「素人・門外漢の人々や人文主義者（ヒューマニスト）」である。そこに「科学者としての科学者」が専門的見地から口を挟んではならない。もちろん科学者もその話し合い（活動）に参加することはできるし、そうすべきなのだが、その際には科学者はあくまで「市民」として参加するのであって、専門家としての立場からではない。

ここで提起される問いは、科学者としての科学者にとっては意味をなさないものであろう。そのことに疑問の余地はない。この問いによって試されるのは素人・門外漢の人々や人文主義者であって、彼／彼女らこそが科学者のしていることに対して判断を下すのである。なぜなら科学者のしていることはすべての人に関わるものであるからだ。そしてこの話し合いには、もちろん科学者自身も参加しなければならない。ただし、それは科学者たちが市民として参加する限りにおいてであるが。[*16]

もし科学者が専門家としての立場からその話し合いに参加し、専門知識を持ち出して「これが最も正しい結論なのだ」「専門知識のない素人が科学問題に口を挟むな」といった態度をとれば、それはアーレントが理想とする「活動」ではなくなってしまう。彼女の提唱する「活動」は、複数的な「意見（オピニオン）」に基づくものでなければならず、絶対的な「真理（トゥルース）」に基づくものではない。絶対的・普遍的な「真理」は、それに対する異論を許さず、複数的な「意見」を受け入れない点で、「活動」とは相容れないものである。

「真理」が哲学の領域に属するのに対して、「意見」は政治の領域に属する。アーレントはこの二つの領域を明確に区別すべきことを繰り返し主張した。この点からしても、「究極的なもの」に基づいた普遍的な哲学・倫理の構築を目指すべきとするヨナスの主張は、アーレントにとって受け入れがたいものであったに違いない。

究極的・普遍的な「真理」に依拠せず、人々の複数的な「意見」をぶつけあうことこそが「政治」あるいは「公共性」の実現である、この方針においてアーレントは一貫している。もちろんヨナスも市民の対話が重要であることを決して否定しはしないだろう。ただし、その話し合いから導かれる結論が、今生きている人間だけでなく、これから生まれてくる人々（未来の他者）とも合意できるものでなければならず、また人間のみならず人間以外の生物をも保護するものでなければならない、というのがヨナスの考えであった。そのためには、われわれは普遍的な概念（究極的なもの）を手放してはならず、また形而上学的・倫理的な問いへの探求をやめてもならない。

二人の対話が示唆しているのは、このような両者の思想の対立である。

見ることと聞くこと

もう一つ、これもアーレントの死後に編纂・出版された『精神の生活』のなかで、ヨナスの哲学に対して言及している貴重な事例があるので紹介しておこう。それは『精神の生活』の第一部「思考」篇の第一章第一三節「比喩と言い表しえないもの」における言及である。この節では、もともとある学術雑誌でヨナスの「有機体の哲学」が特集された際に、アーレントがそこに寄稿した論考がほぼそのまま収録されている[*17]。この論考のなかでアーレントが言及しているのは、ヨナスの「視覚の高貴さ――感覚の現象学の試み」という論文である（『生命の哲学』所収）。

この論文のなかでヨナスは「ギリシア哲学の時代以来、目が感覚のなかで最も優れたものと賞賛されてきた」ことの意味を論じている。ヨナスが人間感覚のなかで視覚を重視するのは、それが図像能力（Bild-Leistung）、すなわち図像（イメージ）を描く能力、と密接に結びついているからである。第5章ヨナス篇で述べられたように、ヨナスは人間が自由に像を描く能力を持つところにこそ、動植物とは異なる人間の特徴を見出していたのだった。詳しい理路は割愛するが、ヨナスは（1）描出の共時性、（2）力学の中立化、（3）空間的・精神的意味での距離、という三つのポイントから、視覚が聴覚や触覚に比べて優れた能力を持つことを論じている。

これに対して、アーレントもまた、古代ギリシア哲学以来、思考が「見る」こととの関わりで捉えられてきたことを認め、視覚が「知覚一般のモデルであろうとし、それゆえに、他の感覚の尺度と見なされることになってきた」ことに同意する。しかし、「それでもなお、ハンス・ヨナスのように『精神が視覚の指示するところに行ってしまった』というのは、まるまる正しいというわけではない」[*18]とアーレントは但し書きをつける。とりわけ、「意志についての理論家たちが使っている比喩には視覚の領域から取ってきたものはほとんどない」と。

興味深いことに、続けてアーレントが指摘するのは、ユダヤ教の伝統においては神の声を「聞く」ことこそが重要なメタファーになっていたということである。ユダヤの民は神の声に耳を傾け、その教えに違わぬように生きることを掟としてきた。ヨナスもまた「ヘブライ人の真理が聞かれることとギリシア人の真理を見ることとの区別」には気づいているのだが、結局、前者を後者のための単なる準備として作り変えてしまっている。[*19] はっきりとは書いていないが、アーレントはここで、ユダヤ教への信仰を持ち続けてきたヨナスが「聞く」ことと「思考」の繋がりを見逃しているのではないか、と問いかけているようにも見える。

もう一つ、「聞く」ことが哲学と結びついた重要な事例がある。それが、ハイデガー哲学における「呼び声」である。[*20] ハイデガーは、現存在としての人間が「良心の呼び声」によって世間への頽落から呼び起こされ、それによって本来性への道筋が開かれうることを論じていた（『存在と時間』）。ヨナスも間違いなくそのことを知っていたはずなのに、ここでもヨナスは聴覚と哲学の結びつきを看過しているのではないか。

そしてわれわれがここで想起すべきは、ヨナスが『責任という原理』のなかで、か弱き子どもを目の前にした大人が無条件にその子を保護する責任を感じることを「呼び声」の比喩を用いて論じていたということである（本章ヨナス篇参照）。そうであるとすれば、ヨナスは視覚（見ること）を人間の感覚のうちで最も高貴なものとしながら、他方で、自身の倫理学の根幹となる部分において、むしろ聴覚（聞くこと）をその原理に据えているのではあるまいか。そしてヨナスはそのことに無自覚なのではあるまいか。もちろん、『責任という原理』が出版されるのはアーレントの死後のことなので、ここで彼女が直接的にそう書いているわけではないのだが、今日の読者であるわれわれからすれば、当然このように問いを進めたくなる。

このことに関連してアーレントは「言い表しえないもの the ineffable」にも言及している。第一二節「言語と比喩」での記述によれば、「精神活動はそれ自体では目に見えないものだし、また見えないものに関わるものなのだが、これがあらわになるのは言語を通してのみのことである。現象世界のなかで現象するものが自分を示したいという衝動を持つように、思考するものも、現実の世界から精神としては引きこもったのちにもなお現象世界に属しているのだから、そのままでは現象世界の部分とはならないであろうようなものを言い表して示そうという衝動を持っている」[*21]。

しかし通常のロゴス的な言語では「言い表しえないもの」もある。それを特殊なやり方で表現しようとするのが比喩（メタファー）である。「どの比喩も『類似していないもののなかに直観的に類似性を知覚する』という発見を行い、それゆえにアリストテレスによれば、比喩は『天賦の才のしるし』であり、『格段に偉大なものである』[*22]」。それによって「比喩は、一見不可能のように見える純粋の他の類への移行、すなわち、思考という実存的状態から諸現象のなかの一現象にすぎないという別の状態へと〈移す metapherein〉作業を成し遂げる」[*23]。こうして比喩は「見えるものと見えないもの、現象の世界と思考する自我との間の深淵に橋をかける」[*24]ことができる。

そのうえで、「もし導きとなる比喩が視覚ではなくて聴覚〔…〕によるものだとすれば、真理がどうなるかについては、ユダヤの伝承から知っている」はずである。すなわち、「ユダヤの神は聞こえても見ることはできず、したがって、真理は不可視なものとなる。『汝は天上にせよ地上にせよ、あるものの像にせよ比喩にせよ、そういうものを創ってはならぬ』。ユダヤ教において真理が不可視であるのは、ギリシア哲学において真理が言い表しえないものであるのと同じく、原理的に自明なことである[*25]」。

よく知られるように、ユダヤ教では偶像崇拝が禁じられている。どのような形においてであれ、人間が神を表現＝表象することが禁じられる。それゆえに、ユダヤの神は不可視なもの（目では見えないもの）である。ユダヤの真理はただ神の声を聞くこと、すなわち聴覚を通じてのみ、思考可能なものとなる。これに対して、古代ギリシア哲学においても真理は不可視なもの（イデア）とされていたのだが、そこではあくまで思考のモデルが視覚（見ること）に置かれており——古代ギリシア哲学における観照（テオリア）は

「見る」を意味するテオレインに由来する言葉であった――、不可視な真理をロゴス（言葉・論理）によって何とか捉えようとする試みがなされてきた。

他方でユダヤ教では、真理はただ受動的に受け取るもの（聞くもの）とされる。このことは、ヨナス自身が「視覚の高貴さ」論文のなかで視覚の能動性と聴覚の受動性を対比させて論じていることとも符合している。すなわち、「聞いているときには、聞き手はなにかの物ないしは人の思いのままになっている」[*26]。そして、「この理由のゆえにドイツ語では、聞く hören という語から、服従する、捕らわれている、属している gehörchen, hörig, gehören という自由でない状態を示す一群の語が生まれたのであろう」とアーレントは推察する。つまり、聴覚（聞くこと）をモデルに据えた思考は、絶対的な真理（あるいは神）に服従・従属する姿勢を生みやすい、と彼女はユダヤ教を念頭に置きながら考えている。

そして、そうであるとすれば、このことは生涯ユダヤ教に対する篤い信仰を持ち続け、その発想の根底にユダヤ教的思想を置いていたヨナスの哲学にも当てはまることになるのではないか。これもまた、アーレントが直接そのように書いているわけではないが、アーレントとヨナス双方の生涯と思想を読み比べてきたわれわれとしては、どうしてもそのように問いたくなる。前節までに論じた「究極的なもの」の問題とあわせて考えれば次のようになるだろう。すなわち、「究極的なもの」を思考の基底に据えるヨナスの哲学は、同時にその「究極的なもの」の呼び声を「聞く」という受動的な態度を導きやすいのではないか。ヨナス自身は「視覚の高貴さ」を主張しているにもかかわらず、実は彼の哲学はその根底にユダヤ教的発想を持っており、その思想に適合的なのはむしろ聴覚モデルの方なのではあるまいか。ここでも先のシンポジウムと同じ批判が含意されているように思われる。

念のために断っておけば、ここでアーレント自身がヨナスの哲学を「ユダヤ的」なものとして直接に批判しているわけではない。あくまで、問題となっているのは思考のモデルを視覚と聴覚のどちらに据えるかという問いであり、それぞれの思考モデルにどのような特徴があるかという問いである。その際に、アーレントは視覚モデルをギリシア哲学に、聴覚モデルをユダヤ教に対応させたうえで、ヨナスが後者のモデルを軽視しているのではないかと問いかけていた、ということである。

残念ながら、この問いかけに対するヨナスの直接的な反応は残されていないが、アーレントのヨナスに対する数少ない直接的言及として、また両者の思想を対比的に表すテクストとして、注目に値する考察であろう。思考の視覚モデル（ギリシア哲学的）と聴覚モデル（ユダヤ教的）という対比は、アーレントの著作のなかでこの箇所以外には見られないものであり、こうした彼女の例外的考察を触発するところに、ヨナスからアーレントへの思想的影響があったと見ておくことができる。

またこれらの数少ないアーレントのヨナスへの言及から、超越的なもの（究極的なもの）を前提としながら生命の哲学を展開したヨナスと、超越的なものを前提とせずに人間の内在的な営みから政治思想を展開したアーレントという対比を（いささか図式的ではあるが）描き出しておくことができるだろう。

ヨナス

七二〜九〇歳

一九七五年、アーレントは死去した。その報せがヨナスにとってどれほど大きな喪失感をもたらしたか、想像に難くない。彼にとってそれは一つの時代の終わりだった。彼と並んで時代を生きてきた、自分自身の鏡のような存在を、彼は失ってしまった。一方で、ヨナスはその名を一躍世界に広める代表作を公刊する。それが、一九七九年に発表された『責任という原理』であり、それによってヨナスは現代思想における白らの地位を確固たるものとする。本章では、アーレントの死に対するヨナスの反応と、『責任という原理』に代表される倫理思想の全体像、そしてそこに透けて見えるアーレントからの影響を検討し、ヨナスの最晩年の思索を追跡していこう。

「世界はずっと冷たくなってしまった」

一九七五年一二月、ニューヨークのリヴァーサイド記念礼拝堂で行われたアーレントの葬儀において、ヨナスは弔辞を読み上げている。そこで彼は、彼女との個人的な出会いや思い出を語り、彼女がこの世界に残したものの大きさを讃えながら、彼だけが知る彼女の素顔を描き出そうとしている。以下はその全文である。

弔辞

ハンナ・アーレントへの賛辞

一九七五年一二月八日　ニューヨーク　リヴァーサイド記念礼拝堂における葬儀にて

ハンナ・アーレントのいない世界を想像するのは簡単ではありません。彼女は、私に生涯を思い出させる存在であるからです。彼女がこの世界に存在したことで、これまで誰も経験したことがなかったような変化がもたらされました。彼女は疾風のように駆け抜けていきました。彼女は社交の天才でもあり、だからこそ、たくさんの人々が、今や自分の生活が途方もなく貧しくなってしまったと感じています。

一九二四年に一八歳の彼女が哲学科の一年生として現れて以来、私は彼女と五〇年来の親友でした。当時、私たちの周りには、マルティン・ハイデガーの磁力に引き寄せられ、ドイツ中からマールブルク大学に集まってきた若者がいました。彼女は内気で、引っ込み思案だったけれども、はっと目を惹くところがあって、可憐で、孤独な眼をしていました。彼女は、決して定義されえないという意味で、「型破りな者」として、「ユニークな者」として、すぐに頭角を現していきました。そこでは知性の輝きは決して珍しいものではありません。しかし、そこにはよりよきものへ向かう激しさが、胎動が、衝動がありました。本質の探索が、深淵の追究がありました。それらが彼女に魔法をかけていたのです。自分自身であろうとする絶対的な決意が感じられ、あまりの傷つきやすさに直面しながらも、その決意を維持するだけの不屈の精神を持っていました。彼女の教師も同じように感じていました。最初の教師であるハイデガーとそのあとの教師であるヤスパースは、ただの教師から、人生の長い友人になりました。

私が彼女と知りあってすぐの頃、彼女はいつも政治には疎く、政治の舞台の低俗さを軽蔑して、精神的で高尚な生き方をしていました。もっとも、それは当時のドイツの若手哲学者にも同様に言えることです。しかし、それはナチズムの台頭によって変わってしまいました。急進派や、つまらない小物たちによる迫害が彼女を――彼女自身だけではなく、彼女の周囲の人々までをも――包囲していきました。道徳的な憤慨が彼女を武装させました。あまりにも強烈な苦悩が彼女を活動的な生活へと誘いました。彼女は、支離滅裂なあの時代のどんな状況にも対応できる、卓越した実践のセンスを発揮し、それに対して誰もが驚いていました。そしてまた、その後の思想のなかで常に示されてきたように、彼女は恐れを知らない者そのものでした。

パリにおける亡命の歳月に――それもフランスの陥落とともに終わりを迎えますが――彼女の理論的な関心もまた政治的な展開を遂げたことは、間違いありません。もしも彼女がこの大陸〔アメリカ〕にやってこなかったなら、彼女はどうなっていたでしょうか。それは誰にもわかりません。

彼女の政治的な思考を決定的に輪郭づけたのはこの地での共和制の経験でした。共和制は、ヨーロッパの暴政と破局の焔のなかで鍛えられ、そして古典思想による彼女の基礎づけによって、最後まで支持されています。アメリカは、右翼か左翼かという硬直化した二者択一から逃れる方法を彼女に教えました――彼女はその二者択一から逃れてきたのです。そして共和制の理念は、自由を実現するチャンスとして、たとえ暗黒の日々においても彼女にとって大切なものであり続けました。

〔亡命という〕負債を背負ったことによって、それよりもよい何か手に入れた亡命者など、誰一人として存在しません。ここはハンナ・アーレントの業績を評価する場ではありませんが、しかし、私は次のように言うことができます。『全体主義の起源』によって、彼女は文字どおりにブレイクしました。それ以降、彼女は政治思想における言論の水準を押し上げ、自らの概念整理の基準を知的コミュニティに課していきました。〔彼女への〕異論や、反駁自身でさえも、彼女によって設定された〔議論の〕高度さのために、彼女についていかなければならず、またそこで彼女と戦わなければなりませんでした。

そしてこうした高度さは深さによって支えられていました。すなわちそれは、人間的な洞察と情感の深さであり、それは彼女によって語られるすべてのことに実体を与え、それを単なる脚光から守るものだったのです。彼女はオリジナリティを得ようとして努力していたのではありません。彼女自身がオリジナル以外の何ものでもなかったのです。彼女が見たあとでは、物事は違って見えました。思考することは彼女の情熱であり、彼女とともに思考することは道徳的な活動でした。彼女は峻烈なまでに道徳的でしたが、しかしいささかも独善的ではありませんでした。彼女が語らなければならないことは何であっても重要でしたし、しばしば挑発的で、場合によっては間違っていることもありましたが、しかし些細なことなど一つもなく、取るに足らないことなど一つもなく、そして忘れ去れるものなど一つもありませんでした。彼女の誤りでさえも、貧しい心の持ち主たちの正しさなどよりもはるかに重要なものでした。

もちろん、彼女は正しくあることを好んでいたし、場合によってはまさに恐ろしいほど論争的であったかもしれません。しかし、彼女は、今日において私たちが「真理」を所有しうるということをまったく信じていませんでした――私にそう打ち明けてくれました。むしろ彼女が信じていたのは、現在の条件が私たちに引き起こす事柄に直面しながら、休むことなく、どんなときでも時代に制約された仕方で、〔「真理」を所有することを〕試み続ける、ということでした。真理について思考し続けるということこそが、思考すること自身の報酬なのです。なぜなら、私たちはそれ以前よりもよりよく理解できることになるからです。私たちは〔思考によって〕さらなる光を得るでしょうが、それでも、やはり「真理」を得ることはないでしょう。思考が進展する過程であらゆる主張は再び融解してしまいます。それでも、人間の苦境に対する安っぽい決まり文句では、群衆を動かすことなどできない――彼女は、それを保証するような、探究と議論のスタイルを用意したのです。彼女がその実例として記憶されている限り、このことが変わることはありません。

彼女はどんな人との親交も大切に温めていました。しかし、最後に、私が親友として彼女に語り掛けることでこの弔辞を終えることを許して下さい。

ハンナ、去年僕たちはこの五〇年間を祝ったね。僕たちはその歳月がどんな風に始まったかを語りあった。ブルトマンが開講していた新約聖書のゼミで、僕たち二人だけがユダヤ人だった。僕たちは、月日が進むにつれて僕たちのその歳月がどんな風に歩んでいったかを語りあった。僕たちは、別々の場所に長く引き裂かれ、世論が嵐に曝されたように崩壊していく世界を、切り抜けてきた。重要なことは何で、そうではないことは何なのか、本当に価値があることは何なのか、恐怖すべきことは何なのか、軽蔑すべきことは何なのか、そういうことに対して僕たちは同じ気持ちを抱いていた。それだけはいつも確かだったね。

ここには、一人の親友として君を讃えて歌うことができる人々が、こんなにも沢山いるんだよ。一度でも君との間で真摯に交わされた絆は、そのどれもが、生涯にわたって続くものだった。ここにいる誰もがそれを公言している。君は信念を抱き続けていた。君はどんなときでも信念のもとにいた。君なしでは、僕たちはみんなずっと貧しくなってしまう。君の温かさがなくなって、世界はずっと冷たくなってしまったんだ。君はあまりにも早く僕たちのもとから去ってしまった。でも、僕たちは君とともに信念を抱き続けてみる。そう約束するよ。[*27]

晩年のアーレントからの影響

アーレントの死後間もなく、ヨナスはアーレントの思想史的な位置づけを評価する論文「行為、知識、思考――ハンナ・アーレントの落穂ひろい」[*28]を発表する。この論文は、アーレントの「特に哲学的な部分」に焦点を当て、その思想の全体像と主要概念を総括しようとするものである。もっとも、大部分がアーレントの哲学を要約的に解説するものであるため、この論文がその後のアーレント研究で言及されることは多くない。しかし、アーレントの思想がヨナスにどのような影響を与えたのかを考えるとき、この論文からはさまざまな示唆を読み取ることができる。

まず注目に値するのは、ヨナスが「出生」概念を非常に高く評価している、ということだ。第3章アーレント篇で述べられたとおり、「出生」はアーレントの『人間の条件』という本のなかで用いられた概念である。ヨナスは同概念について次のように述べている。

「出生」によってハンナ・アーレントは、新しい言葉を鋳造しただけでなく、人間をめぐる哲学の議論のなかに新しいカテゴリーを導入したのだ。「可死性」は常に反省的な精神を支配してきたし、そして死を忘れるなという死をめぐる思索が、宗教および哲学の思想の中心から離れたことはなかった。しかしその反対に、私たちすべてが誕生し、新参者として世界にやってきたという事実は、私たちの存在をめぐる昔からの反省のなかで、奇妙なほどに無視されてきた。彼女は、「可死性」ではなく「出生」こそが、形而上学的な思想から区別されるものとしての政治的な思想の中心的なカテゴリーでありうる、と宣言する。そのとき、彼女は非常に意識的に新しいことを語っているのである。*29

ここに示されているとおり、ヨナスにとってアーレントの残した哲学的な遺産は「出生」という概念を提起したことに集約される。ヨナスによれば「出生」は、伝統的な哲学において忘れ去られていた、人間の誕生をめぐる問題を呼び起こす概念だった。伝統的な哲学は、人間がこの世界に新しいものとして誕生するという事実に対して、あまりにも無関心であり、同時にそれをネガティヴにしか評価してこなかった。この偏見を覆し、人間の誕生を基軸としながら首尾一貫した「哲学的人間学」を描き出した点に、ヨナスにとってのアーレントの思想史的なインパクトがあった。

後述するように、ヨナスはこののち、著作のなかでアーレントの出生概念に積極的に言及し、それを自らの倫理思想へと有機的に組み込んでいく。しかし、この論文以前に、ヨナスの文献に出生概念が登場することはない。したがってヨナスは、彼女の死を契機として、いわば彼女の意志を継承するようにして、出生概念を受容していくことになるのだ。そうした思想史的な連関を浮き彫りにする点に、この論文の重要性がある。

一方、この論文のなかでヨナスはアーレントと交わした個人的な会話をいくつか紹介している。そのなかの一つに次のようなものがある。一九七三年にアーレントはギルフォード講義を行い、そこで「精神の生活」を主題にした。『人間の条件』において「活動的生活」を主題とし、政治思想を中心に業績を重ねてきたアーレントにとって、その講演テーマはいわば大きく方向を転換する内容だった。そうした方向転換をめぐって、ヨナスによれば、ある日二人は次のように語りあったという。

互いの〔友情の〕年譜におけるある記念日に、私たちは哲学について次のように語りあった。私たちは同じような境遇にいるのだからほぼ連帯して次のように宣言しよう。すなわち、今こそ究極的なテーマに取り組むべきときであり、私たちにはその自信があり、そのための長い準備が整い、そして成功、失敗、称賛、非難をもはや気にかけることもない、ということだ。そしてその究極的なテーマとは、私たちがともに若かりし頃、退きどころをわきまえず突っ走りながら哲学の道に足を踏み入れたとき、ぼんやりと頭のなかにあったものである。[*30]

この「ある記念日」は、推測にすぎないが、弔辞においてヨナスが言及していた「五〇年」記念、すなわち一九七四年の可能性である可能性が高い。皮肉にもその翌年にアーレントは死去してしまう。この会話からは、晩年のアーレントの大胆な方向転換はヨナスにも大きな刺激を与え、彼に「究極的なテーマ」に取り組むことを促した、という影響関係を読み取ることは不可能ではないだろう。互いにもはや老齢に差しかかり、世間的な業績も固まってきたからこそ、あえて自由に、後先を考えずに、大胆に自分の思想を打ち出してもいいのではないか。アーレントとの対話のなかでヨナスはそう確信したのかもしれない。そして実際、ヨナスの哲学はこののちに大きな飛躍を遂げ、大胆に自らの思想の新機軸を打ち出していくのである。

科学技術文明への問い

第5章ヨナス篇で述べられたとおり、『生命の哲学』で好評を博したヨナスは、生命倫理の研究機関であるヘイスティング・センターの研究員に着任し、次第に生命に対する存在論的な研究から、生命を技術的に操作しようとする現代社会の趨勢について、そしてそうしたテクノロジーに対する新しい倫理学の必要性へと、関心が移っていった。ただし、そうした倫理学を構想するためには、当然のことながら、その前提としてテクノロジーそのものに対する深い理解が必要になる。

そもそもテクノロジーとは何だろうか。それが危険であるとして、その危険性の本質はどこにあるのだろうか。ヨノスは、個々の機械や技術の危険性を訴えるのではなく、それらの根底にあるもの、いわばテクノロジーの本質に潜む危険性を探究した。もっともそれはまったく未開拓の領野であったわけではない。ヨナスにとって、同様の観点からテクノロジーを考察の主題に据えた同時代の哲学者に、ギュンター・アンダースがいた。第1章アーレント篇で述べられたとおり、アンダースはアーレントの最初の結婚相手であり、またヨナスにとってはアーレントと同様に学生時代からの親友だった。そして何より、アンダースは主著『時代遅れの人間』（第一巻：一九五六年）においてテクノロジーの本質に迫る思想を展開し、その危険性を分析していた。ヨナスにとってアンダースは無視することのできない先行研究を残した哲学者であり、同時に乗り越えるべきライバルでもあった。

アンダースの思想において、テクノロジーの危機の本質をなしているのは何よりもまず核兵器である。彼は、第二次世界大戦中に原子爆弾が投下されると、その圧倒的な破壊力と、それに対してあまりにも貧弱な人間の想像力に衝撃を受け、もはや想像することさえできない巨大な破壊力を人間に与えている、という点に、今日のテクノロジーの本質的な脅威を洞察した。これに対してヨナスはまったく異なる側面にテクノロジーの脅威を洞察する。ヨナスは『認識と責任』（一九九一年）において、テクノロジーに対する自らの考え方をアンダースと対比させ、次のように述べている。

私はギュンター・アンダースを学生時代にギュンター・シュテルンとして知り、仲良くなり、それ以降も親交を持っていた。彼は原子爆弾に衝撃を受け、そしてここに存する破局的な脅威が彼自身の哲学的営為の転回点だった。そのときから、彼はこうしたテーマに専念し、心を奪われてしまったのである。私にとっては、原子爆弾による破局的な脅威は、それほどまでに心を揺さぶられるものではまったくなかった。[*31]

テクノロジーに関して私を驚愕させたのは、原子力ではなく、あまりにも普通で、平和的で、利潤・享楽・快適・生活の美化・負担の軽減へと方向づけられた技術の使用が、誰からも意図されていないにもかかわらず、しかし不可避であるような副作用によって、明らかにするような事態だった。[*32]

アンダースにとってテクノロジーがもたらす破局は、直接的な破壊力によって人類が死滅する、という事態である。しかしそれはヨナスにとって「それほどまでに心を揺さぶられるものではまったくなかった」。なぜなら、少なくともそれが恐ろしいものであることは明らかであり、私たちが常にその事実を意識し、その兵器を使いさえしなければ、人類の絶滅は引き起こされないからだ。もちろんそれは核戦争に対して楽観視することを許すものではない。しかし、少なくとも、そこに脅威があることが知られている時点で、その脅威は最も恐るべきものではない。これに対してヨナスが危険視するのは「あまりにも普通で、平和的で、利潤・享楽・快適・生活の美化・負担の軽減へと方向づけられた技術の使用」であり、言い換えるなら、脅威であることがまだ知られていないテクノロジーなのである。

環境破壊の問題において顕著であるように、テクノロジーの影響は次々と連鎖反応し、長い時間をかけて巨大化することで、未来において初めてその副作用が顕在化する。そのうえ、多くの場合、そうした脅威が顕在化したときにはすでにその脅威に対応することができなくなっている。ヨナスは、そうした認知不能な「副作用」を伴うテクノロジーを、「原子爆弾」に対して「時限爆弾」と表現している。「時限爆弾は、私たちが、西洋の技術文明の一員として行動する様式で、またそこで私たち全員が協働するようにして、単に生活を送っている間に、時針を進めていく[*33]」。すでに脅威であることが自明な原子爆弾には対処することができる。しかし、脅威であることが誰にも知られていない時限爆弾には対処することができない。そしてその時限爆弾は、私たちが何でもないと思っているちょっとした行為によって、たとえば車に乗るといった行為によってさえ、「時針」を進めていくのである。ヨナスはここにテクノロジーの危険性の本質を洞察するのだ。

「未来への責任」という難問

『技術、医療、倫理』(一九八七年)において、前述のように「時限爆弾」として理解されるテクノロジーの脅威について、ヨナスはさらに次のように述べている。

> 私たちは今や次のことを付け加えなければならない。今日において、技術的な能力のすべての使用は、社会によって（ここではもはや個人は数のうちには入らない）、より「巨大なもの」へと成長していく傾向を持つ。〔中略〕技術の集積的な影響は、場合によっては、無数の未来の世代にまで及んでいく。私たちが、今、ここで行うことによって、そしてたいていの場合のように自分自身のための展望によって、私たちは、ここではないどこかで、未来において、莫大な数の生命に容赦なく悪影響を及ぼしてしまう。その際、そうした生命たちには声を発することができない。私たちは、現在の刹那的な利益と必要のために、未来の生命を担保にしているのであり、そしてたいていの場合には自動的に生産されていく必要のために、その被害を受けるものを担保にしているのである。[*34]

ヨナスが指摘するとおり、テクノロジーの脅威に最も無防備にさらされるのは、現在の世代ではなく、未来の世代である。そして、こうした脅威に対抗するために求められる倫理学とは、その脅威から未来世代を守るもの、すなわち未来世代への責任を基礎づける思想でなくてはならない。では未来への責任とは具体的にどのような問題圏なのだろうか。そこではテクノロジーのどのような側面が問われることになるのだろうか。

たとえば遺伝子工学について考えてみよう。生殖細胞に対して遺伝子の改変を行うと、生まれてくる子どもは、改変された遺伝子を生涯にわたって保持し続けることになる。それだけでなく、さらにその子どもから生まれてくる子どももまた、そうした遺伝子改変の影響を受けることになる。たとえば現在においてある親が、これから生まれてくる子どもの遺伝性疾患を予防するために、そうした遺伝子改変を行ったとしよう。その結果として生まれてくる子どもは確かに健康になれる。しかしその改変の結果として、たとえその子どもが健康になるとしても、その子どもの子ども、さらにもっとのちの世代において、現在においてはまったく予見されていなかった深刻な疾病や障害が発現するかもしれない。ここで注目されるべきことは、こうした破局は当事者の誰もが善意に基づいて行動したとしても引き起こされる、ということだ。ヨナスはここに科学技術文明の前代未聞の状況を指摘するのである。

したがって、テクノロジーの行使に際して、未来世代への道徳的な配慮を行わなければならない、と考えることは、当然のように思える。しかしヨナスによればこの責任を倫理学的に基礎づけることは極めて困難である。なぜなら、責任の対象となる未来世代が、現在においてはまだ存在していないからだ。当然のことながら、現在世代は未来世代と会うことも話すこともできない。したがって、未来世代に対して現在世代への要求を確認することはできないし、両者が協議して科学技術に関する合意形成をすることもできない。要するに、現在世代と未来世代は相互的な関係にないのである。これに対して、伝統的な倫理学において、行為の当事者は相互性を有することが常に前提とされてきたし、道徳的な規範は当事者の合意によって基礎づけられる、と考えられるのが当然であった。未来への責任はこの前提を覆してしまうのである。

そうであるとしたら、未来世代への責任はどのようにして基礎づけられるのだろうか。この難問を解決することが、一九七九年に公刊されたヨナスの主著『責任という原理』のテーマである。同書においてヨナスは、合意形成による責任の基礎づけの限界を指摘し、この問題を解決するためには、そもそも人類がこの世界に存在するべきなのか否か、という形而上学的な問いへと遡らなければならない、と主張する。以下では、こうした壮大な射程のもとで繰り広げられる、ヨナスの倫理思想の核心部分を一瞥してみよう。

『責任という原理』

人類はこの世界に存在するべきなのだろうか。この問題を解決するためには、まずそれに先立って、「存在するべき」とは何を意味するのかが明らかにされなければならない。ここで言う「べき」とは一つの道徳的な義務であり、つまり一つの当為である。当為は価値があるものに関係する。したがって、人類が存在するべきか否かは、人類の存在にどのような価値があるのか、という問題と密接に連関する。

しかしこの問題は哲学の大問題に抵触する。すなわちそれは、「存在する」ということと「価値がある」ということがどのように関係するのか、ということだ。近代以降の哲学史において、両者は直接的には関係しない、つまり分離しているということが自明とされてきた。いわゆる存在と価値の分断である。存在するということは、ただそれだけでは、その存在が価値を持つことの理由にはならない。たとえばリンゴが存在するということは、それだけでは、リンゴに存在する価値があるということにはならない。言うまでもなく、存在と価値のこうした分断を前提とするとき、人類がこの世界に存在するべきか否か、という問いそのものが成り立たなくなってしまう。

これに対してヨナスは、むしろそうした存在と価値の分断こそが、科学技術文明を根底において支える存在論に他ならない、と解釈する。なぜなら、そうした存在論において、存在は没価値的なものとして、すなわちそれ自体ではよいものでも悪いものでもないものとして捉えられ、それによって、自然の搾取や環境破壊を罪悪感なしに推し進めることが可能になってしまうからだ。そうである以上、存在と当為の分断を前提にした時点で、すでに科学技術文明の存在論へと巻き込まれていることになるのである。

この存在論は第5章で述べられた「死の存在論」に相当するものである。テクノロジーによる未来世代への脅威は、死の存在論に基づいて引き起こされるのだ。同時にヨナスは、その哲学的生命論のなかで、こうした死の存在論では説明し尽くすことのできない存在を明らかにしていた。それが生命に他ならない。そうである以上、生命は存在と価値の分断にもまた回収されえないものであり、その存在が価値を持つものであるかもしれない。少なくとも可能性としてそのように考えることが許される。

ヨナスはこうした観点から、一つの形而上学的な公理として、生命をそれ自体で善なる存在として解釈する。つまり生命は、ただ存在しているだけで、それ自身で価値を持つ存在なのである。これはあくまでも死の存在論に対するオルタナティヴであり、人類の存続に価値があるということを論証するための、抽象的な前提にすぎない。しかしそれを私たちに直観的に確信させる経験的な事例を挙げることもできる、とヨナスは主張する。その事例こそ、幼い子どもへの責任に他ならない。

生まれたばかりの子ども。その呼吸は、ただそれだけで、周囲に対して反論の余地なく、自分を世話することへの当為を向ける。見ればわかることである。[*35]

ヨナスによれば、「生まれたばかりの子ども」はその「呼吸」によって周囲に対して、その子どもを守らなければならない、という「当為」を喚起する。もちろん、そんな当為が喚起された経験はない、と反論することは可能だろう。しかし、少なくともヨナスは、目の前に幼い子どもがいて、その子を助けることができるのが「私」だけであり、そしてその子の身に差し迫った危機が迫っているとき、「私」はその子を助けなければならない、という当為を喚起されると主張する。この主張の正当性は論理的に基礎づけられたものではない。ただ、私たちはそう感じるものだろう、と経験に訴えかけるものにすぎない。

こうした子どもへの責任が受け入れられるとしたら、その責任はどのように説明されるのだろうか。第一に、それを家族への愛で説明することはできない。なぜなら、人間は自分の家族ではない子どもに対しても責任を感じうるからである。また、合意や契約によってもその責任を説明することはできない。なぜなら、「生まれたばかりの子ども」はまだ言葉を話すことができず、「私」に対して「助けてくれ」と言えるわけではないからだ。

ヨナスによれば、この責任を説明するためには、子どもの存在それ自体が価値を持つ、と考えざるを得ない。そうである以上、こうした責任概念に私たちが説得力を認める限り、私たちは存在概念と価値概念の接続を前提としなければならない。ヨナスはこうした論証によって、人類の存続への責任に対して障壁となる存在と価値の分断を相対化し、合意に基づくことのない、存在に対する責任を説明するための可能性を開くのだ。

前述のとおり、あらゆる生命はその存在に価値を持っている。「生まれたばかりの子ども」はその価値を最も明瞭に示す存在である。子どもは、自分の存続に危機が迫っているとき、周囲に対して自らの価値を表現し、それによって「当為」を喚起させる。つまり、それ自身において価値がある存在は、迫りくる危機に直面したとき、自らの価値を他者に対して表現し、それによって他者に責任を課すのだ。ヨナスはそうした価値の表現を「呼び声」とも呼んでいる。言い換えるなら、責任とは、それ自身に価値のある存在が、つまり生命が、その存在の危機に直面したとき、周囲に対して表現する呼び声に対して耳を傾け、これに応答することに他ならない。

こうした論証によって、ヨナスは合意に基づくのではない責任概念を基礎づけ、それによって未来世代への責任を説明する。すなわち、科学技術文明は人類の存続を脅かすのであり、当然のことながら、未来の人類もまた生命である限り、それ自身で価値を持つ存在である。だからこそ現在世代は未来世代に対して責任を要請されているのである。

『責任という原理』におけるヨナスの倫理思想の大きな特徴は、それが現在世代と未来世代の対称性に立脚するのではなく、非対称的な力関係に基づいて未来世代への道徳的配慮を説明している、という点にある。[36] そして、興味深いことに、ヨナスはこうした自身の倫理思想のなかにアーレントの「出生」概念を巧妙に組み込んでいくのである。

責任と「出生」

『責任という原理』において、未来への責任を基礎づけるヨナスは、その帰結として無条件に科学技術を発展させようとする思想を批判する。そうした思想として挙げられるのが、科学技術の進歩と人類の進歩を同一視し、テクノロジーの発展の先に人類の理想郷が実現されると考える、ユートピア主義である。ヨナスによればそうした思想は、未来世代を危険に晒すテクノロジーまでをも発展させうるだけでなく、未来において初めてユートピアが実現されると考えることによって、現在世代を科学技術の発展のための道具に成り下がらせる。すなわち、こうしたユートピア主義において、達成される未来像はすでに確定されており、あらゆる時代の人間がその未来像の実現のために動員されることになる。

しかしそれは、人間像を画一化させ、それが本来持つはずの多様性の否定を意味する。一方、第5章で述べられたとおり、ヨナスは新しい人間像の構想のうちに人間の自由の本質を洞察していた。その限りにおいて、ユートピア主義は人間の自由の否定を意味している。これに対してヨナスは、こうしたユートピア主義に反駁するために、アーレントの出生概念を次のように援用している。

〔ユートピア主義の人間観は〕特にハンナ・アーレントによって非常に印象深く強調された、次のような人間の行為の固有性を意味するものではありえない。その固有性とは、人間の行為が、そのたびごとに、絶え間なく、繰り返し、新しいものを、まだここになかったものを、期待されていないものを、そしてひとを驚かせるものを、言い換えるなら原理的に予測不能なものをこの世界にもたらす、ということである。この固有性はまさに「期待」を挫折させることを意味するのであって、周知の「目標」にも、秘匿された「目標」にも関わりがなく、私たちがよく知っているように、「望まれていること」と必然的に関係するものでもありえない。この固有性は、自由それ自体から帰結する以外に、「出生」という根本的な事実から端的に帰結する。出生は可死性の対極にあり、この世界に絶え間なくより新しい個人が、つまり新たに始まっていく個人が登場するという事実でもある。この事実は、ユートピアが誕生を抹消しない限りは、たとえユートピアが達成されたとしても存続するし、予測できない仕方で開かれていることによって、またこの事実が未完成であり続けることによって保証されているのである。[*37]

無条件に科学技術を進歩させようとするユートピア主義は、ある特定の未来像へと人間を動員し、それによって人間から複数性を奪い去る。しかし、ヨナスによれば、人間は「出生」することによって「原理的に予測不能なもの」をこの世界にもたらすのであり、ユートピア主義における「期待」や「目標」を「挫折」させることができる。なぜなら人間は誰であっても初めてこの世界に生まれてきたのであり、今まで未来像を語ってきた人間とは違う人間であるからだ。そうである以上、世界は常に「予測できない仕方で開かれている」のであり、その点でユートピア主義の人間観は誤っているのである。

ここでヨナスはアーレントの出生概念に基づいてユートピア主義を批判しているが、しかしそこには不気味な留保が設けられてもいる。すなわち、この世界に新しい人間が出生するのは、「ユートピアが誕生を抹消しない限り」においてのことである、というものだ。当然のことながら、もしもユートピア主義が科学技術によって人間の誕生を否定すれば、つまり人間が子どもを産むことを技術的に不可能にすれば、その未来像を相対化することもまたできなくなるのである。

ヨナスはそうした可能性の一つとして、医療技術の進歩による不老不死の可能性を指摘している。現代の生物医学はいかにして人間の寿命を延長させるかということに関心を払っており、そこでは不老不死が究極の目標になっている。もしも不老不死が技術的に実現されれば人類は自らの可死性を廃絶することができるようになる。ヨナスによればそれは太古から存在していた人類の夢であった。しかし、一方において、前述のとおり出生は「可死性の対極」にある。ヨナスによれば、「死は、アーレントが非常に印象深く記述した、出生の裏側でしかない」[38]のであって、もしも不老不死の技術がすべての人類に適用され、単に死なないことができるというだけではなく、そもそも死ぬことができなくなってしまった場合、地球上の資源が有限であるために、人類は新しい人間の誕生を中止しなければならなくなる。すなわち生殖は禁止されざるを得なくなる。その意味において不老不死の実現は出生の否定を意味するのである。そして、それによって私たちが支払うことになるだろう代償について、ヨナスは次のように述べている。

> 私たちが死を廃止するなら、私たちは生殖をも廃止しなければならない。なぜなら、生殖は死に対する生命の応答であるからだ。そうなれば、私たちは、若者のいない老人の世界だけを有し、今まで一度も存在しなかった人々による驚きが欠落した、すでに知られた人々の世界だけを有することになる

だろう。しかし、おそらく、私たちが死ぬという過酷な定めのうちには、次のような教訓もまたある。すなわち、死ぬということは、永遠に新しくなっていくという約束を私たちに提供しもする、ということだ。その約束は、他者性それ自体の流入とともに、始まりのうちに、直接性のうちに、若者の情熱のうちに、存している。これに代えられるものは、過去の経験の大いなる集積のうちには決して存在しない。過去の経験からは、世界を初めて新しい眼で見るという特権を、再び得ることは決してできない。また、プラトンが哲学の始まりと称した讃嘆を、もう一度体験することも決してできない。大人の知識欲においてはしばしば無視されるような、子どもの好奇心をもう一度体験することも、決してできない。その好奇心は、大人になるまでの間に、磨滅してしまう。常に―また―始まることのうちに存する以上のことは、単調さとルーティンワークのうちに埋没することから人類を守り、生命の潜在性を守るチャンスを人類に与えるような、人類の大きな希望でありえる。そして、この常に―また―始まるということは、常に―また―終わるということの代価でしかない。[*39]

ヨナスによれば、生殖が技術的に否定されるということは、同時に、この世界に新しいものが生まれること自体が否定されることを意味する。それによって「世界を初めて新しい眼で見るという特権」はこの世界から失われ、人類は「単調さとルーティンワークのうちに埋没する」ことになる。

前述のとおり、ヨナスはテクノロジーの脅威を人類の物理的な破滅としてだけ捉えているわけではない。ここで述べられているような、この世界に新しいものがもたらされなくなる、という事態もまた、一つの破局なのである。たとえ、そのとき生きているすべての人間が安心で安全な生活に自足していたのだとしても、その世界に新しい人間が誕生し、そして世界を変革するような出来事が起きないのなら、人類は破滅してしまっているに等しい。こうした批判は、アーレントによって展開された出生概念を基軸とした全体主義への批判と、ある意味でよく似ていると言えるだろう。

「神があなたと一緒に作ろうとした本」

以上のように、ヨナスは『責任という原理』のなかでアーレントの出生概念を積極的に援用し、自らの倫理思想に組み入れている。しかし、それはヨナスとアーレントの思想がよく似たものである、ということを意味するわけではない。むしろ倫理に関する二人の考え方は完全に反対であった。

『責任という原理』が公刊される六年前、一九七三年の夏にヨナスはアーレントに手紙を認め、のちに『責任という原理』として公刊されることになる思想の草稿を送っている。この手紙のなかでヨナスが意見を求めていたのは責任の「対象」をめぐる議論だった。それは、前述のような、生命の傷つきやすさに対する責任、あるいは幼い子どもに対する責任について書かれたものだったに違いない。晩年のヨナス自身による述懐によれば、その後、二人は会合し、アーレントはヨナスの草稿に対して次のような感想を伝えたという。

アーレントは、人間の根本的責任が自然秩序によって生命論的に基礎づけられうるということを、およそ完全に否定した。彼女の観点からすれば、人間の根本的責任とは、ポリスによって、つまり国家的あるいは政治的な共生によって生じるところの、自由に樹立された関係なのであった。彼女は、家族の絆によって担われる私的領域と、政治的共同体によって担われる公的領域を明確に区別したアリストテレスを引き合いに出した。彼女はこの考え方を堅持し、公共の福祉に対する責任というものはその本質において人為的なものであって、また非自然的なものであって、西洋の伝統に従えば「社会契約」に基づくものである、という意見だった。現代の技術が世界規模の危険に至るまでに増大し、われわれ人間は未来に対して責任があるという結論に至ったという点では、私たちの意見は一致した。[*40]

ここには責任概念に対するヨナスとアーレントの見解の違いが明確に示されている。前述のとおり、ヨナスが合意に基づくことのない責任概念として子どもへの責任を構想したのに対し、アーレントは責任概念をあくまでも「社会契約」に基づくもの、すなわち「ポリスによって、つまり国家的あるいは政治的な共生によって生じるところの、自由に樹立された関係」に基づくものとして捉えていた。

こうした反論はアーレント自身のそれまでの思想とも完全に整合する。『人間の条件』において、彼女は人間の活動的生活の領域を公的領域と私的領域とに区分していた。彼女が考える責任概念とはあくまでも公的領域に属するものであり、それに対して子どもへの責任を中心とするヨナスの思想は、それを私的領域へと還元する考え方として捉えられる。しかし、私的領域において、人間は私的利害に囚われて不自由になる。そうである以上、自由が成立しないところでは責任もまた成立しないのだから、子どもへの責任を中心に据えるヨナスの発想はその根本において間違っていることになる。

しかし、ヨナスはこの反論を受け入れることなく、『責任という原理』において自らの思想をあくまでも貫き通す。それは、こうした彼女の反論がヨナスにとって説得的ではなかった、ということを意味する。ヨナスは社会契約をモデルとするアーレントの責任概念を「西洋の伝統」に従った見解であると解釈している。しかし、『責任という原理』が問題としているのは、まさにそうした常識がもはや通用しなくなってしまった現代の科学技術文明に他ならないのであって、アーレントの責任概念に従う限り、この問題に対応することはできない。ヨナスはまさにこの前代未聞の状況に対応した新しい責任概念を構築しようとしているのだ。その意味において、アーレントからの反論に屈しなかったヨナスもまた、あくまでも自らの問題設定と首尾一貫している。

もっとも、このやりとりの際に、アーレントはただヨナスを批判していただけではない。彼女は彼に次のような賛辞をも送っていた。

私たちは遅くまで彼女の家にいて、そしてそこで彼女は、次のような、感謝をするしかない発言をしてくれた。「全体についてあなたと議論する前に、とりあえずこう言わせて。私が確信する限り、これは、神があなたと一緒に作ろうとした本だね。それくらいに雄々しく書かれている」[*41]。

見方を変えれば、こう考えることもできる。ヨナスは事前に草稿を送ることで、自分とアーレントの間に根本的な立場の違いがあることを知っていた。しかし、そうであるにもかかわらず、ヨナスは彼女の出生概念を『責任という原理』のなかに組み込もうとしたのである。常識的に考えてこれはいささか無茶な試みであろう。しかしそれは、ヨナスの責任概念を根本から批判するにもかかわらず、それを「神があなたと一緒に作ろうとした本」と称賛するアーレントの両義的な態度と、似たところがなくもない。ここには、立場の違いを超えて対話し続けることを可能にした、二人の深い信頼関係が示唆されているはずだ。

哲学者であり、同時に、ユダヤ人である

『責任という原理』は哲学書としては珍しいほどの大ベストセラーとなった。同書はその主題の性格から、

いわゆる哲学の研究者だけではなく、環境倫理や生命倫理の領域から注目を集め、文理を超えた研究者によって読まれることになった。また、公共政策に携わる政策立案者からも支持を集め、ヨナスは政党での講演を依頼されている。一九八〇年代になると、『責任という原理』を補完する書物も刊行し、自らの倫理思想の完成を目指した。[*42] 一方、これと並行しながら、第5章で扱った哲学的生命論の再検討も推し進め、特にその神話の思想をアウシュヴィッツの問題と関連づけた講演「アウシュヴィッツ以降の神概念」もまた大きなインパクトを残した。この講演は、一九九二年に公刊された『哲学的探究と形而上学的推測』に収録されており、この著作では哲学的生命論と責任原理の理論的な連関がより体系的に示されている。

ヨナスの思索への意欲は最後まで衰えなかった。いや、それはむしろ、命が尽きていく最後に業火のごとく燃え上がっていった。彼は、語り続けることで、書き続けることで、その痕跡のなかから自分が何者であるかを浮かび上がらせようとしていたかのようであった。

私は何者なのか。何者だったのか。孤独な少年時代を送り、戦乱のなかで家族を失い、イスラエルという新たな故郷にも居場所を見出すことができなかった。しかし、哲学者として大きな成功を収め、世界中から注目される存在にもなった。今では多くの賞を受け、有力な政治家も自分の意見を伺うようになった。私は何者なのか、何者だったのか。ヨナスにとって、それは常に影のようにつきまとう問いだったに違いない。あるインタビューのなかで彼は次のように語っている。

哲学者は、思考するという実際の課題を、しがらみや内なる傲慢から完全に自由になって、遂行しなければなりません。哲学者は孤独に考えることを義務づけられています。方法論的な用語を用いるなら、哲学は「無神論的」でなければなりません。このことは、「神が存在しない」と独断的に主張することを意味するのではなく、信仰する事柄によって、哲学者の見解が形成されることは許されない、ということを意味しています。哲学者であり、同時に、ユダヤ人であるということ。ここにはある明確な緊張が示唆されています。そのことに疑いの余地はまったくありません。*43

哲学者は自分の出自から自由に考察できなければならない。しかし、自分はどうなのだろうか。ユダヤ人として二〇世紀に遭遇した数多の経験から、本当に自由に思考できたと言えるのだろうか。きっと彼には最後までその答えが出せなかったに違いない。それでも彼はあくまでも、自由に思考することを目指していた。彼は常に自分とは異なる者に向けて、まだ生まれていない者に向けて、語っていた。そうした信念を抱いていたからこそ、翻って、自分自身の出自への鋭い反省から逃れられなかったのかもしれない。

一九九三年一月三〇日、ヨナスはイタリアのウッディーネで講演を行っている。そこは、かつて第二次世界大戦中にヨナスがイギリス陸軍として訪れ、ドイツ軍を打倒した地だった。第2章で述べたように、ヨナスは、その地に駐屯している間に、戦時中のイタリア人たちが亡命してきたユダヤ人を非合法に救済したという事実を聞き、感銘を受けていた。ヨナスはこの講演でもその経験について言及し、それがいかに自分にとって大切な思い出であるかを語っている。もしかしたら、人間の理性に対するヨナスの信頼は、その記憶によって支えられていたのかもしれない。

それがヨナスの最後の講演になった。同年二月五日、すなわち講演の六日後、ヨナスはニューロッシェルの自室で死亡した。八九歳だった。彼の遺体は伝統的なユダヤ教の方式で葬られた。

補論

歴史をめぐるアーレントとヨナスの対話

アーレントとヨナスは一九六〇年代に歴史の問題について興味深い議論を交わしている。紙幅の制約から本論では扱うことができなかったが、資料的な価値の高さを鑑みて、以下では補論としてその内容を紹介したい。また、その議論の記録は書簡の形で残されており、刊行物としては発表されていないものの、コンスタンツ大学に所蔵されている哲学文書館（アルキーフ）に資料群の一つとして所蔵されている。本書は全編にわたってこれらの資料群から有益な情報を得ており、これなしに本書は成立しえなかった。そのため、あわせて、当該文書館についても紹介しておきたい。

コンスタンツ大学哲学文書館

ドイツのバーデン・ヴュルテンベルク州に位置するコンスタンツ大学は、アメリカのピッツバーグ大学と提携しながら、独自に二〇世紀の哲学者の資料を収集し、哲学文書館を設立している。そのうち著名な哲学者の資料は「コレクション」としてまとめられており、ハンス・ヨナスはそのコレクションの一つに数えられている。そのほか、オスカー・ベッカー、ルドルフ・カルナップのコレクションも存在する。

ハンス・ヨナスのコレクションについて、公式ＨＰでは次のような解説が設けられている。

コレクションは約四一六個のフォルダで構成され、それぞれのフォルダには約一五〇頁が含まれている。ここには草稿が含まれるほか、ギュンター・アンダース、ハンナ・アーレント、アドルフ・ローヴェ、ゲルショム・ショーレム、ドルフ・シュテルンベルクなどとの書簡、そして私的な文書や特別な印刷物が含まれている。また、ヨナス自身の作品や、彼が寄稿した作品のコピーも存在する。[*44]

ただし、現在のところ、一つ一つの資料は電子化されておらず、オンラインで閲覧することはできない。閲覧するためには、大学に直接足を運んで複写を申請するか、資料を指定してスキャンデータを受領する必要がある。

今回、窓口として対応してくださったコンスタンツ大学のブリギッテ・パラケニングス博士は、本書の構想をご理解いただいたうえで、この膨大なヨナスの資料のなかからアーレントとヨナスの間で交わされた書簡、および本書と関係の深い諸資料を選出してくださった。受領した諸資料のなかからは、これまでの伝記や先行研究では描かれてこなかったような、ときに微笑ましく、ときに緊張感に包まれた、二人の生き生きとした交流が浮かび上がってきた。

二人の素顔の交友関係を伝えているのは、たとえば HJ 3-22-1 とナンバリングされた、一九五九年八月一日にヨナスがアーレントに宛てた資料だ。ヨナスはこのときオーストリアを旅行していて、アーレントの最初の結婚相手であるギュンター・アンダースと会っていた。ヨナスは手紙のなかでその面会の様子を伝えているが、そのほとんどはアンダースへの愚痴である。それに対して、HJ 3-22-3 とナンバリングされた資料は、同じ年の八月二二日にアーレントがヨナスに宛てた返信であり、そこで彼女は「彼〔アンダース〕はただ名声と自己顕示を追い求めているだけなのです」[*45]とさらに愚痴を返している。さらに、同じ年の九月一七日にアーレントからヨナスに送られた書簡では、アンダースの主著『時代遅れの人間』の内容を批判しながら、「これはもうすでに、言葉の本来的な意味において、頭がおかしいことです」[*46]といった、辛辣極まりない言葉を綴っている。

一方で、資料的に興味深いのは、HJ 16-16-45 とナンバリングされた、一九七五年一二月一二日にヨナスがハイデガーに宛てた書簡である。ここでヨナスはハイデガーにアーレントの死去を報告し、彼女が死亡した直後の様子や、その後の葬儀が執り行われた経緯などを、詳細に綴っている。また手紙の末尾にはアーレントがヨナスとハイデガーを仲介しようとしていたことが記されている。この資料は、アーレントの死後の生々しい騒乱の様子を伝えているだけでなく、晩年のヨナスとハイデガーの関係を考えるうえでも、重要な手がかりを提示している。

こうした資料群のなかで、特に注目に値するのが、HJ 1-11-1 とナンバリングされた、一九六九年八月八日にアーレントからヨナスに送られた書簡である。アーレントはこの書簡のなかで、ヨナスから送られてきた草稿に対してコメントを返しており、そこでは歴史をめぐる哲学的問題が話題になっている。その内容は、アーレントが書籍や論文の形では語ったことのない、彼女の思想全体を顧みれば風変わりなものである。以下では、この書簡の文脈を抑えながら、アーレントが書簡のなかで語る歴史思想を繙いてみよう。

一九六九年のアーレントとヨナス

まずは、ヨナスがアーレントに送っていた草稿がどのようなものであるかを明らかにしておこう。

一九六九年、ヨナスは九月一日にボンで開催される国際会議で講演を行うことになった。そこで彼は「流転と静止――歴史の理解可能性の根拠について」という題目で発表し、その名のとおり、歴史の理解をめぐる問題を扱った。その内容はのちにハイデガーの生誕八〇周年を記念した論集『展望』(一九七〇年)に収録されて公刊され、さらにそのあと、ヨナスの著作『哲学的探究と形而上学的推測』(一九九二年)のなかにも収録されることになる。

ヨナスはこの講演の内容について、一九六九年七月にアーレントのもとを訪れ、その構想について議論を持ちかけている。アーレントはこの日のことを『思索日記』(二〇〇三年)に次のように書き留めている。

ヨナスについて。恒常的な人間性と一回的な歴史性との間のジレンマ、等しいものの理解と異なるものの理解との間のジレンマに対抗する理解。私たちが理解するものは、アキレスではなく歴史――「物語」――なのである。

未知の現実における独特な可能性の発見について。その独特な可能性は、他者との出会いにおいてはじめて私たちのうちに可能性として登場するのだとすれば、どうだろうか。

自己同一性について。それは本質的に身体的事実ではないだろうか。それを内的なものだと主張するのは「出来の悪い形而上学」である。[*47]〔後略〕

これはアーレントの『思索日記』のなかでヨナスの名前が現れる唯一の箇所であるが、この箇所だけを読んでも、その意味を理解するのは困難である。しかし、この思索メモのもととなったヨナスの論文と、そのあとに送られたアーレントからヨナスへの書簡の内容を踏まえれば、その意味はずっと理解しやすくなる。

ヨナスはこの日交わされた議論をもとに（あるいは、このときすでに草稿は完成していたかもしれない）、草稿を完成させ、アーレントに送付して改めて感想を求めている。彼はそれまで、歴史の理解をめぐる問題、いわゆる解釈学に属する問題を本格的に扱っていない。したがってヨナスにとってこの講演は新しいテーマへの挑戦を意味しており、だからこそアーレントからの手助けが必要だったのかもしれない。

このときにヨナスがアーレントに送った草稿の現物は確認できていない。しかし、後述するような、アーレントがヨナスに送った批評は『哲学的探究と形而上学的推測』に収録された論文ともほとんど完全に整合する。そのため、少なくともアーレントの批評を読み解く限りにおいて、『哲学的探究と形而上学的推測』のバージョンはヨナスがアーレントに送った草稿と本質的に変わっていない、と考えられる。そうした前提のうえで、アーレントの批評を読み解くために、まずは論文「流転と静止」の内容を紹介しておこう。

論文「流転と静止——歴史の理解可能性の根拠について」

この論文の主たる問いを一言で表現するなら、人間はどのようにして歴史を正しく理解しうるのか、ということになる。たとえば、過去の出来事に関する文献が残されていれば、現代の人間でも過去の人間について理解できる、と考えられるかもしれない。しかしそれは自明ではない、とヨナスは指摘する。そうした理解が無条件に正しいと言えるのは、過去と現在の人間が本質的に同じであり、人間の関心や思考が現在と過去とで完全に同一である場合だけである。こうした考え方は本質主義と呼ばれる。もちろんこうした考え方が成り立たないとする立場もありえる。すなわち、人間の関心や思考は本質的に歴史的－文化的－社会的な文脈によって条件づけられており、人間が表現するものはその都度一回限りのものであって、そうした文脈を超え、表現の一回性を否定する普遍的な本質などない、という立場だ。この立場に従う限り、現在の人間には過去の人間を理解することができず、たとえ過去を理解したつもりになっていても、それは所詮「私」にとってそう理解されるだけにすぎない。その意味において、歴史的な理解は必然的に誤謬に陥る。ヨナスはこうした立場を実存主義と呼ぶ。

歴史理解の正しさをめぐるこの二つの立場の対立は、人間に普遍的な本質を認めるか否か、という対立でもある。しかし、両者において共有されているのは、歴史の理解の正しさの根拠を、現在と過去との一致のうちに洞察している、ということだ。それは、言い換えるなら、現在において過去を理解しようとするものの経験と、過去において他者によってなされた表現との間の一致でもある。本質主義も実存主義もこの前提を共有している限りでは変わらない。しかし、ヨナスはその前提そのものの正しさを問い直す。すなわち彼は歴史的な理解の正しさの正しさを問うのである。ここで吟味されることになるのは、歴史を正しく理解しているということは、経験と表現の一致ではないのではないか、そうした前提とは異なる形で、理解の正しさを説明することも可能なのではないか、ということに他ならない。

ヨナスは一つの思考実験を行う。なぜ、生まれたばかりの子どもは、母親が微笑んでいることの意味を理解できるのだろうか。生まれたばかりの子どもはまだ自分では笑ったことがない。そうである以上、子どもには母親の笑顔を理解できるだけの経験が欠けている。したがってこの事態は、経験と表現の一致を理解の基準とする限り、まったく説明できないように思える。しかしヨナスは、こうした考え方は誤った問題設定に従っている、と解釈する。確かに子どもは経験としてはまだ笑ったことがないかもしれないが、しかし可能性としては、笑うことが喜びを意味することを知っている。母親の微笑みを目の当たりにしたとき、子どもは自分自身のうちに潜むその可能性を触発され、微笑みの意味を理解するのである。そして、そうした可能性の触発によって初めて、子ども自身も笑い返し、自分自身が笑っていること、そのとき自分自身が喜んでいることを知る。すなわち理解するということは、経験を根拠にして何かを知ることではなく、言い換えるなら、他者の表現を自分の経験へと還元することではなく、自分自身の可能性を触発されることに他ならないのだ。

ヨナスはこうした思考実験で得られた理解の概念を拡張し、一般的な形で次のように定義している。

私は、『ロミオとジュリエット』を初めて読んだときに、さまざまな愛の可能性にあまりにもはっきりと目覚めることができる。テルモピュライの物語によって、自らを犠牲にすることをいとわない英雄の美しさに、あまりにもはっきりと目覚めることができる。それを聴くこと、読むことは、それ自体が、私には予感もされなかった私自身の魂の諸可能性を、あるいはむしろ「魂」を開示するという経験である――この諸可能性とは、私自身の経験の現実性になることも、ならないこともありえる。こうした、象徴によって媒介された諸可能性の経験こそ、「理解」が意味することなのだ。[*48]

ヨナスによれば、「理解」とは「象徴によって媒介された諸可能性の経験」である。ここで言う「諸可能性」とは、あくまでも「私自身の魂の諸可能性」である。「私」が『ロミオとジュリエット』を理解するとき、「私」は必ずしも壮絶な大恋愛を現実に経験している必要はない。なぜなら、この作品を理解するということは、この作品を読むことによって「私」のうちに潜在する新たな可能性に気づくことに他ならないからである。そうした理解によって、「私」は自分が置かれている現実の経験から少しだけ自由になり、その現実をはみ出す新しい可能性に気づくことができる。何かを理解するということは、そうした仕方で、現実から自由になり、あるいは現実を複数化・多重化していく営みに他ならないのである。

ヨナスはこうした理解の定義を歴史の理解にも適用する。歴史的な出来事の理解の正しさは、決して現在と過去が一致しているか否かという点から説明されるのではなく、それによって「私」の可能性が豊かになり、「私」が置かれている現実から「私」を自由にすることができたか否かによって説明される。ただし、第5章ヨナス篇で述べられたように、ヨナスは人間の可能性をただ一つの排他的なものとしてではなく、無限に多様なものとして、常に別様でもありえるものとして捉えている。そうである以上、歴史は常に別様にも正しく理解できるのであり、別様でありえることがその理解の正しさを侵すことはない。ヨナスは、こうした意味での歴史の理解のあり方について、次のように述べている。

私たちがいずれにしても自らを歴史の高みにおいて感じる限り、私たちは自分自身に対して、あらゆる過去および同時代の現存在に対して、次のような前提を要請している。すなわち、私たちは、私たちのうちに隠れている虹の戯れの、訓練された変奏者であり、他者の刺激に応える用意ができており、そのたびごとに先行している文化としての、特定の体験の形式に拘束されることはない、ということだ。*49

歴史を正しく理解することとは、「私」が置かれている時代から「私」を自由にすること、はみ出させていくことである。人間は、常に「そのたびごとに先行している文化」によって、あるいは「特定の体験の形式」によって規定されている。しかし人間は、歴史の理解においてその形式から自由になり、その規定とは違った仕方で自己を発見することができるのであり、自らを条件づける人間像に「拘束されることはない」のだ。ヨナスはこうした仕方で、本質主義と実存主義の二者択一に陥ることなく、歴史の理解の可能性を解明しようとするのである。

アーレントからの批評

八月に送られてきたヨナスの論文草稿に対して、アーレントは「私はあなたの考えていることを、この講演原稿を、大きな緊張と同様に大きな同意を伴って、読みました」と賛同と称賛の意を伝えている。「この講演原稿は、あなたの多くの長所によってなされた、最高のものに属するものですし、叙述は輝きを放っていて、すべてのページで驚くべき一貫した論証が行われていました。聴衆がいくらか思慮を持ちあわせているなら、きっと大変感動するでしょうね」[*50]と。アーレントがヨナスの論考に対してこれほど明瞭に賛同と称賛を示すことは珍しい。彼女は手紙の前半部でヨナスの記述に対するいくつかの細かい指摘を行ったうえで、実は自分は近頃「ある種の異端的な思想」に囚われているのだ、という告白を行っている。少し長くなるが、大変興味深い箇所なので引用しておこう。

ところで、これは内的生命の話です。私は、しばらく前から、この問題についてある種の異端的な思想から身を防ぐことができなくなっています。一度、その思想を思いついたままに、実験的な仕方で語ってみようと思います。内的生命が肉体的であることは極めて明白な意義を持っています。私は、たとえ内的なものと整合していなくても、自らの「内面的なもの」、自らの器官を感じることができます。私の全体的な肉体的状態は、私がある外的なものとある内的なものを持っている、ということに依拠しています。そこで、私は次のように思うのです。すなわち、いわゆる魂の活動は存在するのであり、それは肉体によって自らを告示する〔つまり、本来は肉体と切り離されたものが、肉体を通じて自らを示唆する〕のではなく、私はそれを本来的にまったく肉体的に自分のうちに位置づけることができる、ということです。私が誰かを好きになったり、これどころか愛したりすることを、私は特定の器官において、たとえば、まったく比喩的な意味においてではなく、私の心臓において、それを明瞭に感じることができます。[*51]

アーレントがこうした「内的生命」の話題について、しかもそれを肉体的なものと結びつけて論じるのは珍しいことである。人間の内面性や動物の感情表現にも着目したヨナスの論文[*52]によって、こうした発想が触発されたのだと考えられる。この発想は、魂と肉体を二分する西洋の伝統的な二元論とは異なる点で、ヨナスの哲学的生命論に通じている。しかし、彼女がヨナスと異なるのは、ヨナスのように生命の傷つきやすさに着目するのではなく、愛と心の動きに着目しているということである。ここからアーレントはヨナスとは違った仕方で独特な生命論・身体論を語っていく。

実際、私たちが互いに自らを区別するのは、私たちの外面においてです。しかし、それと同時に、有機体としての私たちは皆ほとんど同じように見えます。つまり、私たちが解剖されてしまえば、この身体に拘束されながらも情動を持つ内的生命において、私たちは皆ほとんど同じです。私たちがお互いをはじめて区別するのは、私たちの感情を表現することが問題となるときなのです。だからこそ、たとえば、すべての人間は愛をすべての時代に同じように感じていると考えられていますが、しかし、愛を無限に違った仕方で表現するようにも思えます。[*53]

アーレントの主張はこうだ。人間の魂は肉体に根差している。人間の肉体を解剖学的に捉える限り、それらは互いによく似ているのであり、個性がない。むしろ、人間から個性が発露してくるのは、その肉体が感情を表現するときなのだ。しかしその感情は、言い換えるなら魂は、共通性を持った肉体に根差している。肉体は共通性を持ち、そこから表現において発露する魂は複数性を持つ。こうした連関が前提になって、全人類が愛を共通に感じながらも、その「愛を無限に違った仕方で表現する」ということが可能になる。

ここからアーレントは、前述のヨナスの論文における、『ロミオとジュリエット』をめぐる議論に対して、ある「留意すべき点」を指摘する。

私は、読むことによって「愛の諸可能性へと目覚める」のでしょうか？　あるいは私はそこではじめて、愛がどのような運命を辿りうるのかを学ぶのでしょうか？　私のうちで目覚めるものは、愛の可能性ではなく、愛の物語の幻想であり、あるいはその現実性です。そこで語られうる物語は一つの可能的な愛の意味を明らかにしますが、それは、ただ具体的な物語において明らかにされることによってであって、「愛一般」あるいは友情などの定義においてではありません。あなたは、愛が何であるかを知るために、シェイクスピアを読む必要なんかありません。女中の語りでも構わないのです。「感情」が表明されれば、それはすぐに意味を持ちます。それ自身において人が「理解」できるものなんて存在しないのです。[*54]

ここでアーレントは、『ロミオとジュリエット』を読むことによってさまざまな愛の可能性にはっきりと目覚めることができる、というヨナスの見解に異を唱えている。たとえシェイクスピアの小説を読まずとも、われわれは自らの経験によって、そしてその経験を誰かに語ることによって、愛が何であるかを知ることができる。たとえ拙い語りであっても、それによって「感情」が表明され、その意味が誰かによって「理解」されるならば、それで十分なのである。歴史理解における「私」の複数の可能性を強調するヨナスとはそもそも論点のずれが見られるが、このようにアーレントが愛の経験とその感情表現について正面から語る記述は貴重である。

『精神の生活』への影響と「魂の交流」

実は、この手紙で述べられているのとほぼ同様の内容が、アーレントの死後に出版される『精神の生活』第一部第四節「魂と肉体、魂と精神」にも収録されている。この節では「もしわれわれが外部の現象に表現されている内面生活について語るとすれば、それは魂の生活のことなのである」[*55]とされたうえで、「魂の生活は、その性格が十分表されている場合、言語よりも一つのまなざしや音、仕草によってずっとよく表現されるのである」[*56]と述べられる。これは、われわれの「精神の活動」が言語（とりわけ比喩）によって外部に表現される（現象する）のとは大きく異なっている。「われわれの魂の経験は身体と非常に深く結びついているので、魂の『内面生活』を語ることは比喩的なやり方によってはできない」[*57]。別言すれば、「感情はどれも肉体的な経験」であり、喜び、悲しみ、愛、怒り、嫉妬などの感情はいずれも身体を通じて表現されるものなのである。

『精神の生活』第一部「思考」篇は一九七三年にアバディーン大学のギフォード講座での講義がもとになっている。七四年には同講座で第二部「意志」篇の冒頭の講義が行われ、七四年から七五年にかけてのニュースクール大学でその両方を短縮した形での講義が行われた。これに対して、先に紹介した『思索日記』でのメモは六九年七月のものであり、アーレントがヨナスへの手紙を書いたのが六九年八月である。それは彼女がまさに『精神の生活』の構想を練っていた時期に当たる。それゆえ、彼女がヨナスの「流転と静止」論文を読み、それへの批評を書き送ったことが、『精神の生活』の執筆に部分的な影響を与えた可能性は少なからずあるだろう。第一部第四節ではヨナスへの直接の言及はないため、明確な影響関係を断言することはできないが、記述の重なり具合から見て、少なくとも彼女がこの節を執筆する際に、ヨナスの「流転と静止」論文を意識（想起）していたことはおそらく間違いないだろう。

もう一度、手紙に戻れば、「私たちが理解するのは、常にすでに表現された現象であり、そして『内面的な』事態の表現は、いかなる仕方においても内面的なものを提供させることはありません」というのが、『精神の生活』でも繰り返し強調される主張である。われわれが理解できるのは「表現された現象（現れ）」のみであって、表現されない（現象しない）「内面的なもの」を理解することはできない。

しかし、この手紙では「私は、たとえ内的なものと整合していなくても、自らの『内面的なもの』、自らの器官を感じることができます」とも述べられ、外面的に表現されない内面的なものもまた、身体の関わり合いによって感じることができる、という主張がなされている。このような「内面的なもの」は「全体的な肉体的状態」と強い結びつきを持つものであり、「魂の活動」と呼ばれるものでもある（『精神の生活』第一部第四節でもやはりこれとほぼ同様の記述が繰り返されている）。[*58]

こうした「魂の活動」や「肉体的なもの」（身体性）の働きについてアーレントが言及することは稀であ

る。『精神の生活』では基本的に「魂の活動」ではなく「精神の活動 mental activity」がその考察対象とされており、『人間の条件』では身体的なものとは切り離された「活動 action」の営みが重視されていた。

それゆえ、ヨナスの草稿へのコメントという形で、アーレントが「内面的なもの」あるいは「魂の活動」を「肉体的なもの」（身体性）と関連づけて言及していたことは注目に値する。アーレントの公的なテクストではほとんど現れてこない、内面的なものや肉体的なものへの記述がヨナスとの私的な書簡では前面に現れてくる。このことは、アーレントとヨナスの交流が単なる友人付き合いを超えた、内面的な魂の交流にまで達するものであったことを示しているのではないか。ヨナスに対するアーレントの公的な言及はごく限られたものだが、その私的な交流を通じて行われていた非公式的な発言――すなわち、アーレントが通常は外に表さないもの、公的な世界に「現れない」もの――には、彼女の思想の隠された側面を明らかにする要素がいくつも含まれている。そのようなアーレントの「言い表しえないもの」（あるいは異端的な思想）の一端を引きずり出してみせてくれるところに、彼女とヨナスとの交流の妙味があると言えるだろう。

しばしば、アーレントは公的なもの・政治的なものを重視するあまりに私的なもの（親密な関係性、身体性、感情・情動など）を軽視していると批判される。しかし、彼女は単に私的なものを蔑ろにしていたのではなく、それを公的領域（光の領域）に現れ出るべきではないもの、私的領域（闇の領域）に隠しておくべきものと考えていたのであった。[*59] アーレントにとって、ヨナスはそのような「闇の領域」を晒け出してみせることができる数少ない存在であった。これまで注目されることは少なかったが、アーレントとヨナスの「魂の交流」は、アーレント思想の奥底に隠された一面を明らかにしてくれるものである。

第7章

考察

アーレントとヨナスの比較

20xx

共鳴と反発――漂泊と戦場がもたらしたもの

百木　漠

　ここまで見てきたように、アーレントとヨナスは学生時代からの友人であり、しかも単なる友人という枠を超えて、生涯深い絆で結ばれた仲であった。[*1] 二人はともに将来を嘱望される研究者でありながら、若くして全体主義（ナチズム）の台頭を目の当たりにし、一時的にアカデミックなキャリアを諦めて、国外へ亡命せざるを得なかった。その後、ヨナスはシオニズム運動に没頭し、自ら志願して「戦場」へと赴いたのに対し、アーレントはシオニズム系の団体で働きながらもその政治運動からは一定の距離を取り続け、長い「漂泊」の期間を過ごすことになった。ヨナスはユダヤ人のための新たな国家を創設するという目標に向かって奔走しつつも、戦場で多くの死者と傷ついた人々を目撃し、戦後にはシオニズム運動から徐々に離脱して、哲学的思索へと向かっていった。アーレントはそもそもユダヤ人のための国家を創設するという理念自体に懐疑を抱き続け、イスラエルの建国後はその確信を深めて批判をより鮮烈なものにするとともに、独自の政治思想を構築する道を歩んだ。

　戦争後、アーレントとヨナスはともに母国ドイツには戻らず、アメリカにおいてそれぞれ活躍の場を広げていった。アーレントは自らを哲学者ではなく政治理論家として規定し、主に政治思想・政治理論の分野で名を馳せていったのに対し、ヨナスはグノーシス研究から出発して、生命の哲学、テクノロジー研究、未来世代への責任倫理などの分野で重要な功績を残した。アイヒマン裁判への態度をめぐって、両者は一時的な対立と絶縁に陥るも、ほどなくして和解し、晩年に至るまで交流を続けている。アーレントの晩年に、ヨナスが『責任という原理』の原稿に対する意見をアーレントに求めたり、アーレントを囲むシンポジウムにヨナスが登壇者として招かれたりするなど、両者の間に交わされた対話の記録もわずかながら残されている。

アーレントとヨナスはともにドイツ出身のユダヤ人思想家（哲学者）として、ナチスによる迫害という悲劇の共有から出発し、シオニズム運動、イスラエル建国、アイヒマン裁判などの問題と向きあいながら、戦後には科学技術（テクノロジー）の問題にも深い関心を寄せていた。こうした共通の経験と問題関心を持ちながらも、両者が生み出した思想・哲学はかなり対照的なものとなっている。全体主義とテクノロジーはいずれも二〇世紀を象徴する問題であるが、これに対して両者が生み出した思想と哲学は、現代社会が抱える諸問題に対する二つの理路を示していると見ることができるだろう。

本論では、まず第1節でアーレントとヨナスの思想的差異を、（1）生命の保護、（2）乳飲み子への責任、（3）究極的なもの、（4）出生論の四点に分けて確認する。次に第2節でその思想的差異の理由を（1）ユダヤ的なものとの距離、（2）戦争経験の二点に分けて考察したうえで、第3節でアーレントの出生概念の神学的基礎を、第4節でヨナスの出生概念の神学的基礎をそれぞれ検討し、両者の出生概念の持つ宗教的側面について考察する。最後にこれまでの議論を総括し、両者の思想が現代に対して持つ意義を明らかにする。

1　アーレントとヨナスの差異

（1）生命の保護をめぐって

両者の思想を比較するにあたって、アーレントが『責任という原理』の原稿を読んだ際にヨナスに伝えたとされるコメント（第6章ヨナス篇参照）から出発しよう。

その原稿を読み終えたのち、アーレントはまず「これは、神があなたと一緒に作ろうとした本だね」という賛辞をヨナスに伝えたという。[*2] このエピソードから、彼女がその著書を評価していたことは確かである。そのうえで、彼女は見解の違いとして、「人間の根本的責任を自然秩序によって生命論的に基礎づけることを、およそ完全に否定した」。[*3] つまり、彼女は生命を責任の根本原理に据えることを否定した。なぜならば、アーレントにとって、生命の保護は私的領域において果たされるべきものであって、公的領域における責任の対象とされるべきものではないからだ。政治は生命（生活 life）の最低限の保護がなされたうえで実践されるべきものであって、生命の保護それ自体が政治の対象となるべきではない、というのが彼女が繰り返し説いたことである。それゆえ、傷つきやすい生命の保護を公的な責任の第一目標とするヨナスの考えに、アーレントは賛同しなかった。

第5章ヨナス篇で述べられたように、アーレントが重視したのは、生物学的生命（ゾーエー）の維持・存続ではなく、市民的生命（ビオス）の実現・充実である。アリストテレス風に言えば、「ただ生きる」のではなく「善く生きる」ことが重要なのであり、私的な生活を謳歌するだけではなく、公的な場に現れて複数的な他者と対話や議論を行うこと（＝「活動」）が人間の生に意義を与えるのである。よく指摘されるように、ここには古代ギリシア・ローマ以来の共和主義の伝統が反映されている。

アーレントもまた生命保護の必要性自体を否定していたわけではない。生命（生活）の安全がなければ、政治の実現もまたありえないのは当然である。ただし、生命の保護はあくまで前政治的なものであり、政治そのものの対象とされるべきではない、というのが彼女の考えであった。そうした立場からすれば、生命の保護それ自体が公的な責任の対象であり、また人類の存続が「疑問の余地のない第一の所与」であり、「今日ではこの所与そのものが義務づけの対象となった」[*4]というヨナスの主張は受け入れがたいものであったに違いない。

他方、ヨナスは「生命の傷つきやすさ」に配慮しながら、親が子を保護する責任を持つように、あるいはわれわれが傷ついた他者を助ける責任を持つように、現在世代が未来世代に対する生命保護の責任を持つべきだと主張した。このときヨナスの念頭にあったのは、原子力開発、遺伝子操作、延命技術などのテクノロジーの急速な発展であった。こうしたテクノロジーの開発が、人類の存続を脅かしたり、生命を改変したり、自然の限界を超えて寿命を延長させたり、といった決定的変化をもたらすことに、ヨナスは強く警鐘を鳴らしていた。これらの途方もない破壊力と影響力を有するに至ったテクノロジーを前にして、人類は現在世代のみならず未来世代の人間、さらには人間以外の生物をも保護の対象に含めるべきだと彼は主張した。

生命それ自体の保護を公共的な責任とするか（ヨナス）、あるいはそれをあくまで前政治的な課題であるとするか（アーレント）、この点をめぐって両者の思想は対立を見せている。

（2）「乳飲み子への責任」というモデルについて

ヨナスは未来世代や人間以外の生物をも保護対象に含めた責任論を構築するにあたって「乳飲み子への責任」というモデルを提唱した。大人がか弱い乳飲み子を保護する責任を持つように、われわれは未来世代の人々、および人間以外の生命体に対して責任を持つ。そしてその責任を果たすためには、責任の主体としての人類の存続が第一目的とされなければならない、というのが彼が導き出した結論であった（責任の主体と責任の対象の分離）。ここには「未来の他者」への責任という、従来の倫理学で十分に検討されてこなかったテーマが盛り込まれており、そこにヨナスの倫理学・責任論の新規性があったと評価することができる。

しかし、アーレントはこの「乳飲み子への責任」というモデルを責任論の中核に据えることも否定したであろうと考えられる。なぜなら、アーレントにとっての「責任」は、基本的には大人のみが参加する公的領域において成立するものだからである。アーレントがアイヒマンに対して投げかけたように、「政治は子どもの遊び場ではない」[*5]のであって、自らの行為に対して責任を負うことができる成人のみが、公共の場に現れ、政治へ参加することを許されるのである。

アーレントにとっては、親（大人）の子どもに対する責任はあくまで私的領域（あるいは社会的領域）において成立すべきものであって、そのモデルは公的領域（あるいは政治的領域）に持ち込まれるべきではない。[*6]公共的な責任はあくまで責任の引き受け手たりうる大人の間でのみ成立しうるものだからである。たとえば、テクノロジーの発展をどのように扱うべきか、それにどのような制限を課すべきか、といった事柄について議論して、判断を下すのは、公的領域において対等な関係にある市民＝大人のみであって、そこに親子関係を持ち込むことは（現実的にも比喩的にも）適当ではない。

おそらくアーレントが最も懸念したであろうことは、生命の保護と人類の存続という目的が普遍的真理として絶対化され、それに対する複数的な意見の交換（討議）が許されなくなるような状態である。（3）にも関連する論点だが、アーレントは公共的な事柄に関して、哲学者が普遍的な真理の観点から決定を下し、人々をそれに従わせようとすることには一貫して反対していた。それはプラトンの提唱した哲人王の立場に他ならないからである。そうではなく、アーレントはソクラテスを範例としながら、人々（市民）が複数的な意見を反映させて合意へ至ろうとする政治のモデルを構想したのだった。その観点からすれば、ヨナスが普遍的な哲学・倫理学の立場から、テクノロジーの開発・利用に関する結論を下そうとしたことに対しても、アーレントは異を唱えたはずである。

ヨナスの責任論は、未来の他者と現在世代のわれわれとの間に非対称的な責任関係が成り立ちうる、という主張を行った点にその独自性があるが、アーレントのように対等な関係性にある人々の間での「活動」および「責任」を論じる者にとっては、そのような非対称的な関係性から導かれる責任原理はパターナリスティックなものと映ったに違いない。他方で「未来の他者」への責任という思考がアーレントの責任論に欠けていると言うこともできるが、その場合には、現在世代と未来世代との間にどのような応答可能性（レスポンシビリティ）があるのか、ということが問題にされなければならないだろう。[*7] その点についての検討なしに、ともかくも未来世代の生存可能性を現在世代が保証してやらなければならないという主張を絶対化することに対して、アーレントは批判的な立場を取ったはずである。

（3）「究極的なもの」に対する態度

晩年のアーレントを囲んだシンポジウムにおいて、ヨナスは未来世代への責任を考察するにあたって、

「究極的なもの」が必要とされるという立場を取ったのに対して、アーレントはこれに反駁した。近代以降、われわれはもはや「究極的なもの」に依拠しえないのであり、もしそのようなものを要請すればそれは必然的に新たな「神」を導き出すことに繋がってしまうだろう、その道をわれわれは取るべきではない、というのがアーレントの主張であった。ヨナスはこの反論に一定の理解を示しながらも、現代の科学技術がもたらしうる破局（カタストロフ）を回避する倫理学を構築するためには、われわれは最高善の理念や形而上学の伝統を簡単に捨て去ることはできないはずだ、という主張を譲らなかった。

ここには、超越的なものを哲学の基礎に置くヨナスと、内在的なものを思想の基礎に置こうとするアーレントとの対照性が表れている。アーレントは、神や伝統や自然法などの超越的なもの（究極的なもの・普遍的なもの）を前提とせずに、複数的な人々の「活動」から、あるいは「一者のなかの二者」の対話としての「思考」から、あるいは一般規則なしに特殊的な事例に臨む「判断」から、共生の道を探ろうとしていた。これに対して、ヨナスは「存在はそれ自体として『善い』ものである」という命題を普遍的真理として定めながら、存在と当為を結びつけ、生命の存在それ自体のうちに絶対善（究極的なもの）の根拠を見出そうとした。

「究極的なもの」[*8]に対するこのような対照的な態度の背景には、やはりユダヤ教への信仰を篤く持ち続けたヨナスと、ユダヤ教への信仰から距離を取り続けたアーレントの立場の相違を見て取らないわけにはいかない。また現代においてもなお形而上学が必要であると考えていたヨナスと、もはや形而上学を前提にすることはできないと考えていたアーレントという相違も存在するはずだ。

とはいえ、ヨナスもまた超越的な神への信仰を絶対的なものとして立て、それを教条化していたというのではない。むしろ、アウシュヴィッツ以後、絶対的な力を持つ超越的な神という存在を前提とするわけにいかなくなった状況においてもなお、普遍的な善という理念を捨てないためにはどうすればよいのか、という問いにヨナスは取り組んでいた。さらに、『責任という原理』では、神をはじめとする宗教的概念は原則的に用いられず、あくまで論理的思考に基づきながらその責任倫理が構築されている。

一方、近代社会ではもはや神やイデアや定言命法などの「究極的なもの」を頼りとすることはできない、というのがアーレントの出発点であった。「伝統の束はすでに断ち切られてしまった」という前提から、われわれは出発する他ない。だが同時にそれは新たな視点から物事を捉え直す好機ともなるのであって、われわれは宗教や伝統に頼らずに「手すりなき思考」を実践していかねばならない、とアーレントは考えていた。

アウシュヴィッツの悲劇を経て、伝統的な規範や倫理が失効したのちに、それでもなお、われわれが一定の規範（善悪）をこの世界に保持し続けるためにはどうすればよいか、という問題に、アーレントとヨナスはそれぞれ異なる回路で取り組もうとしていたのだと言えよう。

（4）出生論

ヨナスは現代のテクノロジーがもたらす危機について考察する際に――とりわけ過度な延命技術を批判するにあたって――アーレントの出生論を参照していた。アーレントの行為論は、「人間の行為が、そのたびごとに、絶え間なく、繰り返し、新しいものを、まだここになかったものを、期待されていないものを、そして人を驚かせるものを、言い換えるなら原理的に予測不能なものをこの世界にもたらす」ことを教えるものであって、このような人間行為の固有性は「自由それ自体から帰結する以外に、『出生』という根本的な事実から端的に帰結する」ものである。[*9] こうして世界に繰り返し新たなものをもたらす人間の行為を担保するためには、新たな生命がこの世界に生まれてくることが保証されていなければならず、そのためには延命技術は制限されなければならない、とヨナスは主張したのであった。

このようなヨナスの出生論はアーレントの出生論の骨子を正しく捉えている。たとえば、『人間の条件』における以下の記述と、ヨナスの先の記述内容は合致している。

> 人間が活動する能力を持つという事実は、本来は予想できないことも、人間には期待できるということ、つまり人間はほとんど不可能な事柄をなしうるということを意味する。それができるのは、やはり、人間はひとりひとりが唯一の存在であり、したがって、人間がひとりひとり誕生するごとに、何か新しいユニークなものが世界に持ち込まれるためである。[*10]

しかし見逃せない差異もある。第6章ヨナス篇でも指摘されていたように、ヨナスがアーレントの出生論を評価するとき、彼女が重視した公的／私的、自由／必然、ビオス／ゾーエー、人間／動物などの区別は考慮されず、むしろそれらの要素が一体的なものとして捉えられている。一方で、アーレントが「出生」について語る際には、必ずと言っていいほど、それは政治的な（公共的な）「始まり」の概念と結びついている。この政治的な「始まり」は、人間の「活動」によってもたらされるものであり、その「活動」は人間の生物学的・身体的な次元とは区別される。人間の生物学的な「誕生」が意義を持つのは、それが政治的な「始まり」にまで結びつくからであって、前者それ自体はまだ私的領域（前政治的次元）に属するものである。

他方でヨナスの場合には、「出生」が行為の新たな始まりを保証するがゆえに意義を持つというだけでなく、「誕生／出生」それ自体により積極的な意義を見出していたはずである。なぜなら、ヨナスは生命それ自体のうちに尊厳を見出し、そこに倫理の根拠を見出そうとしていたからである。ヨナスにとって人間の自由は生命の自由（窮乏する自由）から派生するものであって、これは人間の自由を生命の必然性から切り離そうとするアーレントの活動論とは正反対のものである。ヨナスが公的なものを軽視して私的なものを重視したというのではなく、むしろヨナスにおいては公的なもの（ビォス）と私的なもの（ゾーエー）は切り離せない形で一体のものとして結びついていると捉えるべきであろう。ここにも再び、人間の生命それ自体に尊厳を見出そうとするヨナスと、生命それ自体とは区別された領域での公的活動に意義を見出そうとするアーレントの差異を見ることができる。

2　差異の理由

以上、大きく四点に分けて、アーレントとヨナスの相違点を確認してきた。ナチズムとホロコーストという同じ悲劇の共有から出発し、戦後もともにアメリカで思索活動を行い、科学技術に対する近しい問題関心を共有していたにもかかわらず、どうしてこのような思想の差異が生まれてきたのであろうか。二つほど仮説を挙げておこう。

（1）「ユダヤ的なもの」との距離の取り方

ヨナスは少年期から自らがユダヤ人であることを強く自覚し、それに伴う疎外感を噛み締めて育ち、ナチ政権成立後にはシオニズム運動に熱烈にコミットしていくことになった。亡命後はイギリス軍から派遣される形でパレスチナの戦場へと赴き、砲兵隊長として指揮を振るうまでに至った。戦後にはヘブライ大学からの招聘を断り、シオニズムから距離を置くことになるが、それでもユダヤ教への信仰を捨てることはなく、神学的な研究にもこだわり続けた。「アウシュヴィッツ以後の神」をどのように捉えるべきかという問いを発し、われわれ人間が救うべき「弱い神」と規定し直してまで、神（究極的なもの）を保持しようとし続けた。また形式的には神学から切り離された合理的な探求の書である『責任という原理』においても、生命の尊厳を最高善と規定しており、その根底に神学的な要素が敷かれていることは本人も認めるところである。[*11] あるいは、新たな生命の誕生を言祝ぐ態度、人間と動物の連続性を強調しつつも最終的な責任の担い手は人間であるという論理、人間は神の似姿であるという見立て、などの言説がそれに当たるだろう。これらの言説のうち、どこまでを神学的な基礎を置くものと判定するかは厳密には難しいところであるが、少なくともこうした諸概念がもともとヨナスのユダヤ教への信仰、および彼の神学研究に由来していることは確かであろう。

　これに対して、アーレントは自らがユダヤ人の出自であることは幼い頃から自覚しつつも、その出自自体に強いアイデンティティを持つことはなく、ユダヤ教に対する熱心な信仰も示さなかった。それよりも、その出自を含めて、彼女が特定の民族や集団に溶け込むことのない独立した存在であること、すなわち「パーリア的」な存在であることの方にこそ、彼女のアイデンティティは存していた。若き日に彼女が、ユダヤ人女性として哀しい生涯を送ったラーエル・ファルンハーゲンに強い共感を抱いたのもそのためであった。亡命中にはシオニズム系の団体で働きながらも、シオニズムの政治運動には一定の距離を置き続け、ユダヤ人のためだけの新しい国家を創るという理念には懐疑的であり続けた。その懐疑は、イスラエルの建国後にはよりいっそう確信的なものとなった。アイヒマン裁判のレポートにおいて、アイヒマンを非難するだけでなく、戦中のユダヤ人指導者にも批判の矛先を向け、ユダヤ人の悲劇を冷笑的（フリッパント）な語り口で綴ったところにも、そうした彼女の姿勢は鮮明に表れている。自らがユダヤ人であるという自覚を持ちながらも、ユダヤ人という集団に同一化することを拒み続けた、「自覚的パーリア」としての姿勢は、彼女の思想に如実に反映されている。

加えて、彼女は超越的なものに依拠する思考や政治を批判し続け、複数的な人々の対話のうちから内在的に導き出される「公共（パブリック）」のあり方にこだわり続けた。その姿勢は、彼女の〈活動的生活〉論においても〈精神の生活〉論においても一貫している。アーレントが晩年のシンポジウムにおいて、「究極的なもの」（超越的なもの）の必要性を訴えるヨナスの考えを退けたのも、その信念ゆえであった。代わりに彼女が思索の手がかりとしたのは、古代ギリシア・ローマ以来の共和主義的な思想である。彼女はそこに、超越性ではなく内在性、同一性ではなく複数性、永遠性ではなく不死性、観照（信仰）ではなく活動（政治）、を重視する態度を見出したのである。

かようにユダヤ教に対する強い信仰を持ち、その哲学に神学的な基礎を持つヨナスと、ユダヤ教から距離を置き、その思想に古代ギリシア・ローマ由来の共和主義が強く反映されたアーレントという立場の違いが、両者の思想の差異を創り出したのだと、一つには見ておくことができるだろう。ただし、アーレントの活動論および出生論が、古代ギリシア・ローマ由来の共和主義だけでなく、アウグスティヌスを経由したキリスト教思想から強い影響を受けていることに注目すると、また別の視点が開けてくる。この点については、次節で詳述する。

(2) 戦争体験

もう一つの理由として、戦争中における両者の経験の差異が挙げられる。冒頭にも書いたとおり、アーレントは「漂泊」の日々を送り、ヨナスは「戦場」での日々を送った。ヨナスは自ら志願して戦場に赴きながらも、[*12] その地で多くの死傷者を目にし、そのことが生命の傷つきやすさに対する責任という倫理学を発展させるに至ったきっかけになった。実際、ヨナスは第二次世界大戦の経験を振り返って次のように述べていた。「身体が危険に晒されている」という経験が私を新たな思考へと導いたのであり、それによって私は「身体の運命から目を背けることができなくなり、身体の損壊が最大の恐怖になった」のだ、と（第2章ヨナス篇）。この恐怖とともに、ヨナスは観念と身体というデカルト的な二元論を超えて「有機体的なものの哲学あるいは哲学的生命論」を構築するという課題に取り組むことになった。また、彼が最愛の母をアウシュヴィッツで失ったという悲劇的経験も、戦後の思考に少なからず影響を及ぼしたと推察される。その経験が最終的に生命の尊厳を基礎に置きながら、傷つきやすい身体を保護する責任を義務づける倫理学の構築に繋がったのだと考えられる。

これに対して、アーレントは直接戦場には向かわず、長らく「漂泊」の年月を送った。もちろんヨナスもまた亡命中の身ではあったのだが、彼はドイツから脱出したのち、すぐにパレスチナへと向かい、当地のユダヤ知識人サークルに加入し、第二次世界大戦前はハガナーと呼ばれる自警団に、大戦勃発後はユダヤ人部隊に、大戦終了後はユダヤ人旅団に参加し、常にユダヤ・コミュニティに属してユダヤ人としてのアイデンティティを持ち続けた。それに比べて、アーレントはシオニズム系の団体で働きながらも、その運動からは一定の距離を取り続け、ユダヤ・コミュニティの一員として自らをアイデンティファイするよりもむしろ、「自覚的パーリア」として生きる道を選んだ。

その結果として、アーレントにとっての戦後の課題は、民族や国民といった同一的な集団に依拠せずに、公共性を実現することはいかにして可能か、全体主義に抗するための複数的な政治とはいかなるものか、ということであった。『人間の条件』においてその基礎的理論化がなされ、『革命について』ではその政治理論が評議会制度やタウンミーティング、連邦制などの具体的な形態と結びつけられて構想されている。晩年の〈精神の生活〉論においても、「一者のなかの二者」という対話モデルとしての「思考」論や、伝統的な自由意志論とは異なる、出生・自発性・愛と結びついた「意志」論、一般規則の定めのない特殊事例から主観的客観性へと至ろうとする「判断」論が考察されていた。全体主義とテクノロジーという二〇世紀的問題に対峙するために必要とされているのは、このような複数性から内在的に導かれる政治／公共性であるというのが彼女の一貫した主張であった。

かように、ヨナスが戦場で多くの死傷者を目にし、自らも死の恐怖に晒されたことから、戦後には、有機体の存在論および哲学的人間論を展開し、さらにそれに基づく倫理学（未来世代への責任論）を展開するに至ったのに対し、アーレントは亡命期間中にあえて「自覚的パーリア」として生きる道を選んだことから、戦後には、超越的なものや普遍的なものに依拠せず、また民族や国民といった集団にも依拠せずに、複数的かつ内在的な政治／公共性を実現する思想の構築を目指したのだと言える。

こうして両者の戦争中の経験の相違、およびユダヤ的なものとの距離の取り方が、二人の哲学・思想の差異を形作ったのだと捉えておくことができるだろう。

3　アーレント出生論の神学的基礎

以上のように両者の思想の差異を確認したうえで、改めて再検討したい概念がある。それがアーレントの出生論である。先に、ヨナスはアーレントの出生論を高く評価しながらも、彼女の公私区分を無視してしまっていると述べた。しかし仔細に見れば、もう少し事態は複雑である。なぜなら、アーレント自身の出生論においても、そこに公私区分が無効化しているような記述を見出すことができるからである。たとえば『全体主義の起源』（第二版）の最後は次のように締めくくられていた。

政治的には始まりは人間の自由と同一のものである。「始まりが為されんがために人間は創られた」とアウグスティヌスは言った。この始まりはひとりひとりの人間の誕生ということによって保証されている。始まりとは実はひとりひとりの人間なのだ。[*13]

全体主義が人間の「自発性＝自由」を根絶しようとする「まったく新しい統治形態」であることに対抗して、政治的な「始まり」は常に「ひとりひとりの人間の誕生」によって保証されているのであり、その「始まり」こそが人間の自由と同一のものなのだ、と力強く宣言することによって、『全体主義の起源』は締めくくられていた。だが立ち止まって考えてみれば、「ひとりひとりの人間の誕生」が政治的な「始まり」＝「自由」を保証するというこの宣言は、『人間の条件』で示される公的領域と私的領域の厳格な区別と若干の齟齬をきたすものではないだろうか。古代ギリシア的な区分を採用するならば、人間の生物学的な「誕生」は私的領域に、政治的な「始まり」は公的領域に分類され、この二つは明確に区別されるはずである。しかし彼女の出生論においては、前者が後者を保証するという論理が取られ、「始まりとは実はひとりひとりの人間なのだ」とはっきり述べられている。ここには、公的なもの（政治）が私的なもの（身体的なもの）から切り離されるべきだとする古代ギリシア的論理とは異なる論理を見出すことができるのではないか。

続けて『人間の条件』における記述を見よう。

> 人間はその誕生（birth）によって〈始まり initium〉、新参者、創始者となるがゆえに、創始（initiative）を引き受け、活動へと促される。「人間が創られたとき、それは始まりであり、その間には誰もいなかった」とアウグスティヌスはその政治哲学のなかで言った。この始まりは、世界の始まりと同じものではない。それはなにかの始まりではなく、誰かの始まりであり、この誰かその人が始める人なのである。人間の創造とともに始まりの原理が世界のなかに持ち込まれたのである。これは、もちろん自由の原理が創造されたのは人間が創造されたときであり、その前ではないということを言い換えたにすぎない。*14

ここでもやはり、古代ギリシア的な公私区分とは異なる理路が持ち込まれているように見える。すなわち、人間の「誕生」それ自体が一つの「始まり」であり、人間の「創造」とともに「始まり」の原理が世界のなかに持ち込まれたという記述には、明確に古代ギリシア・ローマ的共和主義思想とは異なる、アウグスティヌスを経由したキリスト教思想が導入されている。人間が創造された時点において自由の原理もまた創造されるのであり、「人間がひとりひとり誕生するごとに、なにか新しいユニークなものが世界に持ち込まれる」のだとすれば、生物学的な誕生の時点（私的領域）においてすでに人間のユニークさと複数性が担保されていたということになるのではないか。

古代ギリシア的な区分からすれば、生物学的なもの・身体的なものは同一的かつ必然的な次元に属するものであって、そこに複数的なもの・ユニークなものが持ち込まれる余地はないはずであった。しかし、人間が生まれた時点においてすでにひとりひとりがユニークな存在なのであり、「始まりとしての活動は誕生という事実に対応し、出生という人間の条件の現実化である」のだとすれば、そこでは古代ギリシア的な公的／私的、ビオス／ゾーエーの区分が無効化され、二つの領域が直接的に結びつけられているということになるのではないか。[*15]

さらに以下のような記述も見出される。

すでに起こったことに対しては期待できないようななにか新しいことが起こるというのが、始まりの本性である。この人を驚かす意外性という性格は、どんな始まりにも、どんな始源にもそなわっている。たとえば、生命が非有機体から生まれたというのは、非有機体の過程から見ると、ほとんどありえないことであり、宇宙の過程から見て地球が生まれてきたことや、人間の生命が動物の生命から進化してきたこともそうである。〔中略〕したがって新しいことは常に奇跡の様相をとって現れる。[*16]

事前には予測できなかったようなまったく新しい出来事が起きるというのが「始まり」の本質であるが、そのような「始まり」の事例を、アーレントは生命が非有機体から生まれたことや、地球が宇宙の過程から生じたこと、人間の生命が動物の生命から進化してきたことなどに求めている。人間に限らず一個の生命がこの世界に誕生すること、その突然変異的な現象を、アーレントは「始まり」の例に挙げ、それを「奇跡（ミラクル）」の様相をとって現れるものと呼んでいる。これは、ヨナスが『生命の哲学』において、人間の生と動物の生を同じ有機体の生として連続的に捉え、物質代謝のダイナミズムを両者を貫くものとして位置づけていたのと、かなり近しい論理（ロジック）ではないだろうか。つまり、アーレントの出生論においては、公的／私的、ビオス／ゾーエー、人間／動物などの二元図式が無効化されており、そのぶんヨナス哲学との距離が縮まっているように見えるのである。

　続けてアーレントは「活動は人間の奇跡創造能力である」とも述べ、その起源をナザレのイエスに見出す。「活動」がもたらす「始まり」もまた「奇跡」に近いものであり、そしてその「奇跡」はやはり「出生という事実」に依拠しているのだ、と。

> そのまま放置すれば「自然」に破滅していく世界という人間事象の領域を救う奇跡は、究極的には出生という事実に基づいており、活動の能力も存在論的にその事実に基づいている。言い換えれば、それは新しい人々の誕生であり、新しい始まりであり、人々が誕生したことによって行いうる活動である。この能力が完全に経験されて初めて、人間事象に信仰と希望が与えられる。この信仰と希望という、人間存在に本質的な二つの特徴は、古代ギリシア人がまったく無視していたものである。[*17]

「人間の出生という事実」、「新しい人々の誕生」のうちに「奇跡創造能力」としての「活動」の根拠を見出し、それによって「信仰と希望」が与えられるという発想は、「古代ギリシア人がまったく無視したもの」であったとアーレントは言う。小玉重夫が指摘するように、このようなアーレントの「活動」論のうちには、ギリシア・ローマ的思考とは異なるユダヤ・キリスト教的思考の系譜を明晰に見出すことができる。[*18]西欧の思想が伝統的に古代ギリシア・ローマに端を発するヘレニズム的思考とユダヤ・キリスト教に端を発するヘブライズム的思考という二つの柱によって構成されてきたとはしばしば論じられることであるが、[*19]アーレント思想のうちにもこの二つの系譜が存在しているのである。アーレントと言えば古代ギリシア・ローマの共和主義思想から強い影響を受けているイメージが強いが、それとは別に、彼女がアウグスティヌスを経由してキリスト教思想からも強い影響を受けていたことを見逃してはならない。「出生」に伴う「始まり」と「活動」に伴う「始まり」を同じ「奇跡」として表現し、後者を前者によって基礎づけ、その起源をナザレのイエスに見出すところに、そのようなアーレント思想のもう一つの側面がよく表れている。

小玉重夫が紹介するように、関曠野はユダヤ思想の源流であるヘブライズムが「人間の出生 birth をその根本に据えた、実に特異な思想」であると言い、人類の思想のなかでも「唯一、ヘブライ人というかユダヤ教のみが、人間はなぜ生まれるのか、なぜ子どもを生むのかを徹底的に考えた思想だった」と指摘している。[*20]アーレントの「出生」概念のうちにもまた、このような「出生」それ自体を善きものとして捉えるヘブライズム的思考が確実に入り込んでいる。[*21]そこには、ひとりひとりの人間の誕生を「奇跡」として捉え、そうして誕生した個々の新しい命を「新しいユニークなもの」として言祝ぐ姿勢を見出すことができる。

このようにアーレントの出生論においては、生物学的な誕生と政治的な始まりは直接的に結びついており、誕生の時点で人間の複数性とユニーク性が確保され、その「なにか新しいユニークなもの」が「言論と活動」において改めて実現される、という論理が採用されている。[*22] 公私区分を重んじる古代ギリシア・ローマ的な伝統とは異なって、「誕生」それ自体のうちに複数性の発現と「始まり」の原理を見出すヘブライズム的な伝統がアーレント思想の根底に流れていることを重視するならば、生命の存在それ自体のうちに最高善の根拠を見出し、その保護を公的な責任と捉えたヨナスの哲学・倫理と、アーレントの政治思想は、一見するよりもずっと近い位置にあったと見ることもできるのではないか。

4　ヨナス出生論の神学的基礎

ヨナスは『責任という原理』に先立って、一九六八年に「ユダヤの視座から見た現代の倫理的問題」という論文を発表している。この論文の目的は、「もし私たちがユダヤ人であるとすれば…、私たちの時代が強制してくるジレンマのなかで、永続するユダヤ的な態度からどんな助言を私たちは得ることができるのだろうか」[*23] という問いに取り組むことであり、また「現代の倫理的な教説に対してユダヤの立場からいくつかコメントすること」[*24] である。それゆえこの論文は、万人に当てはまる普遍的な倫理の構築を目指した『責任という原理』とは明らかに異なる方法論によって書かれている。

その内容を簡単に紹介しておこう。ヨナスによれば、近代社会が抱えている問題は、「理性の勝利」が「信仰を破壊」してしまったことに起因している。[*25] 今日では科学だけが真理の座を占めており、宗教も哲学もそれに代わる倫理的な基礎を提供しえていない。この倫理的空白をいかにして埋めるか、という問いにヨナスはユダヤ教の見地から答えようとする。その見地からすれば、今日の科学的理性の大きな問題点は、それが聖書の教え、とりわけ神の創造に関する教えを否定してしまったところにある。それによって人間は自分を超える偉大なもの（＝神）によって生み出されたという感覚を喪失してしまった。この喪失が近代人の「われこそが地球の主人である」という傲慢に繋がっている。さらに、科学的理性は「神は自ら創造したものを善きものとした[*26]」という教えを否定することによって、善と悪の区別をも見失っている。より正確には、近代科学は「善悪の区別それ自体に無関心[*27]」であり、そこでは科学の「目的＝終着点 end[*28]」が見失われてしまう。あわせてわれわれは他者および自然への憐れみの念 piety をも失っている。

科学技術の隆盛のもとで、現代人は過去のどの世代よりも優れた知識を持っていると自惚れているが、それは間違いである。現代人はそのような自惚れを捨て、伝統の知恵に耳を傾けるべきであり、謙虚になるべきであるとヨナスは訴える。崇高なものの声に耳を傾けることによって、人間は完璧な主人ではないという戒めを持つことができ、聖書の教えを軽率に退けるような過ちを避けることができる。さらに、創造の原理はわれわれに自然に対する畏敬の念を教えてくれる。このような謙虚さに基づく注意深さこそが、現代人が今最も必要としているものである、とヨナスは言う。

旧約聖書における神は、たしかに人間を他の生物よりも上位に置き、人間に卓越した力を与えている。しかし、ユダヤの教えは、あくまで人間もまた被造物であり、神に服従しなければならない存在であることを説くものであり、決して人間が地球上で無分別に振る舞うことを許すものではない。人間の他の生物に対する支配は、あくまで神が定めた秩序を責任をもって保持するものでなければならない。それに反して、現代の科学技術は人間を地球上の主人の地位に押し上げ、かつての宗教で前提とされていた謙虚さをなきものにしてしまっている。自然資源を利用する際にも、われわれは敬意と憐れみの情をもってそうするべきなのであって、それを乱獲してはならない。地球上の生命体に対する尊敬は、絶対的なものへの敬意の念から引き出されるのであって、それゆえにわれわれは現代においても神への信仰を失うべきではない、というのがヨナスの主張であった。

先にも述べたように、この論文ではあくまでユダヤ教の見地から現代の「倫理的空白」の問題に取り組むことが目指されていたのであって、ヨナスはその限定的な立場に自覚的である。この論文での議論を踏まえたうえで、『責任という原理』ではユダヤ教に限定されない、万人に当てはまる普遍的な倫理の構築が目指されている。[*29]『責任という原理』では、神への信仰や聖書の教えに依拠せずに、あくまで論理的な思考の帰結として、科学技術への制限と未来世代への責任の原理が説かれている。たとえば、ヨナスはその著書のなかで、ライプニッツの「なぜ何かがあり、無ではないのか」という問いを取り上げながら、このような問いは宗教とは独立に応えられなければならない、と明言している。

神の判断内容は、基本的には信仰が存在しなくても理解できるものではなくてはならない（信仰は理解を求める）。言い換えれば、世界が存在しなければならないか否かという問いは、世界の創造者についての主張から完全に分離できる。[*30]

つまりここでは「ユダヤの視座」論文とは正反対の方法によって、問いを考察することが宣言されている。「どのような『あるべし』が可能かという問いは、信仰のあるなしにかかわらず、独立した判断の課題となる。少なくとも、独立の課題として取り組んでみることができる。つまり哲学の問題となる」[*31]。こうして宗教（信仰）ではなく哲学の方法論から現代の倫理的空白問題に取り組むことが『責任という原理』の課題であった。

第6章ヨナス篇で述べられたように、『責任という原理』では、生命の存在それ自体が「善」であり、当為（あるべし）であるがゆえに、人類はその存在の存続を保証する責任を負っているという命題が導かれる。すなわち、「人類をあらしめよ」がわれわれにとって至上命令 Imperative となるのである。[*32]「世界に人間が存続すること」、また「人間が住むにふさわしい世界」が未来にもずっと存在し続けるように保証すること、がわれわれの新たな責任倫理である、というのが『責任という原理』におけるヨナスの主張であった。このことはまだ生まれていない他者、未来世代が存続するような状況をわれわれが確保していかなければならないことを意味している。それは「将来の権利主体の生存に対する義務」であり、その義務は「われわれが創始者として彼／彼女らを一方的に生み出すという事実によって、われわれの特別な責任となる」のである。[*33]

このような責任の原初的対象として名指されたのが「子ども」である。その傷つきやすい存在、大人による保護を必要としている存在としての「子ども」こそが「端的な事実的存在が明白に『べし』と合致するような、模範的な存在」として示される。[*34]「赤ん坊が息をしているだけで、否応なく『世話をせよ』という一つの『べし』が周囲に向けられる」のであり、「乳飲み子は、責任の対象として、経験的に最初で直感的に最も明らかな範例であるばかりか内実のうえでも最高に完全な範例であり、文字どおりの意味での原型である」。[*35]また、その存在は「われわれひとりひとりの始まり」なのであって、「われわれひとりひとりがかつて自らこの存在であった」ような存在である。[*36]「人間が死すべきものであることを考えに入れれば、子どもがどこかで一人生まれるたびに人類は新たな出発をしている」のであり、そこから「人類の存続に対する責任」も生じてくることになる。

このようにしてヨナスのなかで「人類の存続に対する責任」および「乳飲み子への責任」と彼の「出生論」が結びつけられることになる。興味深いことに、「ユダヤの視座」論文でも、その最後に出生論への言及がなされていた。すなわち、「生命のまったく新しい始まりによって、そのまったくの愚かしさと不器用さによって、若さとはそのたびごとに再び始まることを意味し、したがって、驚異の感情を、社会との関係を、無条件的究極的な約束を生かし続ける」[*37]のである。ただし、この論文ではまだアーレントの出生論への言及はなされておらず、あくまでユダヤの教えに依拠する形で、新たな生命がこの世界に誕生してくることに未来への期待が賭けられている。

つまり、もともとはユダヤの教えに基づいて構想されていた「出生」概念が、『責任という原理』ではアーレントの「出生」概念と結びつけられ、哲学的に洗練された形で新たな倫理の基礎として展開されるに至ったのである。アーレントが全体主義の危機に抗して、ヨナスがテクノロジーの危機に抗して、ともに提示したのが「出生」という答えであった。それぞれの神学的基礎を持ちながら（アーレントの場合にはアウグスティヌス、ヨナスの場合にはユダヤ教）、二人はともに「出生」論を発展させ、独自の思想を築くに至ったのである。[*38]全体主義という悲劇の共有から出発した二人の思想は、「出生」概念を介して交差しつつ、現代のテクノロジー問題に対峙する二つの思想の方向を示している。

5　ふたりが遺したもの

ヨナスは『回想記』のなかで次のような印象的なエピソードを書き残している。[*39]

ある日、ヨナスと妻ローレ、アーレントと親友のメアリー・マッカーシー、さらにマッカーシーの女友達がともにアーレントの家で一夜を過ごしていた。そのとき、マッカーシーの女友達がヨナスに対して強い興味を持ち、「あなたは神を信じますか」と尋ねた。ヨナスはその直接的な問いに戸惑いつつも、しばらく考えたのちに「はい」と答えた。そのとき、アーレントはぎくりとした顔で、驚愕の表情でヨナスを見つめていた。ヨナスも自分自身がそのように答えたことに驚いていた。「はい、結局のところ、はいです。たとえそれが何を意味するとしても、『はい』という答えは『いいえ』という答えよりも真理に近いのです」。

その後すぐにヨナスとアーレントが二人だけになる時間があった。そのときアーレントはヨナスにこう告白したという。「私は人格神を疑ったことはありません」と。ヨナスは驚いて聞き返した。「しかしハンナ、私はそのことをまったく知りませんでした。それに、どうしてあなたが今晩のあのとき、そんなに意外だというように反応したのか、私にはわかりません」。彼女はそれにこう返した。「私は、そのことをあなたの口から聞いてとてもショックを受けたのです。なぜなら、私はそのようなことを思いもしなかったからです」。

ユダヤ教に篤い信仰を持つヨナスでさえ、改めて正面から「あなたは神を信じますか」と聞かれると、戸惑いを隠せず、そして自分自身が驚いたことに「はい」と答えた。その直後、アーレントもまたヨナスに対して「私は人格神を疑ったことはありません」と告白し、彼女自身もそのことに驚いていた。「つまり、私たちはお互いにこの告白に驚いたのである」と綴ってヨナスはこのエピソードを閉じている。

アーレントは自身の著作において、あるいはいかなるインタビューにおいても、神への信仰を告白したり、それを基底に据えた主張を行うことはなかった。唯一、その痕跡を見出すことができるのは、彼女の「始まり／出生」をめぐる議論においてであるが、そこでも直接的に神への言及がなされているわけではない。このような信仰はあくまで彼女の私的な事柄であって、*40 公的な発言とは区別されるものだが、親友ヨナスとの会話は、かように他では見ることのできないアーレントの意外な一面をはからずも現出させることがある[*41]（第6章アーレント篇も参照）。そしてその意外な一面がアーレント思想の隠れた土台を垣間見させてくれるのである。

他方、ヨナスは若い時期にはシオニズム運動に傾倒し、生涯ユダヤ教への篤い信仰を持ち続けたにもかかわらず、ショーレムによるヘブライ大学への招聘依頼を断り、イスラエルからカナダへと移住し、それ以降はシオニズム運動から身を引いた。その理由の一つが、幼い子どもを安全な環境で育てるためという「私的領域」の保護にあったことは印象的である。か弱き乳飲み子の保護を最優先せねばならないという倫理を自ら実践していたとも言えるからである。それゆえ、ヨナスもまた盲目的にユダヤ教を信奉し、それに依拠した思想を論じていたわけではない。ユダヤ教的な発想をベースとしつつも、そこに独自のアレンジを加え、時代の要請に応じた新たな哲学・倫理学を練り上げていったのだった。

かようにして各々の発展を遂げてきたアーレントとヨナスの思想は、ともに神学的背景を持つ「出生」概念を介して交わりながらも、それぞれ異なるベクトルへと発展を遂げ、全体主義とテクノロジーという二〇世紀的問題に対する二つの思想的回答を示すに至ったと見ることができるだろう。どれだけ過酷な状況においても、新たな生命がこの世界に誕生し、予測不可能な「始まり」がもたらされることに二人は希望を見出していた。アーレントの場合には、その「出生」概念に古代ギリシア・ローマ以来の共和主義をはじめとするさまざまな思想が掛けあわさってユニークな政治思想が生み出され、ヨナスの場合には、その「出生」概念にユダヤ教思想と「生命の哲学」が掛けあわさって未来世代への責任を論ずる新たな倫理学が生み出された。

以上のように、二つの方向に彫琢された「出生」思想をわれわれはどのように引き継ぎ、二一世紀における新たな危機と対峙していくための武器としていくことができるだろうか。

今日、テクノロジーはいっそう急速度で発展を遂げ、われわれの社会と生を変容させつつある。また、近年の政治情勢の混乱とともに、改めて全体主義再来の可能性も語られるようになってきている。アーレントとヨナスが創り上げた思想を引き継ぎつつ、われわれはわれわれの時代に応じた新たな思想を紡ぎ出していかねばなるまい。

自然・対話・想像力——アーレントとヨナスにおけるテクノロジーの問題

戸谷洋志

アーレントとヨナスはともにテクノロジーの問題に注目していた。それは二人が共有する問題関心として数少ないものの一つであり、また現代を生きる私たちにとっても、避けることができないテーマである。興味深いことにアーレントとヨナスは、それぞれ隔たったフィールドを主戦場としていたにもかかわらず、テクノロジーに関しては極めてよく似た考え方をしている。もちろん、二人はそれぞれ異なる視点からテクノロジーについて論じているし、強調するポイントも微妙にずれている。しかしそのずれは、決して互いを退けあうものではなく、問題を多角的に、立体的に思考することを助けるものだ。この章では、そうしたテクノロジーをめぐるアーレントとヨナスの分析を重ねあわせ、そこから今を生きる私たちが学ぶことのできる知恵を探究してみたい。

1　着想へ至る経緯

手始めに、二人がそれぞれどのような経緯でテクノロジーの問題へと歩み寄っていったのかを追跡してみよう。
アーレントは戦後もハイデガーとの関係を維持していた。彼女は、第二次世界大戦が終結したのちも彼と交流し、彼の思想を積極的に摂取しようとしていた。テクノロジーに対するアーレントの関心もまたハイデガーから影響を受けている。戦後、ハイデガーは自らの探究の路線を大きく変更させ、『技術への問い』（一九五四年）において集約的に示されているとおり、技術の問題を主要な論点の一つに据えるようになった。そうした姿勢にアーレントも少なからず感化され、たとえば一九五四年のアメリカ政治学会の講演では『技術への問い』に言及するなどしている。[*42] 特に『人間の条件』で繰り広げられる彼女の技術論はハイデガーからの影響なしには考えられないものだろう。[*43]
しかし、ハイデガーだけが彼女をテクノロジーの思索へと動機づけた、と考えることもできない。アーレントの技術論において顕著な特徴は、第一に、宇宙開発の動向を重視しているということ、そして第二に、原子爆弾の政治的な意味に注目しているということである。これらはともに、彼女がアメリカという「当事者」の国に住んでいた、という事実と無関係ではないだろう。また、特に原子爆弾に関して、彼の最初の結婚相手であるギュンター・アンダースが優れた哲学的思索を残していることも無視できない。実際に、アーレントは『人間の条件』のなかで、原子力の問題に関する優れた業績としてアンダースの著作を紹介している。[*44]
一方ヨナスは、戦後、アーレントほどハイデガーと密接な交流を持っていたわけではない。どのような事情があったかは不明であるが、ヨナスの思想においてハイデガーの技術論からの影響はほとんど不自然なほど見当たらない。その代わりに彼をテクノロジーの問題へと駆り立てたのは、医学・生命科学の動向だった。第5章で述べられたとおり、ヨナスはアメリカにおける生命倫理の最初期の拠点であるヘイスティングス・センターの初代研究員であった。そこで彼は、臓器移植、脳死、クローン技術、遺伝子工学など、当時の最先端の問題に直面し、それに対して哲学者としての答えを求められた。当時のアメリカではそうした技術に対して政策や法整備が追いついておらず、ヨナスにはその指針となる思想を提示することが期待されていた。そうした極めて切迫した状況が、彼をテクノロジーの問題へと誘ったのである。

医学・生命科学の問題から思索を始めたヨナスは、核兵器に代表されるような、人間にとって物理的な脅威となるテクノロジーに注目するのではなく、むしろそうした脅威をもたらさず、人々に安全で平和な生活をもたらすものであるにもかかわらず、密かに副作用を蓄積していき、やがて未来において破局を引き起こしうるテクノロジーに注目した。第6章で述べたとおり、この点でヨナスはアンダースと袂(たもと)を分かっている。彼にとって脅威であったのは、人間がそうしたテクノロジーを扱うとき、すべての人間が善意を持って行為したとしても、破局を回避することができない、ということである。だからこそ、科学技術文明において単なる隣人愛を超えた責任の倫理学が必要になる。そうした思想の結実として世に送り出されたのが『責任という原理』に他ならない。

アメリカで近所に住むことになったアーレントとヨナスは頻繁に対話をしていた。残念ながら、そうした対話の記録はほとんど残っていないが、テクノロジーの問題がしばしば話題に上がっていたとしても不思議ではない。実際、テクノロジーに関する思想を重ねあわせると、いくつかの重要な論点において、二人の考えは不気味なくらいに一致している。以下では、まず、そうした共通点に注目しながら、テクノロジーに対する二人の分析を再構成してみよう。

2　終わりなき進歩と自然性

テクノロジーは日々進歩を続けている。ところで、その進歩にはいつか終わりが来るのだろうか。終わりが来るとしたら、それはどんなときだろうか。そうした問いかけに対して、たとえば、人々の生活が完全に豊かになったとき、とか、さまざまな社会の問題が完全に解決されたとき、とか、いろいろな答え方が可能だろう。これに対して、アーレントとヨナスの答えは次のようなものになる。すなわち、テクノロジーの進歩は終わらない。なぜなら、進歩を終えることがないということが、テクノロジーの本質であるからだ。

第3章で述べられたとおり、『人間の条件』において、アーレントは人間の営みを「労働」「仕事」「活動」の三つに区分している。このうち、技術的な制作を担う力は「仕事」である。仕事は長期間にわたって存続しうる人工物を作り出す力であり、そうした人工物は「自然」から区画された「世界」を樹立させ、人間の生きる世界に客観的なリアリティを与える。こうした世界の樹立には人工物の永続性が不可欠である。たとえば、何百年も残り続ける建築物は、「私」が生まれてくる前から存在し、そして「私」が死んだあとにも存在し続けることを期待できる。「私」にとってそうした建築物の永続性は、そこを誰が行き来しようとも、その建築物がそこに存在するという保証を与えることによって、世界の確かさを実感させる。

永続性を持つ以上、仕事によって制作される人工物は完成されなければならない。すなわち「最終生産物」（エンド・プロダクト）[*45]として仕上げられなければならない。人工物が完成することによって仕事は終わる。その限りにおいて、仕事はあくまでも始まりと終わりに限定された線形の営みである。

これに対して、アーレントによれば、テクノロジーはそうした線形の営みではない。テクノロジーによって生み出された製品は、さらなる進歩を促したり、あるいは新しい別の問題を引き起こしたりして、製品のさらなる開発を触発し、バージョンアップを要求する。つまりテクノロジーの進歩はそもそも完成を目指すものではなく、そこに本質的に終わりはないのだ。アーレントによれば、「エンド・プログタト〔生産過程の最終生産物〕は、もはや真の終わりでなく、生産された物が価値を有するのは、あらかじめ決められている目的のためにそれを使用できるからではなく、『それがなにかほかの物を生産するから』である」[*46]。

ここには仕事とテクノロジーの本質的な違いが示されている。仕事において生産物は完成されるが、テクノロジーにおいてそれはいつまでたっても完成せず、刻一刻と変化する。そのため、テクノロジーの生産物は永続性を持たず、世界の耐久性を掘り崩すことになる。それは、世界のリアリティを希薄化し、世界と自然の区画を曖昧にする。

ヨナスも同様にテクノロジーを無限に進歩するものとして性格づける。第6章において、テクノロジーに対するヨナスの批判については簡単に紹介したが、ここで改めて、『生命の哲学』における次のような主張に目を向けてみよう。

> 私たちは、絶え間なく新たに生じる不均衡を調整するために、能動的な過程に「余剰」を繰り返しフィードバックする以外に、そのよりよい使用法を、いやそれどころか別の選択肢を、知らない。そして、その調整の結果が進歩なのである。この過程は自己供給的な自動装置であって、理論でさえ、要素でもあれば機能でもありうるものとして、そのなかへ取り込まれてしまう。私たちはこの自動装置

の限界を（設定することはもちろん）見通すこともできない。[*47]

ヨナスによれば、テクノロジーは問題を解決したり全体を調和させたりするものではなく、むしろ、全体に対して絶え間なく不調和を引き起こすものである。その不調和を調整すること自体が、テクノロジーの進歩の燃料になる。しかしその「フィードバック」もまた新たな不調和を引き起こす。そうして無限に自己増殖していく点にヨナスはテクノロジーの本質を洞察している。

こうしたテクノロジーの際限のない自己増殖は、あたかも苔が地面を覆い尽くし、キノコが所狭しと群生していく様子にも似ている。実際に、アーレントもヨナスもこうした特性を持つテクノロジーを一つの「自然」として解釈している。

アーレントはテクノロジーの本質的な特徴を「オートメーション」[*48]のうちに洞察する。前述のとおり、テクノロジーにおいて生産物の制作は新しい生産物の制作を要請するのであり、進歩はテクノロジーの自己運動によって規定されている。こうした、「自分で動き、したがって意図的で目的を持った介入の範囲外にあるすべての運動過程[*49]」が、テクノロジーの持つオートメーションとしての性格に他ならない。

アーレントによれば、こうした性格はむしろ自然の事物のうちに見出されるものである。そうである以上、テクノロジーとは自然の力のごときものなのであり、テクノロジーが社会に蔓延していくという事態は、自然が世界を侵食する過程として理解されうる。こうした観点から、「今日のテクノロジーは自然力を人間の工作物の世界に流し込むことによって成り立っている[*50]」と、アーレントは述べている。

一方、ヨナスもまたテクノロジーのうちにある種の自然性を洞察している。ヨナスによれば、テクノロジーの進歩における「相互的なフィードバックの仕組みによって、理論〔科学〕はある新しい必然性の領域を現実にもたらした」[*51]のであり、その必然性とは、「理論が人間をその必然性から解放するはずだった第一の自然に代わる第二の自然である」[*52]。第一の自然とは、人間が科学的な認識を得る前の状態であり、この状態において人間は生物学的な条件に拘束され、その盲目的な必然性に従属していた。これに対して、「理論」＝科学はそうした条件から人間を解放し、普遍的な認識を得ることを促し、それによって人間を自由にするはずだった。しかし、「理論」はやがて技術と癒合してテクノロジーになったのである。前述のとおり、テクノロジーは無限に進歩しようとするのであり、その最中において人間には進歩を停止させるという選択肢などない。つまり、理論は再び人間の自由を否定する必然性と化したのである。ヨナスによれば「この第二の自然に対して、人間は根源的な自然に服従していたように、服従している」[*53]のである。

テクノロジーが自然と化している——そうアーレントとヨナスが言うとき、二人が念頭に置いている「自然」とは、美しく調和のとれた自然などではない。それはむしろ、人間にはコントロールできず、一旦運動が始まったら制御することが不可能であり、際限なくどこまでも増殖していく、理不尽で荒々しい必然性の力に他ならない。

3　テクノロジーとしての科学

テクノロジーの定義として一般的に語られるのは、テクノロジーとは科学を応用した技術である、というものだ。テクノロジーが科学と一蓮托生であることは疑いえない。しかし、この一般的な理解には問題がある。というのもそれは、あたかも科学とテクノロジーが明確に切り離され、科学がテクノロジーを必要とせずに成立しうるかのように解釈されうるからだ。しかし、アーレントとヨナスはこうした解釈を拒絶し、科学もまたテクノロジーによって支えられている、というよりもむしろ、科学とテクノロジーを区別すること自体が不可能であり、科学はそれ自体がある意味でテクノロジーである、という立場を取る。

テクノロジーが何かを作る営みだとしたら、科学は何かを認識する営みである。両者が一致しているのだとしたら、それは「作ること」が「知ること」と同一視され、認識の対象が制作の対象になる、ということを意味している。科学が認識の対象とするのはすべての自然現象だ。そうである以上、科学が同時に技術であるのだとしたら、すべての自然現象が制作の対象であり、存在するすべてのものが技術的操作の対象である、ということになる。では、そのとき科学=技術によって処理されうるように用立てられた存在とは何を意味しているのだろうか。二人はそうした観点から、個別の生産物に注目するのではなく、その背景にある存在論に遡って、テクノロジーが前提としている世界観を描き出していく。

アーレントによれば、テクノロジーを生み出した近代の特徴の一つは、科学のなかに実験が取り入れられた、ということである。実験とは、人間が自然の事象を模倣し、実験室のなかでそうした事象を再現することである。実験による再現の可能性が科学的認識の妥当性の条件である以上、科学的な認識は人間が制作可能なものでなければならない。それが意味しているのは、人間の知りうることが、人間に作ることのできるものと等しくなる、ということである。アーレントは次のように述べる。

> 実験とは、観察さるべき現象を作り出すことであり、したがって、そもそもの最初から人間の生産的能力に依存している。知識を得るために実験を用いるということは、すでに、人間は自分自身が作るものだけを知ることができると信じていればこそである。この確信は、人間が作らなかった物についても、それらの物が生じてきた過程を突き止め、模倣すれば、それらの物について知ることができる、

ということを意味していたのである。よく議論されたことであるが、科学の歴史における重点が、あるものが「なに」であり、「なぜ」あるのかという古い問題から、それが「いかに」生じたかという新しい問題に移動したのは、このような確信の直接的結果であり、したがって、その回答はただ実験においてのみ発見できるのである。実験は、あたかも人間自身が自然の対象物を作ろうとしているかのように、自然過程を繰り返す。[*54]

ここで述べられているとおり、実験によって得られる知識は、自然現象が「『いかに』生じたか」という問いに答えるものになる。そこで問われているのは、自然現象がどのような要素の組み合わせによって成り立ち、どのような法則によってそうした組み合わせが説明されるのか、ということでしかない。そしてその組み合わせや法則性は人間が実験によって再現できるものでなければならない。したがって、自然科学が対象とする宇宙は、それ自体があたかも技術的に制作された人工物であるかのように説明される。アーレントによれば、「現代科学が扱っている宇宙というのは、実験のなかに現れる自然の行動にあわせて解釈され、作業場のリアリティに技術的に翻訳できる原理そのものにあわせて解釈されている」[*55]。すなわち、この宇宙は人間の制作能力によって条件づけられ、それを超えるものではない、ということになる。

ヨナスもまた、アーレントと同様に、科学において宇宙全体が技術的なものとして解釈される、と指摘している。ヨナスによれば、自然科学を特徴づけている方法は「分析」[*56]である。分析とは、ある自然現象を、それよりも低次の自然現象の複合へと還元していく方法である。こうした方法が科学に適用されるとき、その背景では、あらゆる自然現象が最小の物質によって構成されている、という自然像が前提にされていなければならない。こうした自然像は、「作用をおよぼしている自然をもっとも単純な力学的諸要素として捉える」ものであり、「これらの要素は、方程式に代入され、結びつけられ、変形されうるような、同じ形式の量的な数値によって表現される」[*57]。ヨナスはこうした自然現象の最小の物質への分析を「自然の根源的な存在論的還元」[*58]と表現し、ここにテクノロジーの根源が示されていると解釈する。

〔自然現象に対する〕存在論的分析は、実際のあらゆる応用に先立って、それ自体でテクノロジー的な含意を有している。応用は近代科学の理論モデル像それ自体に付随している操作的な様相によってのみ可能である。事物がその諸要素からどのように構成されているかが示されれば、それによって、そのような諸要素から事物がどのように構成されうるかも、原則的に示されている。制作は、本質的には産出とは異なって、前もって存在している素材を組みあわせること、あるいは前もって存在している部品を組み換えることである。これと同様に、科学的認識も本質的には分布の分析、すなわち諸要素が関係しあっている諸条件の分析であって、その諸要素それ自体の本質を把握するという課題に煩わされはしない。諸要素が何であるかではなく、諸要素がそのような特殊な諸条件のもとで、すなわちその関係の組み合わせにおいてどのように振る舞うか――それが科学の追究しうる主題であり、追究すべき主題なのである。[*59]

ヨナスは、アーレントと同様に、自然科学における真理の探究を、自然現象が何であるかを問うものとしてではなく、「その関係の組み合わせにおいてどのように振る舞うか」を問うものとして解釈している。そのとき、自然現象はあたかも「制作」されたものであるかのように解釈されるのであり、そうした解釈に基づいて、あらゆる自然が技術的な操作の対象として準備されるのだ。そして、そのように理解された自然は、第5章で論じられた「死の存在論」を反映するものに他ならない。

この二人の立場は、テクノロジーが発動する局面を、テクノロジーの生産物の制作だけに限定せず、科学的な認識の局面にまで遡行させるものである。そしてそれは現代社会に生きる人間にとってテクノロジーから距離を取ることがいかに困難であるかをも示している。単に製品や機械の使用を止めたり、それらを処分したりしても、テクノロジーから離れることはできない。私たちが、現在の科学的な認識を放棄しない限り、すなわち、何かを知るということが、それが何によって構成されているかを知ることである、という思考法から自由にならない限り、私たちは依然としてテクノロジーのもとに従属し続けていることになるからである。

4　アーレントにおけるテクノロジーの脅威——公共性の空洞化

ここまで、テクノロジーをめぐる考察のうち、アーレントとヨナスに共通する論点を中心に紹介してきた。二人はまた、以上のような性格を持つテクノロジーが人間にとって脅威である、という点でも見解を同じくしている。しかし、微妙にずれが生じてくるのは、それがどのような意味で脅威なのか、ということをめぐってだ。以下ではまずアーレントの見解を追跡していこう。

前述のとおり、テクノロジーが世界を支配するとき、あらゆる存在は人間によって制作されうるものとして解釈される。したがって、リアリティは人間の制作能力によって構成されることになる。当然のことながら、制作能力は人間が持つ自分自身の能力であり、その意味で内的な能力である。そうである以上、人間のリアリティは人間の内面へと還元されるのであり、言い換えるなら、人間はもはや自分自身の外部にあるものと出会うことができなくなる。すなわちテクノロジーは人間から外部を喪失させるのである。アーレントによれば、「以前なら人間は、自分自身でないもののリアリティを経験することができた」が、テクノロジーが蔓延する現在において、「再び、それどころか以前よりももっと強力に、自分自身の精神の牢獄のなかに閉じ込められ、人間自身が作り出したパターンの枠のなかに閉じ込められているのである」[*60]。しかし、それは決して現実が人間にとって親しいものになる、ということを意味するわけではない。なぜなら、自然科学において説明される宇宙は「私たちがそれについてイメージを描くことのできないもの」であり、だからこそ「まったく表現することのできないもの」[*61]でもあるからだ。

考えることはできるけれど、イメージすることはできない。アーレントはそうした奇妙な事態を引き起こした出来事として望遠鏡の発明を挙げている。望遠鏡をはじめとする観測機器や実験装置は、人間の感覚では捉えることのできない情報を認知可能にするのであり、そうして得られたデータによって科学研究は進められる。そうである以上、テクノロジーの存在論において、人間の感覚は信用のならない誤解の源泉であり、情報はあくまでもテクノロジーによって採取されなければならない。それによって、人間が物事を科学的に認識することと、それについてイメージしたり表現したりすることとの乖離が引き起こされる。

たとえば現在の宇宙物理学の一般的な見解では、観測可能な宇宙の体積は三×一〇の八〇乗立方メートルと言われている。言うまでもなく、人間にはこの数値を技術的な機器なしに自らの肉眼だけで算出することができない。たとえどれほど科学的に正確であるのだとしても、私たちにはこの数値を感覚的に感じることができない。その広大な空間に漂う匂いを感じたり、光陰の移ろいを思い浮かべたり、その虚空に手を滑らせたときの感覚を想像することはできないのである。

しかし、そうであるにもかかわらず、それは私たちが住んでいる宇宙である。その宇宙の体積について具体的な想像ができない以上、私たちが生きる現実は全体として想像不可能なものに変わってしまう。すなわち、それは現実であるにもかかわらず、リアリティを欠いたものに変わってしまう。

こうしたリアリティの変質がアーレントにとって問題であるのは、リアリティが他者との繋がりを支えるものであるからに他ならない。アーレントによれば、「私たちにとっては、現れがリアリティを形成する。この現れというのは、他人によっても私たちによっても、見られ、聞かれるなにものかである」[*62]。第3章で述べられたとおり、ここで言う「現れ」とは、一人で孤独な思索に耽るのではなく、開かれた場で自らの意見を語る者として、議論の場へと参入することである。人間の思考がリアリティを獲得するのは、それがたった一人の私的な意見にすぎないときではなく、他者に見られたり、聞かれたりするときだ。そのため、「リアリティに対する私たちの感覚は、完全に現れに依存しており、したがって、公的領域の存在に依存している」[*63]。つまりリアリティとは本来、自分自身の内部で完結するものではなく、その外側で光を当てられることで、初めて成立するものに他ならない。そしてその「外側」とは、科学的な認識によって得られるものではなく、私とは別の人間、すなわち他者によってもたらされるのである。

ただしアーレントによれば、そうした公的領域によって形成されるリアリティは、ただ活動のなかで交わされる言論によって完成するのではなく、むしろそれが人工物へと加工され、物として世界に存在することを要求する。「人間事象の事実的世界全体は、第一に、それを見、聞き、記憶する他人が存在し、第二に、触知できないものを触知できる物に変形することによって、はじめてリアリティを得、持続する存在となる」[*64]。こうした「触知できる物」への「変形」として想定されるのは、たとえば、自らの言論を著作物にして出版したり、議論や活動の顛末を記録した文章を残したりすることである。そして、そうしたものを制作する力は「活動」ではなく「仕事」に属する。したがって、アーレントによれば、「活動と言論と思考がリアリティを得、物化されるためには、他の人工物を作るのとまったく同じ仕事人の技を必要としているのである」[*65]。このとき、仕事の力、制作の力が果たすべき役割は、公的領域を世界として樹立し、そこに耐久性を与えるということである。

しかし、前述のとおりテクノロジーは、それが終わりなき進歩を本質とする限りにおいて、世界からそうした耐久性あるいは永続性を奪ってしまう。永続性を奪われた世界は、あたかも自然の事象のごとく、人間の制御を離れて循環し、無限に自己増殖しようとする。それは、単に人工物の世界の永続性を掘り崩すだけではなく、その世界によって支えられるはずであった公的領域をも、つまり、他者との連帯の基盤をも掘り崩してしまうのである[*66]。

以上のように、テクノロジーは二重の仕方でリアリティを空洞化させる。第一に、テクノロジーの背後にある存在論によって、人間は自分自身の内部から逃れられなくなり、その「外部」としての公的領域が失われる。そして第二に、テクノロジーが世界の永続性を掘り崩すことによって、公的領域を支える世界はその耐久性を失い、自然の循環へと飲み込まれていく。それは、一方において、人間が自分の意見しか見えなくなり、他方において、これまで交わされてきた言論が無防備に忘却されていく、という事態を引き起こすのである。アーレントにとってテクノロジーが脅威であるのは、そうした公的領域の空洞化に他ならない。

5　ヨナスにおけるテクノロジーの脅威——倫理の空洞化

一方、ヨナスがテクノロジーの問題として注目するのは、その背後にある存在論によって自然が全体として技術的操作の対象となり、その内在的な価値を失う、ということだ。この問題は、第5章において述べられた、死の存在論によって喚起されるニヒリズムと密接に連関するものである。

前述のとおり、テクノロジーによって支配される世界において、自然は「存在論的還元」によって処理されている。すなわち自然は、それを構成する最小の物質と、その物質の組み合わせを決定する自然法則によってのみ説明される。その自然像は決定論的な世界として説明され、自然のうちに自発性や目的因は認められなくなる。すなわちヨナスによれば、こうした存在論において「終局への原因および目的という原因、つまり目的因という概念が、自然をめぐる考察から消去され」、自然現象は「ただ無関心な必然性の偶然によってのみ、まさにそうした性質を持つ先行条件からのみ、帰結する」[*67]ものとして理解される。

こうした決定論的な世界観は価値概念をも変容させる。ヨナスによれば、「善い」あるいは「悪い」という概念は、ある特定の目的との関係においてのみ意味を持つ。しかし、自然のうちにそうした目的は存在しない。したがって、自然のうちには「『善い』と『悪い』の区別が存在せず、因果的な必然性によって支配された事実だけが存在する」[*68]ことになる。言い換えるなら、「善い」あるいは「悪い」という価値概念は、自然現象のうちに客観的に基礎づけられるものではなく、ただ人間によって自然現象の上に投げかけられるだけであり、これに対して自然はそれ自体では「没価値的」[*69]に存在する、ということになるのだ。

ヨナスはここから次の二つの帰結を導き出す。第一に、テクノロジーの背後にある存在論は、自然現象それ自体に対して道徳的な規範の基礎づけを不可能にする。ヨナスによれば、死の存在論において、「人間は、このようにそれ自身において無関心な自然に対して何の罪も犯すことはなく、自然に対して負い目を抱くことなく、自然にあらゆるものを加え、自然によってあらゆることをすることが許されている」のであり、こうした「テクノロジーの力の完全な黙認」[*70]は、自然現象に対する人間の暴力が倫理的に無謬であることを意味する。第二に、死の存在論は「存在と当為の間に広がる架橋不可能な隔たり」[*71]をもたらすことになる。これは第6章で未来世代への責任の困難さとして指摘された問題だ。すなわち、一方において客観的で没価値的な存在の領域と、他方において主観的で価値を持った当為の領域とが存在論的に分断され、それによって価値概念は主観的なものとしてだけ説明され、客観的に基礎づけられえず、本質的に恣意的で相対的なものでしかない、ということになる。こうした自然像のもとでは、「怜悧の規則以外に、いかなる行動規範も取り出すことができない」[*72]。すなわち、道徳的な規範は「私にとって価値がある」ことだけを根拠とするものになり、そうした私的利害に基づくエゴイズムを超えるものではなくなってしまうのだ。

ただし、たとえ価値が人間による主観的な概念にすぎないのだとしても、その人間自身は、それはそれでまた一つの自然の事物である。自然の事物は何であってもそれ自体では無価値である。そうである以上、人間の抱く価値概念もまた、「それはそれでまた一つの価値中立的な自然のプロセス」[*73]にすぎず、『偶然と必然』の産物」[*74]以上のものではない。

人間が自然の事物である以上、あらゆる自然がそうであるように、人間もまた同時に技術的な操作の対象になる。それは、人間に対する暴力もまたそれ自体としては倫理的に無謬である、ということだ。ヨナスによれば、「人間は、自然の産物として、価値中立的な客体への科学的な還元へと引き入れられている」のであり、「それだけいよいよ、自分自身を無頓着にも扱うことができもするのである」[*75]。この倒錯こそがヨナスの洞察するテクノロジーの最大の脅威である。すなわち、テクノロジーにおいて人間はもはや主人の地位にあるのではなく、暴力的な加工を受ける素材として扱われてしまう、ということである。

そうした脅威の具体的な可能性としてヨナスによって例示されるのが、遺伝子操作、すなわち体細胞あるいは生殖細胞の遺伝子を意図的に改変する技術である。それが一つの技術的操作である以上、対象として操作される人間は、主体として操作する人間によって設定された目的のために操作され、その目的を達成するための単なる手段として扱われる。ヨナスは、この事態の意味を次のように説明している。

ある目的によって作られたものは、その目的を逸したとき、あるいはまた、目的がもはや存在しなくなったとき、再び廃棄される。場合によっては、目的を完全に達成することで、目的が存在しなくなっても、廃棄される。功利主義的に何かを廃棄するということは、功利主義的に何かを調達するということと対である。そしてそうした廃棄が一度でも始まってしまったら、そうした廃棄が停止すべき場所も、あるいは停止を根拠づける非功利主義的な原理も、語ることはできなくなる。技術製品に対して自然産物が一体どんな卓越した権利を要求できるというのだろうか。言うまでもなく、目標のない進化のプロセスにおいて、自然産物の生起が示す盲目的な偶然性には、そんな権利などない。定義に従うなら、発明された生物学的な技術による製品で、それ自身を目的として生産されたものなど、何一つとして存在しない。そうした製品を考え出すための唯一の規則は、功利性である。ここから次のような洞察が導き出されるのは当然のことである。すなわち、そもそも人間とは人間の役に立つために存在するのであり、目的それ自体であり続けることは誰にもできない、ということだ。しかし、誰もこの類型〔目的それ自体〕の構成員ではないのなら、なぜ、この類型などが存在するのだろう。こうして人類の実在は自分自身のためにその存在論的な根拠を失うのである。[*76]

ヨナスによれば、「功利性」を規準とする「技術製品」は、「その目的を逸したとき、あるいはまた、目的がもはや存在しなくなったとき」、さらには「目的」を完全に達成」したとき、「廃棄」される。そうした「廃棄」を禁止する倫理的な根拠は「自然産物の生起」が示す盲目的な偶然性」のうちには存在しない。そうして、遺伝子操作の対象となった人間は、そうした功利性に基づいて設計される自然産物として扱われるのであり、「目的それ自体」として存在するという「存在論的な根拠」を失う。そうである以上、「技術製品」一般がそうであるように、人間の生命もまた容赦のない「廃棄」の脅威に晒されることになるのである。

6 そして全体主義へ

以上のように、テクノロジーの脅威をめぐるアーレントとヨナスの分析は、強調点において分岐するように思える。しかしその分岐の行き着く先は、テクノロジーの脅威が全体主義の危険性を呼び起こす、という点で再び合流することになる。

前述のとおりアーレントは、リアリティが変質し、公的領域が空洞化するという点に、テクノロジーの脅威を洞察する。そのとき人々は、自分自身の内面に閉じ込められ、他者と出会い、関係性を構築することができなくなる。こうした観点から、アーレントは近代における公共性の空洞化によって、孤独な人々による大衆社会が形成されると指摘する。

今日、他人に対する「客観的」関係や、他人によって保証されるリアリティがこのように奪われているので、孤独の大衆現象が現れている。[*77]

公的な共通世界が消滅したことは、孤独な大衆人を形成するうえで決定的な要素となり、近代のイデオロギー的大衆運動の無世界的メンタリティを形成するという危険な役割を果たした。[*78]

『全体主義の起源』において、アーレントは全体主義を形成する要因の一つに、大衆社会における人々の根無し草化を挙げている。テクノロジーによるリアリティの変質は、人々を孤独にさせ、全体主義を立ち上がらせる環境を準備しうる。こうしてテクノロジーは全体主義の脅威を招き寄せるのである。

一方のヨナスは、テクノロジーが人間を没価値化させる点にその脅威を見出していたが、同時に、それが社会の統治に応用される危険性にも警鐘を鳴らしている。そうした事態は次のような具体的な事例とともに論じられる。

私たちは、生徒の学習意欲を薬物の大量投与によって誘発するべきであり、自ら動機を得ることを避けるべきなのだろうか。私たちは、脳の領野への電気刺激による鎮静化によって、攻撃性を克服するべきなのだろうか。〔中略〕難問の候補は次々に増えてゆく。企業は従業員の能率を向上させるために、こうした技術の多くに関心を示すかもしれない。ここで、強制とか同意の問題は完全に度外視しよう。不都合な副作用の問題についても無視しよう。私たちがそうした仕方で、人間的な問題を人間的に扱う方法を避け、非人格的なメカニズムによる性急さに置き換えるとき、常に私たちは、何か人格を持った自己であることの尊厳を放棄し、責任ある主体からプログラムされた行動システムへの道へと、次の一歩を踏み出してしまったことになるのである。[*79]

ここでヨナスは、今日で言うスマートドラッグや電極刺激が、教育や労働の場面で活用され、それによって統治が実現される未来を描き出している。ヨナスの問いかけが厄介なのは、彼がこうした統治の危険性を「強制とか同意の問題」とは異なる視点から指摘していることである。全体主義的な統治機構において、その社会を構成する人は、まったく何も強制されていないかもしれないし、自ら進んで全体主義に加担してさえいるかもしれない。否、むしろ、そうした事態を実現させるツールとして、テクノロジーは積極的に活用されうるのだ。

テクノロジーが全体主義を準備する。そうした洞察は、今日においてはむしろ情報通信技術の事例によってより明白に実現されつつある。人工知能によるターゲッティング広告によって、インターネット上でユーザーはもともと自分が好きなもの、自分が求めるものだけを閲覧するようになってきた。ソーシャル・ネットワーキング・サービス（ＳＮＳ）でも、ブロッキングやフィルタリングの機能によって、人々の目に入ってくる言論は、最初から自分自身と同じ意見のものだけに限定され、画一化されつつあるように思える。しかしそれは、アーレント的な意味において、人々の見る現実が自分自身のうちに閉じ込められ、外部との接点を持てなくなり、孤独になるという事態に重なりあう。一方で、統治機構はＳＮＳを通じて独自に情報発信を行い、自らの支持者を心地よい言葉で懐柔する。そうした傾向は自国第一主義の勢力においていっそう顕著であろう。ＳＮＳ上に投稿されたヘイト・スピーチ以外の何ものでもないプロパガンダが、その言説を妄信する人々から、ヨナス的な意味で「責任ある主体」である可能性を剝奪していることは、自明である。

7　抵抗としての対話

これまで、テクノロジーがもたらす脅威について検討してきた。繰り返しになるが、アーレントとヨナスではその強調するポイントが異なる。そしてこの違いは、この脅威に抵抗するための実践に関しても、両者に異なる視点をもたらしている。

アーレントがテクノロジーの危機に対して重視するのは、公共性の空洞化への抵抗に他ならない。彼女はその可能性を、科学技術文明における人間のあり方について、テクノロジー的＝科学的な語彙によってではなく、共通感覚に根差した言葉によって、他者と対話することのうちに模索する。「宇宙空間の征服と人間の身の丈」と題された論考において、彼女は「人間による宇宙空間の征服は、人間の身の丈を伸ばしたのか、それとも縮めたのか」という問いを取り上げ、その問いが「科学者ではなく一般の人々に向けて提起されたものであり、しかも物理学者が物理的世界のリアリティに抱く関心からではなく、人文主義者が人間に抱く関心から生まれたもの」であって、また「一般の人々に向けられた問いである限り、共通感覚に基づいて日常語で答えられねばならない」[*80]と指摘する。アーレントによれば、こうした日常的な言語で語られる問いの答えは、「論証によって真偽の決着がつくものではありえない」のであって、「その答えの真理性は、科学的言明の強制的な妥当性というよりも普遍的な妥当性に近い」[*81]ものである。

テクノロジーによって生じた問題を、テクノロジーの語彙によって思考することは、結局のところテクノロジーの存在論に留まることである。それは、自分自身の内部に留まることであり、公的領域のリアリティから目を背けることでしかない。しかし、ここでアーレントは、テクノロジーをそれとは違った仕方で語ることもできる、と主張しているのだ。なぜなら、たとえテクノロジーの専門家、すなわち科学者や技術者であっても、そうした人々が一人の市民である限り、そこにはやはり他者との繋がりを持った日常生活が広がっているからである。「科学者といえども同胞の市民と同じように、感覚器官による知覚、共通感覚、日常語からなる世界のうちで生の大半を送っている」[*82]。こうした観点から、依然としてアーレントは、少なくとも示唆的には、リアリティの空洞化を他者との対話によって食い止めることが可能である、と考えている。

もっとも、彼女がそこまで楽観的ではないことは自明である。彼女は次のようにも主張している。

人間が自らの為しうる事柄に抱くすべての誇りは、人類のある種の変異へと解消されてしまうだろう。実際、この地点から見るなら、テクノロジー全体がもはや「自らの物質的な力を押し広げようとする人間の意識的な営為の所産としてではなく、むしろ大規模な生物学的過程として」映ることになるだろう。こうした環境のもとでは、言論や日常の言葉はもはや意味を持った言明——言葉はもっぱら行動を表現するものであるが、その行動そのものを超越する——ではなくなり、したがって、数学的記号からなるそれ自体としては意味を持たない極端な形式主義に置き換えられた方がはるかにうまくゆくだろう。

宇宙空間の征服とそれを可能にした科学は、危険なまでにこの地点に接近している。もし本当にこの地点に到達することがあるとしたら、人間の身の丈はわれわれの知るすべての規準から見て、それ以下のものになるだけに留まらない。人間の身の丈そのものが破壊されてしまうことになろう。[*83]

すなわち、テクノロジーに支配された世界の拡張は、人間を私的利害から自由な言論の主体としてではなく、単なる「生物学的過程」にすぎないものへと還元させる。そのとき言論は「数学的記号」に基づく「極端な形式主義」に置換され、それによって公的領域のリアリティはいよいよ徹底的に失われてしまうのだ。したがって、彼女がテクノロジーの問題を克服するために示唆する実践とは、この閾値を超えてしまわないよう、言論を介した他者との対話によって、公的領域のリアリティを保持することである、と考えられる。

8　抵抗としての想像力

ヨナスによるテクノロジーへの抵抗は、すでに第6章ヨナス篇で詳論された、未来世代への責任に他ならない。しかし、そのうえで彼はこの理論の実践の方法をも構想していた。それが「恐怖に基づく発見術 Heuristik der Furcht」と名づけられた手法である。アーレントが対話の重要性を強調していたのだとしたら、ヨナスは想像力の重要性を強調するのである。

想像力が要請される理由は、さしあたり、テクノロジーによって生じる倫理的な問題が極度に複雑であり、科学的実証性に基づく予測では十分な対応が講じられないからである。したがって、科学的な実証性に囚われない人間の自由な想像力が未来の予見に活用され、たとえ科学的に証明できなくても、未来のリスクを回避するよう対策が講じられなければならない。こうしたアイデアは公共政策の領域における「予防原則」の原理と重なりあうものである。

しかし、想像力が必要な理由はそれだけではない。そもそも、「恐怖に基づく発見術」において要請されていることは、「人間像の歪み」[84]を発見することである。つまりそれは、たとえば、遺伝子操作をされた人間の数がどの程度になるか、とか、そうした人間が平均して何年生きるのか、といったような、計測可能な量を予見することではない。むしろ、遺伝子操作をされた人間がどのような人生を生きるのか、そのとき人間らしさはどのように変質するのか、という問題を予見することが、想像力に託されている課題なのだ。

その意味において「恐怖に基づく発見術」が担うのは、事実の予見ではなく、その事実が持つ意味の予見であり、言い換えるなら、そうした意味が埋め込まれる歴史的 - 社会的 - 文化的なコンテクストの予見なのである。遺伝子操作をされた人間は、あるコンテクストにおいてはまったく何の問題もなく存在するかもしれないが、別のコンテクストにおいては、著しく暴力に晒されながら存在するかもしれない。そうしたコンテクストが予見されうる限りにおいて、遺伝子操作は倫理的に批判されなければならない。そして、こうしたコンテクストを予見しうる能力は、ヨナスによれば、想像力以外にはありえないのだ。こうした歴史的 - 社会的 - 文化的コンテクストこそ、ヨナスの言う「人間像」に他ならない。第5章ヨナス篇で述べられたとおり、人間の本質は想像力によって人間像を創り上げる点にある。そして、同様の能力が未来への責任においても発揮されなければならない。ヨナスは次のように述べる。

今日において、私たちは力を持つものであり、その力を意識している。そして、意図的に、かつ自分自身を教育するような仕方で、「恐怖することを学ばせる」ように、自分自身を仕向けていかなければならない。ただし、それは新しい種類の恐怖である。なぜなら、私たち自身に対する核戦争の破局を前にした実際的な恐怖を別にすれば、破局はずっとあとでいつか襲ってくるものであり、そしてまだ生まれていない者に対して恐怖されうるものであり、私たちにとって、その驚愕を現在にもたらさなければならないものだからだ。その驚愕は、現在において、私たちが自らを〔破局に見舞われる〕未来の人々と同じ立場に立たせるならば、それ自身では生々しい想像力の恐怖でしかない――そしてこれは、もはや、想像力の活動でさえなく、道徳の活動であり、想像力に由来する責任の感情の活動なのである。*85

前述のとおり、テクノロジーの脅威はあらゆる存在への暴力を倫理的に無謬にする点にあるが、これに対してヨナスの倫理思想は、目の前に傷ついた他者が存在するとき、人間はその他者に手を差し伸べなければならない、というものだった。しかし、未来への責任においてその他者は現に目の前に存在するわけではない。だからこそ、想像力を発揮することで、そうした他者が埋め込まれうる人間像を浮かび上がらせることが、「恐怖に基づく発見術」の主たる役割なのである。

9　ここにいる者とともに、ここにいない者のために

テクノロジーの脅威に抵抗する術について、アーレントとヨナスの立場をあえて単純化するならば、次のように解釈することが許されよう。すなわち、アーレントが「ここにいる者とともに」テクノロジーを乗り越えようとするのに対して、ヨナスは「ここにいない者のために」テクノロジーを乗り越えようとする。ただし、この視点の違いは決して両立不可能ではない。むしろ両者を相互補完的なものとして解釈することも可能だ。

アーレントはテクノロジーの脅威に対して日常的な語彙によって対話することの必要性を指摘していた。また、彼女にとってテクノロジーは現実を人間には思い描けないものにするものであった。そうである以上、日常的な語彙に基づく対話は、思い描けないものを思い描けるものへと変えながら、そこに感じることのできる色彩をまとわせながら、言葉を交わすことであろう。そのとき人間に求められるのは、ヨナスが要求していた想像力なのではないだろうか。

一方ヨナスは、想像力によってまだ生まれていない未来の世代の人間像を予見することに、抵抗の可能性を見出した。しかし、その想像が独りよがりのものであっては意味がない。特に、未来への責任が人類全体を対象とするマクロな義務であるとしたら、その実践はあくまでも集団的に、一つの公共政策として推し進められなければならない。そのときに要請されるのは自分とは異なる立場にある他者との対話であろう。したがって、「恐怖に基づく発見術」には、アーレントの強調する対話の契機が不可欠なはずだ。

テクノロジーの自己増殖的な進歩は、アーレントにとっても、ヨナスにとっても、やがて全体主義へと通じていく。その進路を転轍させるために、私たちは、ここにいる者とともに、ここにいない者のために、対策を講じていく必要がある。二人が鳴らした警鐘は、依然としてその力強さを失わずに響きあっているのではないだろうか。

エピローグ

テクノロジー的全体主義に抗して

未来に向けて

アーレントとヨナスの生涯と思想を辿るわれわれの旅も終わりに近づいた。

この二人の足跡を辿ることによって、われわれは二〇世紀がどのような時代であったかを知り、その激動の世紀に生じた数々の問題に対してどのような思索がめぐらされてきたかを知り、その知恵を糧として、二一世紀を生き抜くための新たな思索のヒントを得ることができるだろう。改めて二〇世紀を象徴するキーワードを列挙しておけば、全体主義、反ユダヤ主義、ホロコースト（アウシュヴィッツ）、亡命、総力戦、シオニズム、ナショナリズム、戦争責任、アイヒマン裁判（凡庸な悪）、テクノロジー（原子力開発、遺伝子操作、延命技術）、などである。アーレントとヨナスはともにこれらの問題の渦中を生き、それに対する直接的な態度と思索における応答を求められた。

そうした状況のなかで二人の編み出した思想はいずれも彼／彼女らがくぐり抜けた現実の経験に裏打ちされた迫力を持ち、それぞれのユニークさと独創性を反映したものになっている。両者は似通った問題関心を持ちながらも、それぞれに対照的な方法でその問題関心に応えようとした。結果的に二人の思想は相対立する点を多く持つことになったが、その立場の違いを超えて、二人は親友であり続け、同じ戦禍と苦難を乗り越えた同志であり続けた。第7章でも論じたように、二人の思想は二〇世紀が抱えた課題に対する二つの回答の道筋を示しているのであり、その視座のズレ（パララックス・ビュー）からわれわれは多くの示唆を得ることができる。

また二人が関わりを持ってきた多くの人物（ハイデガー、ヤスパース、ブルトマン、ブリュッヒャー、ローレ、アンダース、ベンヤミン、アドルノ、ショーレム、ブルーメンフェルトなど）との交流を辿るだけでも、二〇世紀の思想的布置を見て取ることができて興味深い。アーレントとヨナスの生涯と思想を並行的に追跡することによって、われわれは二〇世紀の思想地図に新たな線を引くことができるはずだ。

以上の成果を踏まえたうえで、最後に、アーレントとヨナスの比較から得られた知見を活かしつつ、今後に向けての思想的課題をスケッチしておくことにしたい。すなわちそれは、二一世紀における「全体主義」と「テクノロジー」の新たな形態――それをここでは「テクノロジー的全体主義」と暫定的に名づけておく――にわれわれがいかにして対峙していくべきかという課題である。本書執筆の最後に、筆者二人が辿りついた仮説的アイデアをここに素描し、未来に向けた問いを開いておくことにしたい。

現代＝近未来

ヨナスはテクノロジーがもたらす未来の危機を察知するための方法として「恐怖に基づく発見術」を提唱していた。テクノロジーの進展がもたらす未来社会を想像するにあたっては、楽観的な希望よりもむしろ悲観的な恐れが優先されなければならない、というのがそのメッセージである。その際、ジョージ・オーウェルの『一九八四年』やオルダス・ハクスリーの『すばらしい新世界』のようなＳＦ小説がその想像を手助けしてくれるだろう、ともヨナスは記している。優れた小説家たちの想像力は、まだ到来していない危機に対してわれわれが備えることを可能にしてくれる。

たとえば、オーウェル『一九八四年』では、ビッグ・ブラザーによる監視が隅々にまで行き渡り、真理省によって事実が次々と書き換えられていくような超監視社会が描かれ、ハクスリー『すばらしい新世界』では、子どもがすべて人工授精によって瓶から生まれ、遺伝子操作によってその序列があらかじめ決定づけられているような新たな身分制社会が描かれていた。これらの物語は、テクノロジーの発展がもたらしうるディストピア社会の可能性を戯画的に示している。あるいは、『ブレードランナー』『マイノリティ・リポート』『マトリックス』などのSF映画をそこに加えてもよいだろう。

そして、これらのSF小説で描かれていた「近未来」は、今日かなりの程度まで「現実」のものとなりつつある。たとえば、これから生まれてくる子どもにどのような疾患や障害の可能性があるかを予測する出生前診断や、成人後のがんや生活習慣病の発症リスクを診断するDNA検査、特定の精子と受精卵を組みあわせる人工授精、などの技術はいずれもすでに実用化されている。DNAを人工的に組み換える遺伝子工学（ゲノム編集）、万能細胞を用いて人間の皮膚や内臓を人工的に再生する医療技術（iPS細胞など）、動植物の生命を人工的に創り出すクローン技術などは、いずれもまだ発展段階であったり、法律的または倫理的な制限がかかっていたりするものの、理論的には実用可能な段階にまで進んできている。[*1]

また、近年、AI（人工知能）が急速に人間の認知能力と情報処理能力を凌駕するようになっており、今後一〇～二〇年間のうちに労働人口の約五〇%が技術的には人工知能によって代替可能になるとも予想されている。[*2] GPS機能や顔認証技術などによって人間の行動を逐一把握することも容易になった。身体にチップを埋め込むことによって生体認証を自動化したり、血管にナノロボットを流し入れることによって健康状態を常時チェックしたり、高性能の義肢を装着することによって身体能力を拡張したり、GoogleグラスやVRヘッドセットを装着することによって認識能力を拡張したりするなど、「人間と機械を融合」

させる技術ももはや夢物語ではなくなっている。人間の脳が持つ情報をすべてデータ化して取り込み、それをコンピュータ上で再現する、というSF的な試み（マインド・アップローディング）も始まっている（カーツワイル 二〇一六）。

これらの状況を見れば、われわれはすでに（かつて描かれた）「近未来」を生きている、と言うこともできよう。そしてそれは、ヨナスがその到来を危惧していたテクノロジー社会が現実に到来してしまったことを意味してもいる。ヨナスは『責任という原理』のなかで、テクノロジーがもたらす未来の危機として（1）生命の延長、（2）行動制御、（3）遺伝子操作の三つを例に挙げていたが、これらの技術はまさに今日、実用化が始まっているものである。つまり、ヨナスの予言は、彼が望まなかったであろう形で実現しつつある。

あるいはアーレント思想を援用して言うならば、現代のテクノロジーのもとで生じているのは、まさに彼女が危惧していた「人間の条件（ヒューマン・コンディション）」の改変でもある。アーレントは、人間の生を条件づける要素として「生命それ自体」「世界性」「複数性」の三つを挙げ、この三条件がそれぞれ「労働」「仕事」「活動」の営みに対応するとしていた。人間は生と死に限界づけられた身体を持ち、人工物によって構成された「世界」のうちに住まい、複数的な他者とコミュニケーションを取ることによって、その生を構成している。しかし、テクノロジーの進歩とともに、人間の身体が生と死の限界を克服し、現実世界よりもヴァーチャル世界の方にリアリティを感じ、生身の人間よりむしろ人間ならざるもの（たとえば、人工知能を搭載したロボットやヴァーチャルなキャラクターなど）と日常的にコミュニケーションするようになった暁には、アーレントが想定した「人間の条件」は、良かれ悪しかれ、変更を蒙らざるを得ないだろう。そのとき、人間はもはや伝統的な意味での「人間」ではなくなっている。それが今日、「ポスト・ヒューマン」という名で語られ始めているものである（ブライドッティ二〇一九）。

アーレントは早くも一九五七年の時点で、宇宙船「スプートニク号」の打ち上げ成功のニュースに際して、そのような「人間の条件」が改変される危機を嗅ぎ取っていた。『人間の条件』プロローグの冒頭で取り上げられているのが、まさにこのスプートニク号の事例であったが、当時の宇宙開発競争に向けられた熱狂のうちに、「人間の条件から脱出しようとする願望」が隠されていると彼女は見ていた。また『過去と未来の間』所収の「宇宙開発の征服と人間の身の丈」では、今日の科学技術が人間の共通感覚を超えたものとなっていること、それが人間の言語によって表現される次元を超えつつあることが問題視されていた。言い換えれば、今日の科学技術がもはや「人間の条件」の枠を超え出ており、人間によってコントロール不可能なものになっていることに彼女は警鐘を鳴らしていたのである。

『サピエンス全史』を著して一躍有名になったユヴァル・ハラリは、その続編にあたる『ホモ・デウス』のなかで、今後一〇〇年のうちに「ホモ・サピエンス」という種は絶滅し、新たに「ホモ・デウス」（神的人間）へと生まれ変わるだろう、という驚くべき予言を行っている（ハラリ二〇一八）。人間と機械・コンピューターの融合によって、あるいは医療技術・バイオテクノロジーの飛躍的進歩によって、人間がその身体的制約を取り払い、能力を大幅に拡張するならば、それはもはや「ホモ・サピエンス」としての人間ではなく、神にも近き存在としての「ホモ・デウス」と呼ぶべきではないか、というのがハラリの提言である。さらにハラリによれば、そのような近未来においては、人間が世界の中心となる時代は終焉し、データやアルゴリズムが世界の中心となる時代が到来するという（人間至上主義からデータ至上主義へ）。もしこの予想が現実のものとなるならば、それはまさに、フーコーが『言葉と物』の最後で予言していた「人間」中心の時代（エピステーメー）の終焉でもあるだろう。

このようにして、ヨナスとアーレントが懸念していたテクノロジー的未来社会は、すでに現実のものとなりつつあり、人間の生のあり方そのものを変化させつつある。それがディストピア社会の実現であるのか、あるいはユートピア社会の実現であるのか、という判定については意見が分かれるところであろうが、[*3]少なくとも、ヨナスとアーレントがそれをユートピア的に捉えていなかったことは確かである。

テクノロジー的全体主義の出現

さらにここから一歩進んでわれわれが考えておかなければならないのは、かつてオーウェルやハクスリーが描いた近未来社会はテクノロジーを介した全体主義社会でもあった、という事実である。つまり、それらのSF小説が示していたのは、「新たな全体主義」の可能性でもあった。[*4]『一九八四年』では、街中のあちこちにテレスクリーンと呼ばれる画面が設置され、それを通じて人々の行動はすべて把握され、自由な言動や思想は制限されている。恋愛や贅沢も固く禁じられ、ビッグ・ブラザーの意志に背く者は即座に逮捕される。ハクスリー『すばらしい新世界』では、完全な人工授精と遺伝子操作の技術によって、人間は出生（出瓶）前から、アルファ、ベータ、ガンマ、デルタ、イプシロンという階層に分けられており、それぞれの人生コースがあらかじめ決定されている。「みんながみんなのために働く」というスローガンが幼児期からの睡眠学習によって人々の意識に染み込んでおり、合法ドラッグとフリーセックスを用いて人々が一体となる儀式（連帯のおつとめ）が定期的に開催される、等々。

『一九八四年』が描き出す陰鬱な未来社会に比べて、『すばらしい新世界』で描き出される未来社会はブラックジョーク的な明るさに満ち溢れているが、どちらの世界でも政府が定めた世界観に逆らうことは決して許されていない。つまり、その近未来社会では「自由」が根本的に奪われている。たとえ、表面的な快楽や満足が社会全体を覆っていたとしても、そこには真の「自由」は存在しない、というのがこの二つの傑作SF小説の発しているメッセージである。そして、アーレントとヨナスが重視していたのも、まさにそのような意味における「自由」の意義であった。その際、両者が捉える「自由」とは、単に個人が好き勝手に振る舞うという意味での自由ではなくて、人間の活動によってこの世界にまったく新たな出来事がもたらされるという意味での「自由＝自発性」であった。そして、「自由＝自発性」の根源に人間の「出生」を見る点でも両者は共通していた。その「出生」思想の背景に、アーレントの場合にはアウグスティヌスを経由したキリスト教思想があり、ヨナスの場合には彼が生涯信仰を持ち続けたユダヤ教思想があったことは第7章百木論考に見たとおりである。

逆に言えば、「出生」という人間の生の根本条件が歪められるときには、人間の存在意義である「自由＝自発性」もまた損なわれてしまうことになるだろう。たとえば、出生前診断やDNA診断や遺伝子操作の進歩によって、人間の生があらかじめどのようなコースを辿るかが確率論的に予測されたり、親が望むような子どもが生まれてくるような操作が施されたり、この世に生まれてくるのに不適であると判定された生があらかじめ除外されたりするようなことがあれば——そしてそのような技術はすでに現代において実用化されつつあるのだが——、そこではアーレントやヨナスが自由の根源と捉えた「出生」の内実は大きく変質してしまっていることになるだろう。あるいは、もし人々が（あるいは国家や社会が）、自分たちにとって望ましい子どもが生まれてくるように、遺伝子操作をしたり、適格あるいは不適格な（と彼らが判定するところの）生を取捨選択したりするような事態が生じれば、それはもはやアーレントやヨナスが希望を託した「出生」とはかけ離れたものになってしまうだろう。むしろそれは「新たな優生思想」と呼ぶべきものに繋がる危険性を持つものになるはずだ。[*5]

また、最新の人工知能やビッグデータを用いて、さまざまな場面での人間の最適行動を判定する機会も増えてくることだろう。たとえば、どのような会社に就職するのがいいのか、どのような学校を受験するのがいいのか、どのような人と付きあい、結婚するのがいいのか、子どもにどのような習い事をさせるのがいいのか、といった人生における選択肢を、人工知能がわれわれのこれまでの行動履歴のデータから分析し（今日われわれはスマートフォンやパソコンを通してそのような行動履歴データを日々刻々と記録している）、確率論的な最適解を示してくれるようになる、という事態は遠からず実現するだろう。それにあわせて、従来は人間が判断と選択を行っていた事柄を、人工知能の判断と選択に委ねる場面も増えてくるであろう。もちろん人間がすべての分野ですぐに判断力を放棄してそれを人工知能に委ねてしまうわけではないだろうが、確率論的な正確さを重視するならば、人間の判断力よりも人工知能の判断力の方がより信頼できるというケースは、今後ますます増えてくることが予想される。[*6]

これらの事例が示すのは、科学技術の発展とともに、人間が「自由＝自発性」を発揮する機会を奪われる場面が増えていくだろうということである。同時に、そこでは人間の「複数性」や「ユニーク性」が発現される機会も損なわれていくことになるだろう。人間の「自由＝自発性」が発揮される際に、それぞれの「複数性」や「ユニーク性」も発現されるというのが、アーレントの考えであったからだ。そしてその反対に、人間の「自発性」と「複数性」が発現する可能性を奪い取ってしまう支配システムこそが「全体主義」である、と彼女は論じていた。そうであるとすれば、急速なテクノロジーの進歩とともに今日その姿を現しつつある新たな社会システム（権力システム）は「新たな全体主義」の形態でもある、とわれわれは考えておくべきではあるまいか。しかもそれは、かつての全体主義やファシズムのように、上から強制的にその自発性と複数性を抑圧するのではなく、むしろわれわれの側から進んでその自発性や複数性をテクノロジーに差し出していくという形態において作動する権力／支配システムである。*7

こうして、最新のテクノロジーと結びつく形で生じつつある新たな全体主義を、暫定的に「テクノロジー的全体主義」と名づけておくことにしよう。サイエンス・フィクション（SF）がもはやフィクション（虚構）ではなく、現実（リアル）として具現化し始めている今日において（これを「サイエンス・リアリティ」とでも呼んでおくことができるだろうか）、テクノロジーの発展が日々われわれの生活を豊かで便利なものにしてくれていることを認めつつも（筆者自身もその恩恵に与って日々の生活を過ごしている）、他方でその発展が新たな全体主義社会（ディストピア社会）をもたらしうるかもしれないという危険性について、あらかじめ予防的な思索をめぐらせておくのは重要なことであろう。

「全体主義」と「テクノロジー」という二〇世紀の二大問題に取り組んだアーレントとヨナスの思索を引き受けたうえで、われわれが取り組むべきは、以上のような二一世紀における「テクノロジー的全体主義」についての考察ではないかと思われる。「全体主義」（権力システム）と「テクノロジー」（科学技術）の進化にあわせて、われわれの側もまたそれに対する思考をアップデートさせていかなければならない。第7章戸谷論考で示されたように、テクノロジーがもたらす危機に対して、アーレントは共通感覚に根差した「対話」（活動）によって対抗する道、ヨナスは「恐怖に基づく発見術」に沿った「想像力」によって対抗する道をそれぞれ示した。そしてこの二つの思索の根幹には「出生」に根差した「自由＝自発性」の思想があった。しかしその「出生」のあり方自体が科学技術によって改変され始めており、それとともに「自由＝自発性」のあり方も変容しつつある、というのが今日の状況である。われわれはアーレントとヨナスの思想を引き継ぎつつも、それを二一世紀的状況にあわせてアップデートさせ、「テクノロジー的全体主義」に対抗するための新たな思想を生み出していかなければならない。

註

第1章

＊1　ヤング゠ブルーエル一九九九：四〇頁
＊2　矢野二〇一四a：四―五頁
＊3　ヤング゠ブルーエル一九九九：五五頁
＊4　ヤング゠ブルーエル一九九九：三六頁
＊5　矢野二〇一四a：九―一〇頁
＊6　ヤング゠ブルーエル『ハンナ・アーレント伝』（七五頁）では一六歳からと記されているが、ギュンター・ガウスによるインタビューではアーレント自身が一四歳からと答えている（EU, p. 8／第一部：一二頁）。
＊7　ヤング゠ブルーエル一九九九：七〇頁
＊8　ヤング゠ブルーエル一九九九：七一―七二頁
＊9　ヤング゠ブルーエル一九九九：七三頁
＊10　EU, p. 8／第一部：一一頁
＊11　EU, p. 8／第一部：一二頁
＊12　EU, p.12／第一部：一七頁
＊13　『アーレント゠ショーレム往復書簡』三七七頁
＊14　『アーレント゠ショーレム往復書簡』三七八頁
＊15　矢野二〇一四a：二三頁
＊16　矢野二〇一四a：二四頁
＊17　E, S. 108／八一頁
＊18　E, S. 111／八四頁
＊19　ヤング゠ブルーエル一九九九：一一八頁
＊20　ヤング゠ブルーエル一九九九：一一九頁
＊21　E, S. 114／八六―八七頁
＊22　この点についてヨナスは次のように記している。「彼女は、ハイデガーの賛成を得て、ハイデルベルクのヤスパースのもとへと向かった。なぜなら、彼女は自分の恋人を博士論文執筆の指導教授とすることはできなかったからである」（E, S. 167／二四九頁）。

*23 たとえば、デーナ・リチャード・ヴィラ『アレントとハイデガー』を参照。
*24 「実存哲学とは何か」（一九四六年、『アーレント政治思想集成』所収）のなかでアーレントは、ハイデガーの実存哲学が他者から切り離された自己（現存在）を対象としていることを批判する一方で、ヤスパースの実存哲学が他者との交流（Kommunikation）を重視することを肯定的に評価している。この姿勢が、のちの『人間の条件』における「活動」概念の構想にも影響を与えたと考えられる。
*25 LBA, S. 19／二七頁
*26 LBA, S. 22／三二頁
*27 LBA, S. 44／六七頁
*28 LBA, S. 53／八一頁
*29 LBA, S. 54／八二頁
*30 LBA, S. 99／一五〇頁
*31 LBA, S. 99／一五〇頁
*32 千葉二〇一二：二四七頁
*33 ヤング＝ブルーエル 一九九九：一二六―一三一頁
*34 E, S. 167／一三四頁
*35 E, S. 168／一三四―一三五頁
*36 ヤング＝ブルーエル 一九九九：一三〇―一三一頁。このことだけが原因ではないが、アーレントとアドルノの間には生涯にわたって確執があったことが知られている。アーレントはアドルノと知りあったあとでシュテルンに「あの人を私たちの家に入れるつもりはないわよ！」と宣言したという（ヤング＝ブルーエル 一九九九：一三一頁）。
*37 矢野二〇一四a：三八頁、E, S. 282／二四六頁も参照
*38 矢野二〇一四a：三九頁
*39 E, S. 282／二四七頁
*40 ヤング＝ブルーエル 一九九九：一五三―一五四頁、矢野二〇一四a：四三―四四頁
*41 EV, S. 29
*42 E, S. 26／六頁
*43 E, S. 48-49／二七頁、強調は原文
*44 WpE, S. 11
*45 E, S. 64／四一頁
*46 cf. Wiese 2007, p. 3
*47 E, S. 82／五八頁
*48 cf. Jonas 1922
*49 E, S. 105／七八頁
*50 E, S. 111／八四頁
*51 E, S. 111／八四頁
*52 E, S. 112／八五頁
*53 E, S. 112／八五頁
*54 HA, p. 3

＊55　E, S. 124／九五頁
＊56　E, S. 124／九五頁
＊57　HA, p. 3
＊58　E, S. 116／八八頁
＊59　筒井　二〇〇四：一八四頁
＊60　上山　二〇〇九：一〇三頁
＊61　GsG, S. 13／一七頁
＊62　GsG, S. 107／一三二頁
＊63　GsG, S. 107-108／一三二頁
＊64　vgl. Jonas 1930a
＊65　本書では主題化することができなかったが、ヨナスはこの時期、キリスト教におけるパウロに関する短い著作を発表している。同書がヨナスの事実上の処女作であり、そこでは後年の哲学的生命論に連続する自由をめぐる議論が展開されるが、キリスト教哲学の研究として同書の内容が引き継がれることはなかった。vgl. Jonas 1930b.

第2章

＊1　大澤一九九一：一七七―一八二頁
＊2　ヤング＝ブルーエル一九九九：一五八頁
＊3　EU, p. 5／第一部：七頁
＊4　アーレントはインタビューのなかで次のように答えている。「固唾をのんで新聞を読んでいました。自分なりの意見も持っていたのです。政党には属しませんでしたし、その必要も感じませんでした。一九三一年から、ナチスが権力を握ることになるだろうと確信していましたし、その問題についてたえず他の人たちと論じあっていました。しかし、体系的にこの事態を理解したのは、実は亡命してからでした」（EU, p. 4／第一部：六頁）。
＊5　E, S. 124／九五頁
＊6　ヤング＝ブルーエル一九九九：一六一頁
＊7　ヤング＝ブルーエル一九九九：一六二頁
＊8　矢野二〇一四a：四八頁
＊9　ヤング＝ブルーエル一九九九：一七三頁
＊10　ヤング＝ブルーエル一九九九：一七四頁
＊11　コジェーヴは当時、ヘーゲルの『精神現象学』を翻訳しながらそれを注解する講義を行っており、そのゼミナールには時を前後して、ジャン・ポール＝サルトルやジョルジュ・バタイユ、モーリス・メルロ＝ポンティ、ジャック・ラカン、アレクサンドル・コイレといったフランス現代思想を代表する人々が参加していた（矢野二〇一四a：五二頁）。アーレントはサルトルとも短い交流を持ったが大して親しくならず、それよりもフッサールの弟子であったアレクサンドル・コイレと親しくなった。
＊12　E, S. 282-283／二四七頁

＊13 E, S. 283／二四七頁
＊14 ヤング゠ブルーエル 一九九九：一七六頁
＊15 E, S. 283／二四七頁
＊16 ヤング゠ブルーエル 一九九九：一四五頁
＊17 RV, S. 12／三―四頁、強調原文
＊18 セイラ・ベンハビブは、この伝記に描かれた社交空間としてのサロンを、公的領域と私的領域が入り混じる中間的領域（社会的領域）として肯定的に評価する議論を展開している（Benhabib 1996：第二章）。
＊19 RV, S. 186／一八五頁
＊20 Benhabib 1996, p. 7
＊21 RV, S. 17／九頁
＊22 RV, S. 235／二三三頁
＊23 アーレントは一九四四年に発表したエッセイ「隠された伝統」のなかで、「成り上がり者」とは異なる「パーリア性」を生きたユダヤ人として、ハイネ、ラザール、チャップリン、カフカの四人を取り上げて論じ、なかでもラザールから「自覚的パーリア」という概念を引き出している（『パーリアとしてのユダヤ人』所収）。
＊24 E, S. 285／二四七頁
＊25 矢野二〇一四ａ：五七頁
＊26 ヤング゠ブルーエル 一九九九：六五・一八五頁
＊27 『アーレント゠ハイデガー往復書簡』六〇頁
＊28 矢野二〇一四ａ：六五―六六頁
＊29 ヨナスはアーレントがアンダースと離婚してブリュッヒャーと再婚したことに対して、当初は微妙な感情を抱いていたようだが、のちにブリュッヒャーが妻ローレに敬意を示したこともあり、少しずつ彼をアーレントの伴侶として認めるようになった。「ギュンター・アンダースに比べると、ブリュッヒャーは、私にはとびきり上等の選択肢であるようには見えなかった。しかし、年数が経つにつれて私が気づいたのは、彼が彼女にとって多くのことを意味しているということ、そしてそれは本当の恋愛だったということである。ハンナは、かつてブリュッヒャーと自分との関係について私に話し、その関係を次のように表現した。『私は自分の人生でそもそも二人の男しか愛しませんでした――マルティン・ハイデガーとハインリッヒ・ブリュッヒャーです』」（E, S. 284-285／二四九頁）。
＊30 ヤング゠ブルーエル 一九九九：二二一頁、矢野二〇一四ａ：六六頁
＊31 矢野二〇一四ａ：六七―六八頁
＊32 アーレントはメアリー・マッカーシーとの会話のなかで、正確に言えば、自分がいたのは強制収容所（concentration camp）ではなく、抑留収容所（internment camp）だったと述べている（ヤング゠ブルーエル 一九九九：二七七頁）。

＊33 『アーレント＝ショーレム往復書簡』一〇頁（一九四一年一〇月一七日付）
＊34 ヤング＝ブルーエル一九九九：二二六頁
＊35 矢野二〇一四a：七二頁
＊36 ヤング＝ブルーエル一九九九：二二八頁
＊37 ヤング＝ブルーエル一九九九：二二九頁
＊38 ヤング＝ブルーエル一九九九：二三五頁
＊39 矢野二〇一四a：七七頁
＊40 矢野二〇一四a：七八―七九頁
＊41 ヤング＝ブルーエル一九九九：二三三頁
＊42 ヤング＝ブルーエル一九九九：二三五―二三六頁
＊43 ヤング＝ブルーエル一九九九：二三六頁
＊44 アーレントは一九四三年に発表した論考「われら難民 We Refugees」のなかでは、自らの亡命経験と、同様の境遇に置かれた人々のことを想起しながら次のように書いている。

「われわれの楽観主義はじつに称賛すべきものである――そのように自分自身に言い聞かせているにすぎないとしても。われわれの苦闘の物語は、ようやく人々に知られるようになった。われわれは生まれ故郷を喪失した。これは、日常生活の慣れ親しみを喪失したということである。われわれは仕事を失った。これはこの世界で何らかの役に立っているという自信を失ったということである。われわれは言語を失った。これは自然な受け応え、無理のないそぶり、ありのままの感情の表現を失ったということである。われわれはポーランドのゲットーに親族を残してきたし、強制収容所で親友を殺された。これはわれわれの私的生活が引き裂かれたということである。

にもかかわらず、われわれは救出されるやいなや――われわれの大半は幾度も救出されなければならなかった――新しい生活を始め、救い出してくれた者が与える親切な助言のすべてにできるだけ忠実に従おうと努めてきた。忘れるようにと助言されると、誰も想像できないほどの早さで忘れた。友好的な仕方で、新しい国が新しい故郷になるだろうということを忘れないで、と言ってくれる者もいた。実際、フランスに来てから四週間も経てばフランス人になろうとし、アメリカに来てから六週間も経てばアメリカ人になろうとした」（JW, pp. 264-265／第二部：三七頁）。

しかしアーレントはユダヤ人亡命者たちが抱くこのような「楽観主義（オプティミズム）」には「どこかしら間違ったところがある」とも書いている。「われわれのなかには楽観的な話をたくさんしたあとで、まったく思いもよらず、家に帰ってガス栓をひねったり、摩天楼から飛び降りたりする奇妙な楽観主義者たち」が少なからずいたからだ（JW, p. 266／第二部：三九頁）。「彼らの楽観主義は、なんとか水の上に顔を出そうとする空しい試みなのである。この表面上の快活さとは裏腹に、彼らは常に自分自身の絶望と闘っている。そして結局、彼らは一種のわがままから死ぬのである」（JW, p. 268／第二部：四三頁）。亡命者／難民たちが新天地で生き抜いていくために楽観的に振る舞うことは、自分たちが決定的に故郷を喪失したという絶望と背中合わせのものだったのである。

＊45 ヤング＝ブルーエル 一九九九：二四一頁
＊46 矢野 二〇一四 a：八三頁
＊47 JW, p. 138／第一部：一九八頁
＊48 JW, p. 137／第一部：一九七頁、強調原文
＊49 E, S. 130／一〇一頁
＊50 E, S. 132-133／一〇三頁
＊51 E, S. 132-133／一〇三頁
＊52 P, S. 15／一四頁
＊53 EV, S. 68
＊54 E, S. 151／一二〇頁
＊55 E, S. 189／一五四頁
＊56 E, S. 188／一五三頁
＊57 E, S. 194／一五八頁
＊58 Wiese 2007, p. 17
＊59 Wiese 2007, p. 18
＊60 E, S. 178／一四三頁
＊61 PoL, p. xi. ただし、一九七三年に公刊されたドイツ語版からはこの文言が削除されている。
＊62 Beckman 1998, pp. 85-89
＊63 WpE, S. 20-21

第3章

＊1 『アーレント＝ブリュッヒャー往復書簡』一〇一頁
＊2 アーレントは一九五四年に「ヨーロッパと原子爆弾」という論考も発表している（『アーレント政治思想集成2』所収）。
＊3 矢野 二〇一四 a：九九頁
＊4 『アーレント＝ヤスパース往復書簡』第一分冊、二四―二五頁
＊5 『アーレント＝ヤスパース往復書簡』第一分冊、二六頁
＊6 『アーレント＝ヤスパース往復書簡』第一分冊、二七頁
＊7 E, S. 283／二四七頁
＊8 『アーレント＝ブリュッヒャー往復書簡』一四四頁
＊9 ヤング＝ブルーエル 一九九九：二六六頁
＊10 ヤング＝ブルーエル 一九九九：三二三頁
＊11 ヤング＝ブルーエル 一九九九：三三八頁
＊12 『アーレント＝ハイデガー往復書簡』五八頁

＊13 『アーレント＝ハイデガー往復書簡』五九頁
＊14 『アーレント＝ハイデガー往復書簡』五七頁
＊15 『思索日記』の一九五二年五月三〇日付日記には、この講義を受けた感想メモが残されている（DTI, S. 210-212／二七二―二七三頁）。
＊16 イスラエル建国の経緯を含め、当時のシオニズムの状況について詳しくはレイモンド・P・シェインドリン『ユダヤ人の歴史』を参照。
＊17 アーレントのシオニズムに対する批判の過激さゆえに、「シオニズム再考」は、当初『コメンタリー』誌への掲載を拒否され、翌一九四五年に別の媒体で発表された。
＊18 JW, p. 390／第二部：二一四頁、強調引用者
＊19 JW, pp. 399-400／第二部：二二六―二二七頁
＊20 JW, p. 401／第二部：二二七頁
＊21 ヤング＝ブルーエル 一九九九：二八五頁
＊22 ヤング＝ブルーエル 一九九九：二八六頁
＊23 OT, p. xxiv／第三部：x頁
＊24 OT, p. 466／第三部：三三三頁
＊25 OT, pp. 465-466／第三部：三三二頁
＊26 全体主義の定義については百木（二〇一九）も参照。
＊27 OT, p. 438／第三部：二四二頁
＊28 OT, pp. 478-479／第三部：三五三―三五四頁
＊29 ヤング＝ブルーエル 一九九九：三四五―三五一頁
＊30 「『私は教授になりたいとはまったく思いません』と、彼女〔＝アーレント〕は聞く人ごとに答えた。アーレントはハーフタイムの専任や客員講師といったさまざまな特別の取り決めを、込み入った交渉をしてうまく獲得した。少なくとも毎年の半分は、著作とヨーロッパ旅行のために自由に空けておいた。教職や同僚や地域の社会生活の諸々の必要事は、彼女が気楽に応援できるものではなかった」（ヤング＝ブルーエル 一九九九：三八八―三八九頁）。
＊31 アーレントが常勤の大学教員であったのは、シカゴ大学（一九六三―六七年）とニュースクール（一九六七―七五年）のみで、それ以外は長らく「パートタイム教員」であった。この点について詳しくは石田（二〇一三）を参照。
＊32 ヤング＝ブルーエル 一九九九：三六六頁
＊33 矢野 二〇一四a：一三〇頁
＊34 E, S. 286-287／二五一頁
＊35 アーレント夫妻とヨナス夫妻は四人とも仲良くなったが、ローレもブリュッヒャーも、アーレントとヨナスに対しては「少し控えめに振る舞っていた」。「というのも、彼らはハンナと私がときどき二人だけでいるのも好きなことを知っていたからである」（E, S. 287／二五二頁）。
＊36 『アーレント＝ブリュッヒャー往復書簡』二五五頁
＊37 『アーレント＝ブリュッヒャー往復書簡』二六八頁

＊38　現在、ハンナ・アーレント・センターが付設されているバード大学は、ニューヨークから列車で約三時間かかる。

＊39　HC, p. 176／二八七頁

＊40　HC, pp. 176-177／二八八頁

＊41　HC, p. 7／二〇頁

＊42　HC, p. 9／二二頁

＊43　森川輝一は、アーレントのアウグスティヌス研究こそが彼女の思想を貫く鍵であったことを強調し、なかでも一九五〇年代初めに「始まり／出生」の思想をアウグスティヌス思想のなかに見出したことこそが、決定的な突破点（ブレイクスルー）であったと位置づけて、その意義を詳しく探求している（森川 二〇一〇）。

＊44　HC, p. 178／二八九頁

＊45　E, S. 216／一七八頁

＊46　E, S. 221／一八三頁

＊47　E, S. 139／一〇八―一〇九頁

＊48　ただし、品川によれば、彼が二〇〇八年九月一日にベルリンのユダヤ人犠牲者記念館のデータベースで調べた限り、ヨナスの母であるローザ・ヨナスは「一九四五年五月二〇日にウッチで死んだ」と記載されている。品川は「もとよりいずれが真相かはここでは定められない」としている（品川 二〇〇九：一八二頁）。

＊49　E, S. 227／一九〇頁

＊50　E, S. 236／一九九―二〇〇頁

＊51　E, S. 241／二〇四頁

＊52　E, S. 245／二〇八頁

＊53　E, S. 251／二一四頁

＊54　本書では詳しく論じることができないが、ヨナスはカナダで発表した研究成果として、博士論文の書籍化『グノーシスと古代末期の宗教　第一部』の続編となる、『グノーシスと古代末期の精神　神話論から神秘主義哲学へ』を発表している。vgl. Jonas 1954.

＊55　E, S. 265／二二八頁

＊56　なお、ニュースクール大学については紀平（二〇一七）が詳しい。

＊57　一九五八年、ヨナスは概説書的な性格を持った著作『グノーシスの宗教』を公刊する。Vgl. Jonas 1958.

＊58　E, S. 286／二四六頁

第4章

＊1　彼がシオニズム運動の中心的な活動家であり、アーレントが幼少期から交流のあった人物であったことを思い出されたい。第1章および第2章参照。

＊2　ヤング＝ブルーエル 一九九九：四三八頁

＊3　ヤング゠ブルーエル一九九九：四三八頁
＊4　ヤング゠ブルーエル一九九九：四三八頁
＊5　矢野二〇一四a：一八二頁
＊6　しかし、近年、こうしたアーレントのアイヒマン分析に反論する研究も出てきている。二〇一一年に刊行されたベッティーナ・シュタングネト『エルサレム以前のアイヒマン』は、膨大な資料を渉猟したうえで、アイヒマンが筋金入りの反ユダヤ主義者で、残忍な性格を持つ殺戮者であったと主張している（Stangneth 2014）。この点については、野口（二〇一八）第七章も参照のこと。
＊7　EJ, p. 287／三九五頁
＊8　EJ, p. 276／三八〇頁
＊9　LM1, p. 4／六頁
＊10　EJ, pp. 287-288／三九五頁
＊11　EJ, pp. 117-118／一六四―一六五頁
＊12　EJ, p. 6／三頁
＊13　EJ, p. 9／六頁
＊14　EJ, p. 9／六頁
＊15　矢野二〇一四b：七七―七八頁
＊16　アーレントとショーレムの往復書簡には、ときおりヨナスの話題も出てくる。たとえば、一九四五年三月三一日付の書簡のなかでアーレントは冗談めかしながら、自身の『アウグスティヌスの愛の概念』について、「もしかしてヘンシェン・ヨナス〔ハンス・ヨナスの愛称形〕がもう一冊、持っている場合には、あなたにそれを盗む全権を差し上げます」と書いている（『アーレント゠ショーレム往復書簡』五三頁）。一方のショーレムは一九四五年一二月一六日付の書簡のなかで次のように伝えている。「彼〔ヨナス〕は静かなうなりをあげながら、ユダヤ人旅団から市民生活に戻ってきました。そして、あなたの興味を引くことと思うのですが、こちらで若い女性と結婚しました。その女性は、ファーニアと私の確信に従えば、彼にとてもお似合いで、とても素晴らしい心情の持ち主です」（アーレント゠ショーレム往復書簡』七〇頁）。
＊17　矢野二〇一四b：七八頁
＊18　『アーレント゠ショーレム往復書簡』七五―八二頁（一九四六年一月二八日付書簡）
＊19　『アーレント゠ショーレム往復書簡』三六八頁
＊20　『アーレント゠ショーレム往復書簡』三六八頁
＊21　『アーレント゠ショーレム往復書簡』三六八頁
＊22　『アーレント゠ショーレム往復書簡』三六八―三六九頁
＊23　『アーレント゠ショーレム往復書簡』三六九頁
＊24　かつて一九九〇年代半ばの日本で起こった戦争責任をめぐる加藤典洋と高橋哲哉の論争のなかで、加藤が注目したのもこの「語り口」の問題であった（『敗戦後論』）。

＊25 『アーレント＝ショーレム往復書簡』三六九頁
＊26 『アーレント＝ショーレム往復書簡』三六九頁
＊27 『アーレント＝ショーレム往復書簡』三七〇頁
＊28 『アーレント＝ショーレム往復書簡』三七〇頁
＊29 『アーレント＝ショーレム往復書簡』三七〇頁
＊30 『アーレント＝ショーレム往復書簡』三七一頁
＊31 『アーレント＝ショーレム往復書簡』三七二頁
＊32 『アーレント＝ショーレム往復書簡』三七三頁
＊33 『アーレント＝ショーレム往復書簡』三七三頁
＊34 アーレントは、自分が「ドイツ左翼出身の知識人」というカテゴリーに括られることに対しても違和を表明している。「もし私がどこかの『出身』であるとすれば、それはドイツ哲学の伝統から」でしかなく、いわゆる「ドイツ左翼知識人」の一人ではない、と彼女は断言している（『アーレント＝ショーレム往復書簡』三七七頁）。
＊35 『アーレント＝ショーレム往復書簡』三七七頁
＊36 『アーレント＝ショーレム往復書簡』三七七頁
＊37 『アーレント＝ショーレム往復書簡』三七八頁
＊38 『過去と未来の間』所収「自由について」を参照。
＊39 『アーレント＝ショーレム往復書簡』三七九頁
＊40 『アーレント＝ショーレム往復書簡』三七九頁
＊41 『アーレント＝ショーレム往復書簡』三八〇頁
＊42 『アーレント＝ショーレム往復書簡』三八一頁。この箇所の訳については、原文を参照のうえ、橋爪大輝から も教示を得て、一部既訳を変更した。
＊43 アーレントのレッシング評については、「暗い時代の人間性」（『暗い時代の人々』所収）を参照。
＊44 加藤典洋はこれを「共同性」（ショーレム）と「公共性」（アーレント）の対立として論じ、後者に高い評価を与えている。またアーレントの「軽薄な（フリッパントな）」語り口を、共同性を解体しつつ内部から公共性へと突き抜ける方法として評価している（加藤 二〇一五）。
＊45 『アーレント＝ショーレム往復書簡』三七九頁
＊46 EJ, p. 279／三八四頁
＊47 『アーレント＝ショーレム往復書簡』三八二頁
＊48 リチャード・バーンスタインは、このような弁明に対して、むしろそれはアーレントの認識違いであり、実際には『全体主義の起源』時点の「根源悪」論と『エルサレムのアイヒマン』時点の「凡庸な悪」論の間には根本的な思考の変化はない、という見解を示している（Bernstein 1996）。
＊49 『アーレント＝ショーレム往復書簡』三八二頁
＊50 E, S. 287／二五二頁
＊51 E, S. 293／二五八頁
＊52 Taylor 1961, p. 1
＊53 Taylor 1961, p. 1

＊54 一九六一年一月二九日付書簡（HJ 3-22-6）
＊55 一九六一年一月二九日付書簡（HJ 3-22-6）
＊56 一九六四年一月（日付不明）書簡（HJ 3-22-5）
＊57 一九六四年一月（日付不明）書簡（HJ 3-22-5）
＊58 EJ, p. 59／四六頁
＊59 EJ, p. 59／四六頁
＊60 一九六四年一月（日付不明）書簡（HJ 3-22-5）
＊61 Wiese 2003, p. 80
＊62 E, S. 293／二五八頁
＊63 Wiese 2007, p. 81
＊64 Wiese 2007, p. 81
＊65 E, S. 294／二五九頁。なお、ヨナスはこの時期、『無と永遠の間』と題された論考を発表しており、そこではのちの哲学的生命論の主要部分となる論考が先取り的に発表されているほか、ブルトマンとの書簡のやりとりも収録されている。Vgl. Jonas 1963.

第5章

＊1 LM1, p. 4／七頁
＊2 橋爪（二〇一六）を参照のこと。
＊3 HC, pp. 324-325／五〇三―五〇四頁
＊4 RJ, pp.26-27／三六頁
＊5 RJ, p. 153／二〇二頁
＊6 RJ, p. 67／八三頁
＊7 RJ, p. 97／一一八頁
＊8 RJ, p. 90／一〇九頁
＊9 RJ, p. 96／一一六頁
＊10 RJ, p. 92／一一一頁
＊11 RJ, p. 90／一〇九頁
＊12 RJ, p. 189／二四二頁
＊13 RJ, p. 54／六八―六九頁
＊14 RJ, p. 54／六九頁
＊15 RJ, p. 24／三三頁
＊16 戦争時に生じた諸々の悲劇については、ドイツ人全体が集団として責任を負っているのであり、個々人にその責任を着せるのは正しくない、という「集団責任」の考え方をアーレントは強く批判している。このような考え方は結局、個々人の責任の所在を曖昧にしてしまうからである。誰もが悪いということは、逆に誰もが決定的には悪くなかったという推論に繋がってしまう。たとえどのような過酷な状況にあったとしても、司法の場で裁かれる際には、アイヒマンはあくまでその個人の罪と責任において裁かれなければならない、というのが彼女の強調したことであった。「判事たちが大きな努力を払って明らかにしたことは、法廷で裁かれるのはシステムではなく、大文字の歴史でも歴

史的な傾向でもなく、なんとか主義（たとえば反ユダヤ主義）でもなく、ひとりの人間なのだということでした。もし被告が役人であったとしても、役人としてではなく、ひとりの人間として裁かれるのです。役人としての地位においてでなく、人間としての能力において裁かれるのです」（RJ, p. 30／四一頁）。

＊17　CR, p. 203／一九八頁、強調原文

＊18　川崎修が指摘するように、アーレントの内には、亡命者＝無国籍者であった自分を一市民として受け入れてくれた自由の国アメリカへの希望と、猛烈なスピードで「大衆社会化」が進行するアメリカへの批判とが混在している（「夢と悪夢」「画一主義の脅威」など）。川崎（二〇一四）第3章も参照。

＊19　CR, p. 102／九五頁

＊20　ヤング＝ブルーエル一九九九：五七二頁

＊21　ヤスパースは一九六五年一二月にアーレントに宛てて次のように書いている。「ソクラテスなしにはアーレントはプラトンの思想はなかっただろうように、ハインリヒなしには君の思想もいまのようにならなかったのではないかと思うのです」（『アーレント＝ヤスパース往復書簡』第三分冊、一七六頁）。

＊22　ヤング＝ブルーエル一九九九：五七八頁

＊23　ヤング＝ブルーエル一九九九：五八五頁以下

＊24　『アーレント＝マッカーシー往復書簡』四七八頁

＊25　アーレントの晩年におけるこの往復書簡を最初に紹介したのはクリスティアン・ヴィーゼの功績である（Wiese 2007）。

＊26　一九七四年一一月七日付書簡（HJ-16-16-5）。訳文は橋爪大輝から教示を得た。

＊27　一九七四年一二月一二日付書簡（HJ-16-16-4）。訳文は橋爪大輝から教示を得た。

また同じ手紙のなかでアーレントは次のようにも書いている。

「そういうわけなので、私は文字どおり今日だけはあなたのために書こうと思います。［私たちの］五〇周年のために、私から何かしたいからです。あなたはその五〇周年のことをこれ以上なく美しく準備してくれましたね。ローレは私に幻想的で綺麗なフラワーアレンジメントを贈ってくれました。私はその残りをついさっき神々に捧げたところです。特にあなたからのラテン語のあいさつは嬉しかったです。もちろんあなたの美しい手紙も。この素晴らしいことをシャンパンで徹底的に祝いましょう。あなたが到着する二四日から、私は二、三日で出発してしまう予定ですが、でもそれも確かではありません。どうなるにしても、あなたが望んでくれているように、私たちはもう一度大晦日に会いますし、今年はローズ・ファイテルソンの家で催され

る予定です。ローレには私から住所と詳細を送ります。私はあなたと会うのを楽しみにしていますし、こういう言い方ができるなら、ここでは私はいつもあなたに会いたいと思っています。そうした状況のなかで進行中の事柄についてじっくり話すことができないということは、最も不愉快なことですね。そういうわけなので、私はただ引きこもっていますし、私たちが次に一緒に飲めることを、待ち遠しく思っています」（戸谷訳）。

＊28　この受賞スピーチは『責任と判断』のプロローグに収められている。

＊29　ヤング゠ブルーエル一九九九：六一七頁

＊30　ヤング゠ブルーエル一九九九：六一八頁

＊31　ヤング゠ブルーエル一九九九：六二〇頁

＊32　ヤング゠ブルーエル一九九九：六二一―六二二頁

＊33　一九七五年一二月一二日付書簡（HJ 16-16-45）。翻訳は戸谷による。

＊34　この書籍は書誌学的にやや複雑な経緯を持っている。同書はまず英語で『生命という現象――哲学的生命論に向けて』という題名で公刊され、その後ヨナスは同書を一九七三年にドイツ語訳するが、その際に大幅な加筆修正を行い、タイトルも『有機体と自由――哲学的生命論の試み』に変わっている。さらに、ヨナスの死後同書は出版社によって再び改題され、『生命という原理――哲学的生命論の試み』とされている。また、二〇〇八年に出版された邦訳ではタイトルは『生命の哲学――有機体と自由』に変更されている。そのため、事実上一つの本に対して四つのタイトルが存在することになり、さらにそのうち三つは内容がまったく同じという事態が生じているのだ。本章では、特に断りがない限り、便宜的に邦訳の『生命の哲学』というタイトルを採用することにする。

＊35　PL, S. 30-31／二〇頁、強調は原文

＊36　PL, S. 222／二三六頁

＊37　PL, S. 221／二三五頁

＊38　PL, S. 349／三八一―三八二頁

＊39　PL, S. 351／三八四頁

＊40　PL, S. 372／四一〇頁

＊41　PL, S. 372／四一〇頁

＊42　もっとも、ヨナスは死の存在論が完全に古代グノーシス主義と同一であると述べているわけではない。というのも、古代グノーシス主義の神話において、少なくとも自然は敵対的なものであるが、現代の死の存在論において世界はむしろ無関心であるからだ。ヨナスによれば、無関心な世界は敵対的な世界よりもいっそう脅威である。なぜなら、敵対的な世界は、少なくとも敵視されるという形で世界との関係を構築できるが、世界が無関心である場合、人間はもはや世界といかなる関係性を構築することもできな

くなるからだ。vgl, PL, S. 371／四一〇頁。
＊43 なお、本書では論じることができないが、この時期にヨナスは「ハイデガーと神学」と題された講演を行っており、そこでは後期ハイデガーの哲学は批判的に論じられている。Vgl, Jonas 1964.
＊44 PL, S. 15／一頁
＊45 PL, S. 9／iv頁
＊46 PL, S. 18／五頁
＊47 PL, S. 151／一四九頁
＊48 PL, S. 150／一四八頁
＊49 PL, S. 145／一四二頁
＊50 PL, S. 10／iv頁
＊51 PL, S. 20／九頁
＊52 PL, S. 21／八―九頁
＊53 PL, S. 20／九頁
＊54 PL, S. 19／七頁
＊55 PL, S. 163／一六四頁
＊56 PL, S. 265／二八五頁
＊57 PL, S. 284／三〇六頁
＊58 PL, S. 286／三〇九頁、強調は原文
＊59 PL, S. 265／二八五頁
＊60 PL, S. 253／二七〇頁
＊61 PoL, p. 262
＊62 細見二〇〇八：四九六頁
＊63 PL, S. 394／四三九頁
＊64 PL, S. 393／四三八頁
＊65 PL, S. 394／四三八頁
＊66 PL, S. 394／四三八頁
＊67 PL, S. 390／四三三頁
＊68 PL, S. 391／四三四頁、強調は原文
＊69 PL, S. 392／四三六頁
＊70 PL, S. 393／四三七頁
＊71 PL, S. 394／四三九頁
＊72 HC, p. 97／一五三頁

第6章

＊1 二〇一八年に出版されたアーレントの論考集 *Thinking Without a Banister*（ジェロム・コーン編）にもこのシンポジウムの記録が収録されている（"Hannah Arendt on Hannah Arendt," pp. 443-475）。
＊2 他の登壇者として、C・B・マクファーソン、クリスティアン・ベイ、エド・ヴァイスマン、F・M・バーナード、ジョージ・バイアード、マイケル・ガースタインが参加している。
＊3 OHA, p. 311

＊4　PV, S. 58／四一頁
＊5　OHA, p. 312
＊6　OHA, p. 313
＊7　ローレンス・フォーゲルは、アーレントの思考が「友情」（他者との対話）を重視するものであったのに対し、ヨナスの思考が「真理」（形而上学）を重視するものであったという対比を描き出している（Vogel 2008）。
＊8　OHA, p. 315
＊9　HC, p. 2／一〇頁
＊10　HC, p. 269／四三〇―四三一頁
＊11　WIP, S. 85／七一頁
＊12　WIP, S. 87／七三頁
＊13　ハイデガー『技術への問い』（一九五四年）、ヤスパース『原子爆弾と人間』（一九五八年）、アンダース『時代おくれの人間』（一九五六年）など。ハイデガー、ヤスパース、アーレント、アンダースらの原子力論を比較した考察として、たとえば森（二〇一三）や國分（二〇一九）を参照。
＊14　ヨナスの科学技術論については、Morris（2014）も参照。
＊15　HC, p. 3／一二頁
＊16　「宇宙征服と人間の身の丈」、BPF, p. 262／三六四頁。この引用に続けてアーレントは次のように書いている。

「この話し合いから得られるすべての答えは、それが素人・門外漢からのものであろうと、哲学者からのものであろうと、科学者からのものであろうと、非科学的である（ただし、反科学的ではない）。すなわち、その答えは決してはっきりと正しいとか間違っているとか言える類のものではない。その正しさは、科学的な言明の持つ強制的な妥当性よりも、合意が持つ妥当性に近い。たとえ、その答えが哲学者によって与えられたものであったとしても、それは、多くの人々（そのほとんどはすでに他界した人々かもしれないが）の意見交換によって到達されたものなのだ。そのような真理は決して普遍的な合意とはなりえないが、それは論証可能で強制的な科学の真理言明よりもしばしば長く生き延びるのである」（BPF, p. 262／三六四頁）。
＊17　"Metaphor and the Ineffable: Illumination on the Nobility of Sight", *Organism, Medicine, and Metaphysics*, vol. 7, pp. 303-316, 1978.
＊18　LM1, p. 111／一二九頁
＊19　LM1, p. 111／一三〇頁
＊20　LM1, p. 111／一三〇頁
＊21　LM1, p. 98／一一五頁
＊22　LM1, p. 103／一二〇頁
＊23　LM1, p. 103／一二一頁
＊24　LM1, p. 123／一四三頁

*25 LMI, S. 119／一三九頁
*26 LMI, S. 112／一三一頁
*27 HA, pp. 3-5
*28 AKT, p. 26
*29 AKT, p. 30
*30 AKT, pp. 27-28
*31 EV, S. 107
*32 EV, S. 108
*33 EV, S. 108
*34 TME, S. 45、強調は原文
*35 PV, S. 235／二二三頁
*36 ただしヨナスは、子どもへの責任と未来世代への責任を同一視し、前者から後者を直接的に導き出しているわけではない。詳しくは次を参照。戸谷 二〇一八：一五五—一五九頁。
*37 PV, S. 378／三七一頁
*38 PV, S. 49／三四頁
*39 PV, S. 49-50／四三頁
*40 E, S. 324／二八八頁
*41 E, S. 324／二八八頁
*42 Vgl. Jonas, 1981
*43 Koelbl 1998, pp. 170-171
*44 cf. Philosophisches Archiv der Universität Konstantz, http://www.uni-konstanz.de/FuF/ Philo/philarchiv/bestaende/Jonas.html（二〇一九年一二月一五日閲覧）。
*45 一九五九年一〇月二六日付書簡（HJ 3-22-3）
*46 一九五九年九月一七日付書簡（HJ 3-22-4）
*47 DT2, S. 720／三四五頁
*48 PUMV, S. 63-64
*49 PUMV, S. 75
*50 HJ 1-11-1
*51 一九六九年八月八日付書簡（HJ 1-11-1）
*52 「流転と歴史」論文には、たとえば以下のような記述がある。「動物の生命は表現に満ちている。まさに、懸命に表現しているのである。動物の生命は自らを表し、自らの身振りと、自らの言語と持っている。動物の生命は自らを伝えるのである。〔中略〕そして、何も学んでいないのに、動物は攻撃あるいは怒りの身振りを理解し、また、異性へのアピールの身振りを理解するのである。人間をそうしたすべてのものの例外とすることは、馬鹿げているだろう」（PUMV, S. 62. 強調は原文）。アーレントによる「異端的な思想」の告白は、こうしたヨナスの記述に触発されたものであろう。
*53 一九六八年八月八日付書簡（HJ 1-11-1）
*54 一九六八年八月八日付書簡（HJ 1-11-1）、強調は原文

＊55　LM1, p. 30／三七頁
＊56　LM1, p. 31／三八頁
＊57　LM1, p. 32／三九頁
＊58　『思索日記』にもこれとほぼ同様の記述がある。「感情は『内面的なもの』にしか現れない。それは『理解』できず、表現できるだけである。つまり『内面的なもの』を『外面的なもの』にすることしかできない。それを成し遂げて初めて、理解が始まる。」（DT2, S. 720／三四五頁）。この「外面的なもの」が、精神の活動の場合は言語（特に比喩）によって表現されるのに対して、魂の活動は肉体的な現象と結びついて表現されるのである。
＊59　たとえば、アーレントは次のように書いている。「すべて他人のいる公的な場所で送られる生活は、よく言うように、浅薄なものとなる。こういう生活は、たしかに、他人から見られ、聞かれるという長所を持っている。しかし、非常に現実的かつ客観的意味で生活の深さを失うまいとすれば、ある暗い場所を隠したままにしておかなければならない」（HC, p. 71／一〇一頁）。

第7章

＊1　リチャード・ウォリンは『ハイデガーの子どもたち』のなかで、アーレントとヨナスをともに、ハイデガーの実存主義とエリート主義という危険な要素を引き継いだ哲学者として扱っているが、これは不当な評価というほかないだろう。アーレントを古代ギリシアへの羨望を抱いたエリート主義者として描くことも、ヨナスを専制政治に魅了された半近代主義者として描くことも、両者がハイデガーの実存主義や決断主義を無批判的に引き継いだと見ることも、今日の研究水準からすれば決して適切なものとは思われない。
＊2　ただしアーレントはそのあとすぐに、ヨナスの妻ローレに対してこう述べたという。「私はいくつかの部分では反対の意見を持っていますが、彼の心地よい熱狂を邪魔したくはありません」。この発言は、ローレンス・フォーゲルがローレの回想録（*Private Memories of a Public Person*, 未出版）から引用しているものである（Vogel 2008）。この発言の紹介に続けて、ローレは「いつものように男のエゴを守りながら Protecting the male ego as always」と付け加えている。アーレントのヨナスに対するこのような態度は、学生時代に彼女がヨナスのシオニズム熱をからかって「子どもに欲しいものを与える。あなたの場合は、シオニズムがそれなの。男の子にはそういうものがないといけないんだね」と述べていたことを思い起こさせる（第1章ヨナス篇）。まるで母親がやんちゃな男の子を見守るような態度がそこには認められる。

＊3　E, S. 324／二八八頁
＊4　PV, S. 34／二〇頁
＊5　EJ, p. 279／二一四頁
＊6　アーレントもまた『過去と未来の間』に収められた「教育への危機」論文では、大人が子どもを世界へ導き入れる責任について論じているが、そこでの強調点は、未成熟な子どもを安易に政治の場（公的領域）に招き入れてはならず、大人はそのような場が持つ危険性から子どもを守ってやらなければならない、ということにある。公に晒されることの危険性から子どもを保護しつつ、少しずつ彼／彼女らを世界へ導き入れてやらなければならない、それが「教育」である、というのが彼女の主張であった（BPE, pp. 181-189／二四九―二六〇頁）。アーレントにとって、子どもは「世界」においてまだ十分に人間（市民）たりえず、「人間へと生成する」過程にある存在である。
＊7　討議倫理の哲学者によるヨナスへの批判はこれと同様の疑問を表明するものであると言える。品川哲彦が紹介するように、アーペルは未来世代への責任を現在世代と未来世代の非対称性に基づいて説明するヨナスを批判し、未来世代を潜在的な討議のパートナーとして扱うことによって、現在世代と未来世代の対等性に基づいた世代間倫理を提唱している（Apel 1988, 品川 二〇〇七）。
＊8　ヨナスは戦後も「ユダヤ的遺産を捨てないという義務」の意識を持ち続け、「こうして、私の息子に割礼を受けさせるということは、私にとっては自明のことであった」と述べている。（E, S. 340／三〇四頁）。
＊9　PV, S. 378／三七一頁
＊10　HC, p. 178／二八九頁
＊11　ヨナス自身は次のように書いている。「このようにユダヤ教に帰属することが、私の一般的な世界像とどの程度結びついていたかは、たしかに私自身にはいつも少し不明瞭なままであった。一方で私は、近代の自然科学が世界に関して言わなければならなかったことについての知識を受け入れた。他方で私は、ユダヤ人の運命である結束的性格をますます叩き込まれた。しかし両者は並立していた」(E, S. 340／三〇四頁)。
＊12　ショーレムは戦争中にアーレントに送った書簡（日付不明）のなかで、次のようにヨナスの様子を綴っている。「あなたの友人であるヨナスは砲兵隊に勤務していて、敵の飛行機を撃ち落としています。彼は軍人であることに誇りを持っていて、グノーシスの研究に取り組んでいた時期よりもなおいくらか無邪気な様子です」（『アーレント＝ショーレム往復書簡』六頁）。
＊13　OT, p. 479／第三部：三五四頁
＊14　HC, p. 177／二八八―二八九頁
＊15　「言葉と行為によって私たちは自分自身を人間世界

のなかに挿入する」と表現されていた「第二の誕生」に関しても、「そこで私たちは自分のオリジナルな肉体的外形の赤裸々な事実を確証し、それを自分に引き受ける」のであって、それは「決して他人によって条件づけられているものではな」く、「その衝動は、私たちが生まれたときに世界のなかに持ち込んだ始まりから生じているのである」と述べられている（HC, p. 177／二八八頁）。ここでもやはり、生物学的な「誕生／出生」から生じる衝動が「活動」における「始まり」を引き起こすのであり、われわれは活動的現れを通じて肉体的現れを引き受け確証する、という論法が取られており、生物学的な「誕生／出生」と活動における「始まり」、およびゾーエーとビオスが一体的なものとして、直接的に結びつけられている。

＊16　HC, pp. 177-178／二八九頁

＊17　HC, p. 247／三八五—三八六頁、強調引用者

＊18　小玉二〇一三：一六六—一七一頁

＊19　古賀（二〇一〇）を参照

＊20　関一九九五：一六九—一七〇頁

＊21　スザンヌ・ゴットリーブはアーレントの出生論をユダヤ的メシア思想の系譜に連なるものと捉え、とりわけベンヤミンの「弱いメシア的力」という観念を引き継ぐものと論じている（Gottleib 2003, p. 139）。

＊22　アドリアーナ・カヴァレロは「誕生 birth」を生物学的な始まり（私的なもの）、「出生 natality」を「活動」に付随する始まり（公的なもの）として区別するという見解を提示し、注目を集めている（Cavarero 2014）。ただしそのように誕生／出生を明確に私的／公的の区分に振り分けることが妥当であるかどうかは検討の余地があるように思われる。この点は今後の研究課題である。

＊23　PE, p. 178

＊24　PE, p. 176

＊25　PE, p. 168

＊26　PE, p. 169

＊27　PE, p. 169

＊28　PE, p. 170

＊29　ヨナス哲学の神学的背景に着目するゲルトルート・ヒルシュハドルンは、ヨナスの倫理学を「神概念の脱神話化」として構想されたものと捉える解釈を提示している（Hirsch Hadorn 2000）。またクリスティアン・ヴィーゼもヨナスのユダヤ人としての出自に着目し、その倫理学をユダヤ・キリスト教的な伝統の非神学的解釈として捉えている（Wiese 2007）。

＊30　PV, S. 98-99／八四頁、強調は原文

＊31　PV, S. 99／八五頁

＊32　PV, S. 90／七六頁

＊33　PV, S. 90／七五頁

＊34　PV, S. 234／二三二頁
＊35　PV, S. 236／二三四頁
＊36　PV, S. 234／二三二頁
＊37　PE, p. 182
＊38　アーレントとヨナスの思想を詳細に比較して論じたクラウス・ハルムスは、両者の思想が「哲学的神学 philosophische Thelogie」（あるいは神学的哲学）として特徴づけられることを強調している（Harms 2003）。ハルムスはこれを、アーレントの「政治神学的」思想とヨナスの「宗教哲学的」思想として対比し、詳しく分析していている。
＊39　E, S. 341-342／三〇五―三〇六頁
＊40　ニューヨークでユダヤ人作家・批評家として活躍したアルフレッド・ケイジンもまた、アーレントから「私は子ども時代から、一度も神の存在を疑ったことはありません」と告白されたことを記録している（ケイジン 一九八七：一〇六頁）。
＊41　ヨナスの未公開書簡を分析・紹介したクリスティアン・ヴィーゼによれば、ヨナスはアーレントの葬儀がユダヤ式で行われるべきだと強く主張していた（Wiese 2007, pp. 71-72）。なぜなら、ヨナスは晩年のアーレントからユダヤ教 Judaism への信仰を失っていないこと、自身の葬儀はユダヤ式で行われるべきだと告げられていたからである。「ハンナはユダヤ的存在の神秘や謎に絶えず魅せられていた。『ユダヤ人のいない世界は、私にとって想像できないものです』と彼女は私に言った。それは私たちがユダヤ人が生き残る可能性について議論したときのことであり、たとえば、イスラエルが破滅に至るような出来事を彼女はとても恐れていた」（Wiese 2007, p. 71, ヨナスからギュンター・アンダースへの手紙、HJ 16-16-59）。こうしたヨナスの理解に、彼自身のユダヤ教への信仰から来るバイアスがいささか入り込んでいる可能性は否定できないが、彼の言葉を信じるならば、アーレントはヨナスに対しては「ユダヤ人」の存続に強い関心を持っていたし、自身の葬儀という私的な行事に関してはユダヤ式で執り行ってほしいという希望を伝えていたことになる。これはアーレントの私的な側面を知るうえで重要な証言であろう。
＊42　EU, p. 447／第二部：三〇三頁（注釈一八）
＊43　アーレントの技術論におけるハイデガーからの影響については次の研究が詳しい。森川（二〇一七）。
＊44　HC, p. 150／二七九頁（注釈一三）
＊45　HC, p. 308／四八二頁
＊46　HC, p. 308／四八二頁
＊47　PL, S. 336／三六九頁
＊48　HC, p. 151／二四一頁
＊49　HC, p. 151／二四一頁

＊50　HC, p. 150／二四〇頁

＊51　PL, S. 340／三七五頁

＊52　PL, S. 340／三七五頁

＊53　PL, S. 340／三七五頁

＊54　HC, p. 295／四六五頁

＊55　HC, p. 288／四五五頁

＊56　PL, S. 328／三六〇頁

＊57　PL, S. 328／三六〇頁、強調は原文

＊58　PL, S. 328／三六〇頁

＊59　PL, S. 330／三六二―三六三頁

＊60　HC, p. 288／四五五頁

＊61　HC, p. 288／四五五頁

＊62　HC, p. 50／七五頁

＊63　HC, p. 51／七六―七七頁

＊64　HC, p. 95／一四九―一五〇頁

＊65　HC, p. 95／一五〇頁

＊66　百木は「仕事」によって制作される「世界」の安定性と永続性が、複数的な他者との「活動」の基盤となることを強調している。詳しくは百木（二〇一八：終章）を参照。

＊67　TME, S. 87

＊68　TME, S. 81

＊69　TME, S. 80

＊70　TME, S. 83

＊71　TME, S. 83

＊72　TME, S. 83

＊73　TME, S. 83

＊74　TME, S. 83

＊75　TME, S. 83

＊76　TME, S. 198-199

＊77　HC, p. 59／八八頁

＊78　HC, p. 257／四一五頁

＊79　PV, S. 51-52／三六頁

＊80　BPF, p. 260／三六一頁

＊81　BPF, p. 262／三六四頁

＊82　BPF, p. 263／三六五―三六六頁

＊83　BPF, p. 274／三八一頁

＊84　PV, S. 8／ⅳ頁

＊85　TME, S. 66

エピローグ

＊1　二〇一八年一一月に中国で「世界初のゲノム編集赤ちゃん」が誕生したというニュースが報じられたことは記憶に新しい。南方科技大学の賀建奎准教授が、香港大学で開かれた「国際ゲノム編集会議」で「双子の女児がＨＩＶ

に感染しないよう受精卵のDNAを編集した」と発表したのである。これに対して、世界中の科学者から多くの批判の声が寄せられ、中国政府は研究の中止を命令したと報じられている。

＊2　野村総合研究所によるレポート「日本の労働人口の四九％が人工知能やロボット等で代替可能に〜六〇一種の職業ごとに、コンピューター技術による代替確率を試算〜」(二〇一五年一二月二日発表)。

＊3　テクノロジー・ユートピア主義者として有名なレイ・カーツワイルは、人工知能が人間の能力を凌駕するシンギュラリティの到来、そして「人間と機械の融合」が果たされる近未来社会を極めて楽観的に待望する。あるイベントで「あなたは将来、脳に電極を刺しますか？」と問われたカーツワイルは間髪入れず「もちろん！」と答えたという(堀江 二〇一九：二四頁)。

＊4　オーウェルが、若き日には社会主義の理想に燃えてスペイン内戦に参戦しながらも、スターリニズムの抑圧に幻滅し、戦後、『動物農場』や『一九八四年』を発表して、超監視社会がもたらす恐怖を描き出したことはよく知られている。

＊5　ユヴァル・ハラリは『ホモ・デウス』のなかで、近い将来のうちに、最新のテクノロジーや医療技術を最大限に活用する「少数のアップグレードされた超人エリート層」とそれを活用できない「膨大な数の無用者階級(余剰人員)」の二極化が進むだろう、という予測を行っている(ハラリ 二〇一八：下巻、第九章)。また、落合陽一はそうしたAI時代に適した新たな士農工商制度を日本は構想すべきではないかと提案している(落合 二〇一八)。ハラリや落合がそこで優生思想を直接的に肯定しているわけではないが、現代のテクノロジー発展の先に到来するのが、隠しようもない超格差社会(それは新たな身分制に近い社会になるかもしれない)だと予想する点では共通している。

＊6　斎藤幸平は、マイケル・ハートやマルクス・ガブリエルとの対談のなかで、AIやアルゴリズムの発展が「AI専制主義」や「デジタル封建主義」とも呼びうる状況を引き起こすのではないかという懸念を示している(斎藤編 二〇一九)。

＊7　これを、フーコーが「生権力」あるいは「ミクロな権力」として描き出した権力システムの進化形態であると捉えておくこともできよう。

あとがき

本書が成立するに至った経緯について、戸谷の観点から、少しの思い出話を交えて綴っておきたい。

私は二〇一四年にポーランドのアウシュヴィッツ・ビルケナウ博物館を訪れた。同博物館はクラクフという街のはずれにある。クラクフの歴史は古く、伝統的に琥珀の装飾品とチェス盤などの手工業で知られている。私も市場を訪れ、いくつか土産物を買い、店員に簡単なポーランド語であいさつをした。

二月だった。クラクフの街は雪で覆われていて、凍てつくような寒さだった。市街地と周辺の観光地を巡ったあと、私は高速バスに乗り込み、アウシュヴィッツ博物館へ向かった。現地の言葉でアウシュヴィッツは「オフィシンツィム」と言う。一緒に乗り込んだ乗客たちはほとんどが海外からきた観光客のようだった。市街地を出てしばらくの間は、バスのなかは陽気な雰囲気で、みんな楽しそうに談笑していた。やがてバスは街を離れ、人気のない広大な畑を通り過ぎて、博物館の停留所に到着する。その頃には、乗客たちはさっきまでの和やかさを失い、車内にはじんわりとした緊張が漂い始めていた。

アウシュヴィッツ・ビルケナウ博物館は強制収容所の跡地をそのまま利用している。受付窓口で手続きをし、荷物を預け入れる。「ARBEIT MACHT FREI」（働けば自由になれる）と書かれた門をくぐると、観光客たちは自由に敷地内を歩き回ることができる。雪は市街地よりも激しくなっていた。地面は舗装されておらず、雪と融けあってどろどろだった。寒さは文字どおり刺すような鋭さを帯びていた。私は分厚いセーターを着て、その上にダウンジャケットを着ていたが、それでも震えを抑えられなかった。カメラを持つ手はかじかんでしまい、まるで自分の指ではないかのようだった。

敷地内には赤レンガで建設されたバラックが立ち並んでおり、収容された人々の居住空間や、公開処刑場、ガス室、遺灰が生々しく残されている。所長であったルドルフ・ヘスは、戦後に解放軍によってこの収容所のなかで絞首刑に処されたが、その絞首台もそのまま残されている。

順路は存在しない。私はバラックのなかを彷徨い歩いた。敷地の外れにガス室があり、そのなかにも入った。ガス室のなかは、「殺された人々の霊」を悼むために、写真撮影が一切禁止されていた。周辺には少なくない観光客がいたが、しかし、その空間は重い沈黙に覆われていた。誰もがアウシュヴィッツに飲み込まれていた。弾痕の撃ち込まれた壁、見せしめに人々が吊るされた柱、殺された無数の人々の顔写真、そうした物が私たちの言葉を停止させた。そこには感性が処理できる容量を遥かに溢れ出す暴力性があった。本来なら存在しないはずなのに、何かの間違いで発生してしまった、異世界のようにさえ感じられた。私は間違った世界に迷い込んだような気分に陥った。

私がアウシュヴィッツ・ビルケナウ博物館を訪れた動機は、ヨナスの生涯をより深く知りたい、というものだった。彼の母親はこの地に連行され、殺された。そしてその経験が彼の思想の形成に大きな影響を与えた。もちろん、私には彼の悲しみの一%も理解できないだろう。そんなことはわかっていた。それでも、せっかくドイツに留学しているのだし、一度は生で経験しておいても損はないだろう。私はそんな気持ちで博物館への訪問を決めたのだ。

しかし、実際にそこを歩いているうちに、私にとってアウシュヴィッツは、ヨナスの人生をよりよく知るための媒体にすぎないものではなく、むしろ私自身の問題であるように思えてきた。私の前には、なぜこんなものが存在してしまったのか、という茫漠とした問いが立ち現れてきた。それはあくまでも私の問いだった。そしてそれに対して私は沈黙することしかできなかった。

しかし、印象的な出来事が起きた。私のすぐ横を、五歳くらいの小さな女の子が、くるくる踊りながら歌い、駆け抜けていったのだ。

私はその一瞬を雷の光のように覚えている。その歌は奔放だった。楽しくなってしまって、抑えることができなくなって、歌わざるを得なくなって歌ってしまった、そんな歌声だった。彼女が自分で作った歌だったのかもしれない。大人たちが沈黙し、判で押したように心痛している最中で、その子だけが踊り、歌っていた。彼女だけがアウシュヴィッツに飲み込まれていなかった。彼女だけが自由であり、楽しそうだった。彼女の自由に対して、アウシュヴィッツの不気味さも、大人たちの眼差しも、ガス室も、まったく無力だったのだ。

彼女はその後、両親と手を繋いで、そのままどこかに行ってしまった。私は半ば呆気にとられながらその後ろ姿を見送った。その光景は私のアウシュヴィッツ博物館の思い出と分かちがたく結びつくことになった。

同じ頃、百木氏は京都府の出町柳にあるGACCOHというコミュニティスペースで市民講座を開いていた。GACCOHは、イベントスペースとしてのフロアの貸し出しを主なサービスとしながら、話題の書籍の読書会や、科学者を招いてのサイエンス・カフェ、また著名人の講演など、さまざまな企画を催していた。百木氏の市民講座はそのなかの看板企画だった。当時、研究者としてどのように社会と連携していくべきかを思い悩んでいた私は、インターネットで彼の講座を知り、大きな関心を持った。帰国した私は、百木氏を真似てGACCOHで市民講座を持ち、ヨナスについて講義をすることになった。幸いなことに百木氏はその講座に出席して下さり、私は彼と初めて出会うことになった。

私たちは、アーレントとヨナスが密接な思想史的な連関を有している、という認識を共有していた。しばらくやりとりをしているうちに意気投合し、GACCOHで全四回にわたる講座「やっぱり知りたい！対話篇　ハンナ・アーレント×ハンス・ヨナス」を二人で開催することになった。随分砕けたタイトルだが、中身は真剣そのものだった。この講座では、「出生」「テクノロジー」「思考」「責任」をテーマにしながら、それに対してアーレントとヨナスがそれぞれどのような思想を持っていたのかを解説し、聴衆を交えて議論した。この講座を通じて、私たちは長い時間をかけて議論して、互いの理解を共有した。そして、アーレントとヨナスの関係が極めて魅力的なテーマであること、それは一冊の本として世に送り出されるべきであるということを、確認した。これが本書を執筆するに至った直接的な動機だった。

実際に本書の執筆が始まると、私たちは一章を書くごとに集まり、延々と議論した。幸い、私たちはともに関西に住んでいたため、会って話すことは比較的容易だった。ときには議論は深夜にまで及び、夕飯を済ませたあと、遅くまで営業している喫茶店に場所を移して続けられることもあった。一冊の共著を作り上げるために、これほど長い時間をかけ、ちょっと書くごとに議論し続ける書き方は、あまり多くないかもしれない。

百木氏は私よりも数歳年上であり、私たちはいわゆる先輩と後輩のような関係にあった。しかし明確な上下関係があるわけでもなかった。彼は私を対等な共著者として扱ってくれたし、私も議論においては彼に遠慮をしなかった。

　この企画が持ち上がってすぐの頃、彼は私に、「僕たちは一緒に執筆することによって、もしかしたら対立し、仲違いしてしまうかもしれない。それでもやってみるだけの価値はあると思う」と言ってくれた。その言葉が私から無用な遠慮を取り払ってくれたように思う。私たちは互いの書いたものに対して容赦なく批判したし、介入したし、修正を迫りもした。それでも関係が破綻しなかったのは、私たちが基本的な方向性について理解を共有していたことに加えて、百木氏の寛仁な人柄によるところが大きい。

　本書の公刊直前になって、二〇一九年一二月に発生した新型コロナウイルスが世界的に流行したことは、もちろん私たちにとって予測していない事態だった。それによって本書の製作に影響が生じたのはもちろん、本書が念頭に置いてきた現代社会の情勢にも大きな変化が起きた。特に、街中で感染者との接触を通知するアプリケーション・ソフトウェアに代表されるように、人々を管理するための新たなテクノロジーの開発が進められたこと、そしてそうしたテクノロジーを人々が歓迎していることは注目に値する。エピローグにおいて百木氏が示した「テクノロジー的全体主義」という概念はこうした事態を理解するための一つの見通しを与えくれるはずだ。本書で検討してきたアーレントとヨナスの思想から、私たちの社会をどのように解釈し、そして未来への道筋をどのように見出していくのか。その問いは読者諸賢に委ねることにしたい。


　私たちに特別な力添えをして下さった方々もいた。

　本書の編集者である平原友輔氏には、本書の企画段階から大変にお世話になった。彼は、単に私たちの原稿を取りまとめるだけではなく、その内容に対して積極的に意見をし、ときには全体を俯瞰する厳正な校正者の視点から、ときには本書を待望しているだろう理想的な読者の視点から、私たちにアドバイスをして下さった。また、私たちが堂々巡りに陥り、議論が沈滞して筆が進まないときにも、じっと辛抱して私たちを待ち、突破口を開く助言をも与えて下さった。

前述のＧＡＣＣＯＨの管理人である太田陽博氏にも感謝を申し上げたい。太田氏は、私と百木氏が出会うきっかけを作り出してくださっただけではなく、学問の専門知を社会と共有していくうえで私たちにとって不可欠のパートナーだった。なお、太田氏はイラストレーターとしても活動されており、本書にカバーイラストを提供して下さっているが、そこには氏のアーレントとヨナスへの理解の深さが示されているように思う。

また、コンスタンツ大学のブリギッテ・パラケニングス博士には、補論でも述べたとおり、同大学が所蔵するアーレントとヨナスの往復書簡をはじめとして、本書にとって重要な資料を多数提供して頂いた。この資料は私たちに多くの発見をもたらし、本書の内容を充実させるうえで不可欠のものになった。パラケニングス博士は、事務的に資料を開示するだけでなく、アーレントとヨナスの関係を日本の読者に紹介するという私たちの理念に賛同し、私たちに必要と思われる資料を精査し、提案して下さった。この場を借りて改めて感謝を申し上げたい。

アーレント研究者の橋爪大輝氏からは、特にアーレント篇の執筆過程で多くの助力を賜った。百木氏が伝えてくれたところでは、橋爪氏はアーレントに関する情報提供をして下さっただけでなく、原稿を精読してコメントをして下さったり、さらに難解な書簡の文章に対して見事な日本語訳を作成して下さったりした。もちろん本書の内容への責任は私たちが負うものであるが、橋爪氏のご尽力によって本書のクオリティが高まったことは、いささかも疑う余地がない。

また、本書の出版にあたっては以下の助成を受けた。記して感謝する。科学研究費若手研究「テクノロジー的全体主義の分析：アーレントとヨナスの思想比較を通じて」（研究代表者：戸谷洋志、二〇一九―二〇二一年度）［課題番号 19K12974］。

執筆を進めるなかで、出生の問題について考えを巡らせるとき、私は時々アウシュヴィッツで出会ったあの少女のことを思い出した。雪の降り積もる仄暗いアウシュヴィッツのなかを、歌い踊りながら駆けていく少女。もちろん彼女のその振る舞いを、無知であったり、不謹慎であったりと非難する人もいるかもしれない。アウシュヴィッツの悲劇を前にして、そんなおふざけは不適切であり、親はその子に注意するべきだったと思う人もいるかもしれない。しかし、私はそうは思わなかった。遠ざかっていく彼女の小さな背中は、人間にとっての出生の意味を、何よりも雄弁に語っているようにさえ感じた。

アウシュヴィッツという、大人たちの誰もが飲み込まれていく圧倒的な歴史の重力のなかで、新しく生まれてきた子どもこそが、その重力に囚われずにいることができる。その沈黙のなかで子どもだけが踊ることができる。そしてその姿はときとして冷たい石のようになってしまった大人たちを覚醒させることさえもあるのだ。彼女が私をそうしたように。

出生とは、この世界に新しい人間が到来するということだ。それは、そうした覚醒へと人々を誘うような、軽やかで自由な歌声がこの世界に響き渡り続けることなのではないか。そしてその歌声を絶やさないことこそが、これから死んでいく大人たちに課せられた、未来への責任なのではないか――。そうした思いは、打ち消しがたいものとして、今でも私の胸に留まっている。

本書は、日本で初めて、アーレントとヨナスの思想史的連関を主題とした本である。本書にはさまざまな問題が残されているだろうし、網羅できていない点、解釈の不完全な点もあるだろう。読者諸賢のご批判を請う次第である。また、もしも本書がきっかけとなって、読者がアーレントやヨナスの著作に手を伸ばしたり、あるいは政治やテクノロジーの問題に新しい関心を持ったり、身近な人とちょっとした対話や議論を始めたりするならば、共著者としてこれ以上の喜びはない。もしも本書がそうした何らかの新しい「はじまり」を誘発させることができたなら、その声を、ぜひ私たちに届けて欲しい。

二〇二〇年四月　著者の一人として

戸谷洋志

社。

筒井賢治、2004、『グノーシス――古代キリスト教の〈異端思想〉』、講談社選書メチエ。

千葉眞、2012、「訳者解説」、ハンナ・アーレント『アウグスティヌスの愛の概念』、千葉眞訳、みすず書房、223-261 頁。

戸谷洋志、2018、『ハンス・ヨナスを読む』、堀之内出版。

野口雅弘、2018、『忖度と官僚制の政治学』、青土社。

ハイデガー、マルティン、1994、『存在と時間』上下巻、細谷貞雄訳、ちくま学芸文庫。

―――、2013、『技術への問い』、関口浩訳、平凡社ライブラリー。

ハクスリー、オルダス、2017、『すばらしい新世界』、大森望訳、ハヤカワ epi 文庫。

橋爪大輝、2016、「余暇・観想・思考――アーレントにおける「観想」のゆくえ」、『季報唯物論研究』、第 134 号、52-62 頁。

ハラリ、ユヴァル、2018、『ホモ・デウス――テクノロジーとサピエンスの未来』上下巻、柴田裕之訳、河出書房新社。

ブライドッティ、ロージ、2019、『ポストヒューマン――新しい人文学に向けて』、門林岳史・大貫菜穂・篠木涼・唄邦弘・福田安佐子・増田展大・松谷容作訳、フィルムアート社。

細見和之、2008、「あとがき」、H・ヨーナス『生命の哲学――有機体と自由』、細見和之・吉本陵訳、法政大学出版局、493-496 頁。

堀江貴文、2019、『僕たちはもう働かなくていい』、小学館。

百木漠、2018、『アーレントのマルクス――労働と全体主義』、人文書院。

―――、2019、「全体主義とは何か――アーレント『全体主義の起原』を手がかりに」、『生きる場からの哲学入門』、大阪哲学学校編、新泉社、220-239 頁。

森一郎、2013、『死を超えるもの―― 3・11 以後の哲学の可能性』、東京大学出版会。

森川輝一、2010、『〈始まり〉のアーレント――「出生」の思想の誕生』、岩波書店。

―――、2017、「ハイデガーからアーレントへ――ハイゼンベルク「不確定性原理」との対向を手掛かりに」『実存思想論集』、第 32 号、理想社、29-55 頁。

矢野久美子、2014a、『ハンナ・アーレント――「戦争の世紀」を生きた政治哲学者』、中央公論新社。

―――、2014b、『ハンナ・アーレント、あるいは政治的思考の場所』、みすず書房。

ヤング = ブルーエル、エリザベス、1999、『ハンナ・アーレント伝』、荒川幾男ほか訳、晶文社。

Hans Jonas", *Graduate Faculty Philosophy Journal*, pp. 253-293.

Wiese, Christian, 2007, *The Life and Thought of Hans Jonas: Jewish Dimensions*, Waltham, MA: Brandeis University Press.

Wolin, Richard, 2001, *Heidegger's Children: Hannah Arendt, Karl Löwith, Hans Jonas, and Herbert Marcuse*, Princeton, NJ: Princeton University Press.（＝『ハイデガーの子どもたち——アーレント／レーヴィット／ヨーナス／マルクーゼ』、村岡晋一・小須田健・平田裕之訳、新書館 , 2004 年。）

日本語文献

アンダース、ギュンター、2016、『核の脅威——原子力時代についての徹底的考察』、青木隆嘉訳、法政大学出版会。

———、2016、『時代おくれの人間——第二次産業革命時代における人間の魂』新装版・上下巻、青木隆嘉訳、法政大学出版会。

石田雅樹、2013、「「教育者」としてのハンナ・アーレント——あるパートタイム大学教員の「教育」と「研究」」、『宮城教育大学紀要』、第 48 号、79–88 頁。

石田勇治、2015、『ヒトラーとナチ・ドイツ』、講談社現代新書。

上山安敏、2009、『ブーバーとショーレム——ユダヤの思想とその運命』岩波書店。

オーウェル、ジョージ、2009、『一九八四年［新装版］』、高橋和久訳、ハヤカワ epi 文庫。

大澤武男、1991、『ユダヤ人とドイツ』、講談社現代新書。

落合陽一、2018、『日本再興戦略』、幻冬舎。

カーツワイル、レイ、2016、『シンギュラリティは近い［エッセンス版］——人類が生命を超越するとき』、NHK 出版編、NHK 出版。

加藤典洋、2015、『敗戦後論』、ちくま学芸文庫。

カフカ、フランツ、1996、『夢・アフォリズム・詩』、吉田仙太郎編訳、平凡社。

川崎修、2014、『ハンナ・アレント』、講談社学術文庫。

紀平英作、2017、『ニュースクール—— 20 世紀アメリカのしなやかな反骨者たち』、岩波書店。

ケイジン、アルフレッド、1987、『ニューヨークのユダヤ人たち II——ある文学の回想 1940-60』、大津栄一郎・筒井正明訳、岩波現代選書。

古賀敬太、2010、『政治思想の源流——ヘレニズムとヘブライズム』、風行社。

國分功一郎、2019、『原子力時代における哲学』、晶文社。

小玉重夫、2013、『難民と市民の間で——ハンナ・アレント『人間の条件』を読み直す』、現代書館。

斎藤幸平編、2019、『未来への大分岐——資本主義の終わりか、人間の終焉か？』、集英社新書。

シェインドリン，レイモンド・P.、2012、『ユダヤ人の歴史』、入江規夫訳、河出文庫。

品川哲彦、2007、『正義と境を接するもの——責任という原理とケアの倫理』、ナカニシヤ出版。

———、2009、「ハンス・ヨーナスの生涯」、ハンス・ヨーナス、『アウシュヴィッツ以降の神』、品川哲彦訳、法政大学出版局、166–198 頁。

関廣野、1995、『教育、死と抗う生命——子ども・家族・学校・ユートピア』、太郎次郎ウシュヴィッツ以後の神』、品川哲彦訳、法政大学出版局、2009年。）

———, 1997, *Das Prinzip Leben. Ansätze zu einer philosphischen Biologie,* Frankfurt am Main: Suhrkamp.（＝『生命の哲学 有機体と自由』、細見和之・吉本陵訳、法政大学出版局、2008年。）

———, 2003, *Erinnerungen*, Frankfurt am Main: Insel.（＝『ハンス・ヨナス「回想記」』、盛永審一郎・木下喬・馬渕浩二・山本達訳、東信堂、2010年。）

コンスタンツ大学哲学文書館における Hans Jonas Collection の資料

HJ 1-11-1 / HJ 1-11-6 / HJ 3-12-11 / HJ 3-22-1 / HJ 3-22-2 / HJ 3-22-3 / HJ 3-22-6 / HJ 11-5-136 / HJ 11-7-4 / HJ 11-7-6 / HJ 11-7-8 / HJ 11-7-11 / HJ 11-7-22 / HJ 11-7-27 / HJ 11-7-21 / HJ 11-7-32 / HJ 16-16-4 / HJ 16-16-7 / HJ 16-16-45 / HJ 16-16-92

二次文献

外国語文献

Apel, Karl-Otto, 1988, *Diskurs und Verantwortung: Das Problem des Übergangs zur postkonventionellen Moral*, Frankfurt am Main: Suhrkamp.
Beckman, Morris, 1998, *The Jewish Brigade. An Army With Two Masters 1944-45*, Staplehurst, UK: Spellmount, pp. 85-99.
Benhabib, Seyla, 1996, *The Reluctant Modernism of Hannah Arendt*, California: Sage Publications.
Bernstein, Richard, 1996, *Hannah Arendt And The Jewish Question*, Cambridge, Mass: The MIT Press.
Cavarero, Adriana, 2014, ""A Child Has Been Born unto Us": Arendt on Birth", translated by Silvia Guslandi and Cosette Bruhns, *philoSOPHIA*, vol. 4, no. 1, pp. 12-30.
Gottlieb, Susannah Young-ah, 2003, *Regions of Sorrow: Anxiety and Messianism in Hannah Arendt and W. H. Auden*, California: Stanford University Press.
Harms, Klaus, 2003, *Hannah Arendt und Hans Jonas: Grundlagen einer philosophischen Theologie der Weltverantwortung*, Berlin: Wiku-Verlag.
Hirsh Hadorn, Gertrude, 2000, *Umwelt, Natur und Moral: Eine Kritik an Hans Jonas, Vittorio Hoesle und Georg Picht*, Freiburg: Karl Alber.
Koelbl, Herlinde, 1998, *Judische Portraits: Photographien und Interviews*, Frankfurt am Main: Fischer.
Morris, Theresa, 2014, *Hans Jonas's Ethic of Responsibility: From Ontology to Ecology*, Albany, NY: State University of New York Press.
Stangneth, Bettina, 2014, *Eichmann before Jerusalem: The Unexamined Life of a Mass Murderer*, London: The Bodley Head.
Taylor, Telford, "Large Questions in the Eichmann Case", *New York Times*, 1961/1/22.
Villa, Dana Richard, 1996, *Arendt and Heidegger: The Fate of the Political*, Princeton, NJ: Princeton University Press.（＝『アレントとハイデガー——政治的なものの運命』、青木隆嘉訳、法政大学出版局、2004年。）
Vogel, Lawrence A., 2008, "The Responsibility of Thinking in Dark Times: Hannah Arendt versus

———, 1930b, *Augustin und das paulinische Freiheitsproblem. Ein philosphlscher Beitrag zur Genesis der christlich-abendJtindischen Freiheitsidee*, Göttingen: Vandenhoeck & Ruprecht.

———, 1988 [原著1934], *Gnosis und spätantiker Geist. Erster Teil: Die mythologische Gnosis*, Göttingen: Vandenhoek & Ruprecht, 1988. （＝『グノーシスと古代末期の精神　第一部　神話論的グノーシス』、大貫隆訳、ぷねうま舎、2015年。）

———, 1954, *Gnosis und spätantiker Geist. Teil 2, i, Von der Mythologie zur mystischen Philosophie*, Göttingen: Vandenhoeck & Ruprecht. （＝『グノーシスと古代末期の精神——第二部　神話論から神秘主義哲学へ』、大貫隆訳、ぷねうま舎、2015年。）

———, 1958, *The Gnostic Religion: The Message of the Alien God and the Beginnings of Christianity*, Boston: Beacon Press. （＝『グノーシスの宗教——異邦の神の福音とキリスト教の端緒』、秋山さと子・入江良平訳、人文書院、1986年。）

———, 1963, *Zwischen Nichts und Ewigkeit. Zur Lehre vom Menschen*, Kleine Vandenhoeck-Reihe 165, Göttingen: Vandenhoeck & Ruprecht.

———, 1964, "Heidegger und die Theologie", *Evangelische Theologie*, 24.

———, 2001 [原著1966], *The Phenomenon of Life. Toward a Philosophical Biology*, Illinois: Northwestern University Press.

———, 1974, *Philosophical Essays' From Ancient Creed to Technological Man*, Englewood Cliffs: Prentice Hall.

———, 1976, "Acting, Knowing, Thinking: Gleanings from Hannah Arendt's Philosophical Work", *Social Research*, 44, pp. 25-43.

———, 1976, "Hannah Arendt: 1906-1075", *Social Research*, 43(1), pp. 3-5.

———, 2003 [原著1979], *Das Prinzip Verantwortung. Versuch einer Ethik für die technologische Zivilisation*, Frankfurt am Main: Suhrkamp.（＝『責任という原理——科学技術文明のための倫理学の試み』、加藤尚武監訳、東信堂、20002年。）

———, 1981, *Macht oder Ohnmacht der Subjektivität? Das Leib-Seele-Problem im Vorfeld des Prinzips Verantwortung*, Frankfurt am Main: Insel.（＝『主観性の復権——心身問題から『責任という原理』へ』、宇佐美公生・滝口清栄訳、東信堂、2000年。）

———, 1983, *Was für morgen lebenswichtig ist. Unentdeckte Zukunftswerte*, Freiburg: Herder.

———, 1987 [原著1985], *Technik, Medizin und Ethik. Zur Praxis des Prinzips Verantwortung*, Frankfurt am Main: Suhrkamp.

———, 1987, *Der Gottesbegriff nach Auschwitz. Eine jüdische Stimme*, Frankfurt am Main: Suhrkamp.

———, 1987, *Wissenschaft als persönliches Erlebnis*, Göttingen: Vandenhoeck & Ruprecht.

———, 1988, *Materie, Geist und Schapfung. Kosmologischer Befund und kosmogonische Vermutung*, Frankfurt am Main: Suhrkamp.

———, 1991, *Erkenntnis und Verantwortung*, Göttingen: Lamuv.

———, 1992, *Philosophische Untersuchungen und metaphysische Vermutungen*, Frankfurt am Main: Insel.

———, 1993, *Philosopophie. Rückschau und Vorschau am Ende des Jahrhunderts*, Frankfurt am Main: Suhrkamp.（＝『哲学・世紀末における回顧と展望』、尾形敬次訳、東信堂、1996年。）

———, 1994, *Gedanken über Gott. Drei Versuche*, Frankfurt am Main: Suhrkamp, 1994.（＝『ア

Harcourt Brace & Company.（＝『アーレント政治思想集成 1　組織的な罪と普遍的な責任』・『アーレント政治思想集成 2　理解と政治』、齋藤純一・山田正行・矢野久美子訳、みすず書房、2002 年。）

———, 1994 [原著 1960], *Vita activa oder Vom tätigen Leben*, München: Piper.（＝『活動的生』、森一郎訳、みすず書房、2015 年。）

———, 2005 [原著 2003], *Responsibility and Judgment*, edited by Jerome Kohn, New York: Schocken Books.（＝『責任と判断』、中山元訳、筑摩書房、2007 年。）

———, 2003, *Denktagebuch: 1950-1973*, herausgegeben von Ursula Ludz und Ingeborg Nordmann, München: Piper.（＝『思索日記』I・II、青木隆嘉訳、法政大学出版局、2006 年。）

———, 2003 [原著 1993], *Was ist Politik? : Fragmente aus dem Nachlaß*, herausgegeben von Ursula Ludz, München: Piper.（＝『政治とは何か』、佐藤和夫訳、岩波書店、2004 年。）

———, 2007 [原著 2005], *The Promise of Politics*, edited by Jerome Kohn, New York: Schocken Books.（＝『政治の約束』、高橋勇夫訳、筑摩書房、2008 年。）

———, 2008 [原著 2007], *The Jewish Writings*, New York: Schocken Books.（＝『ユダヤ論集 1　反ユダヤ主義』、大島かおり・佐藤紀子・矢野久美子訳、みすず書房、2013 年／『ユダヤ論集 2　アイヒマン裁判』、齋藤純一・山田正行・金慧・矢野久美子・大島かおり訳、みすず書房、2013 年。）

———, 2018, *Thinking Without a Banister*, edited by Jerome Kohn, New York: Schocken Books.

ハンナ・アーレントの書簡集

アーレント、ハンナ＆マッカーシー、メアリー、1999、『アーレント＝マッカーシー往復書簡——知的生活のスカウトたち』、キャロル・ブライトマン編、佐藤佐智子訳、みすず書房。

アーレント、ハンナ＆ハイデガー、マルティン、2003、『アーレント＝ハイデガー往復書簡　1925-1975』、ウルズラ・ルッツ編、大島かおり・木田元訳、みすず書房。

アーレント、ハンナ＆ヤスパース、カール、2004、『アーレント＝ヤスパース往復書簡 1926-1969』1-3 巻、L・ケーラー＆ H・ザーナー編、大島かおり訳、みすず書房。

アーレント、ハンナ＆ブリュッヒャー、ハインリヒ、2014、『アーレント＝ブリュッヒャー往復書簡　1936-1968』、ロッテ・ケラー編、大島かおり・初見基訳、みすず書房。

アーレント、ハンナ＆ショーレム、ゲルショム、2019、『アーレント＝ショーレム往復書簡』、マリー・ルイーズ・クノット＆ダーヴィト・エレディア編、細見和之・大形綾・関口彩乃・橋本紘樹訳、みすず書房。

ハンス・ヨナスの著作

Jonas, Hans 1922, “Die Idee der Zerstreuung und Wiedersammlung bei den Propheten”, *Jüdische Jugend*, 1922.
———, 1930a, *Der Begriff der Gnosis, Inaugural-Dissertation zur Erlangung der Doktorwilrde der Hohen Philosophischen Fakultiit der PhilippsUniversitiit zu Marburg*, Göttingen: Hubert & Co.

参考文献

ハンナ・アーレントの著作

Arendt, Hannah, 2018 [原著1929], *Der Liebesbegriff bei Augustin: Versuch einer philosophischen Interpretation,* herausgegeben von Frauke A. Kurbacher, Hamburg: Meiner Felix Verlag.（=『アウグスティヌスの愛の概念』、千葉眞訳、みすず書房、2012年。）

———, 1973 [原著 1951], *The Origins of Totalitarianism* (new edition), New York: Harcourt Brace & Company.（=『新版　全体主義の起原』1–3、大久保和郎・大島通義・大島かおり訳、みすず書房、2017年。）

———, 1958, *The Human Condition*, Chicago: The University of Chicago Press.（=『人間の条件』、志水速雄訳、ちくま学芸文庫、1994年。）

———, 1981 [原著1959], *Rahel Varnhagen: Lebensgeschichte einer deutschen Jüdin aus der Romantik,* München: Piper.（=『ラーエル・ファルンハーゲン――ドイツ・ロマン派のあるユダヤ女性の伝記』、大島かおり訳、1999年。）

———, 2006 [原著1961・1968], *Between Past and Future: Eight Exercises in Political Thought*, New York: Penguin Classics.（=『過去と未来の間』、引田隆也・齋藤純一訳、みすず書房、1994年。）

———, 2006 [原著1963], *Eichmann in Jerusalem: A Report on the Banality of Evil*, New York: Penguin Classics.（=『新版　エルサレムのアイヒマン――悪の陳腐さについての報告』大久保和郎訳、みすず書房、2017年。）

———, 2006 [原著1963], *On Revolution*, New York: Penguin Classics.（=『革命について』、志水速雄訳、ちくま学芸文庫、1995年。）

———, 1968, *Men in Dark Times*, New York: Harcourt Brace Jovanovich.（=『暗い時代の人々』、阿部齊訳、ちくま学芸文庫、2005年。）

———, 1972, *Crises of the Republic*, New York: Harcourt Brace Jovanovich.（=『暴力について』、山田正行訳、みすず書房、2000年。）

———, 1977, *The Jew as Pariah: Jewish Identity and Politics in the Modern Age*, New York: Grove Press.（=『パーリアとしてのユダヤ人』、寺島俊穂・藤原隆裕宣訳、未來社、1989年。）

———, 1979, "On Hannah Arendt", *Hannah Arendt: the Recovery of the Public World*, edited by Melvyn A. Hill, New York: St. Martin's Press, pp. 301-339.

———, 1981 [原著 1978], *The Life of the Mind*, New York: Mariner Books.（=『精神の生活』上・下巻、佐藤和夫訳、岩波書店。）

———, 1989 [原著1982], *Lectures on Kant's Political Philosophy*, edited by Ronald Beiner, Chicago: The University of Chicago Press.（=『完訳カント政治哲学講義録』、仲正昌樹訳、明月堂書店、2009年。）

———, 2005 [原著 1994], *Essays in Understanding: 1930-1954*, edited by Jerome Kohn, New York:

［著　者］

戸谷洋志（とや・ひろし）

1988年生まれ。哲学専攻。現在、大阪大学特任助教。大阪大学大学院文学研究科博士後期課程修了。博士（文学）。単著に『Ｊポップで考える哲学——自分を問い直すための15曲』（講談社、2016年）、『ハンス・ヨナスを読む』（堀之内出版、2018年）、共著に『棋士と哲学者——僕らの哲学的対話』（イーストプレス、2018年）がある。

百木　漠（ももき・ばく）

1982年生まれ。社会思想史専攻。現在、立命館大学専門研究員。京都大学大学院人間・環境学研究科博士後期課程修了。博士（人間・環境学）。単著に『アーレントのマルクス——労働と全体主義』（人文書院、2018年）、共著に『現代社会理論の変貌——せめぎあう公共圏』（日暮雅夫・尾場瀬一郎・市井吉興編、ミネルヴァ書房、2016年）、『大学生のための社会学入門』（篠原清夫・栗田真樹編、晃洋書房、2016年）、『生きる場からの哲学入門』（大阪哲学学校編、新泉社、2019年）がある。

漂泊のアーレント　戦場のヨナス
——ふたりの二〇世紀 ふたつの旅路

2020 年 7 月 15 日　初版第 1 刷発行

著　者————戸谷洋志・百木　漠
発行者————依田俊之
発行所————慶應義塾大学出版会株式会社
〒108-8346　東京都港区三田 2-19-30
TEL〔編集部〕03-3451-0931
〔営業部〕03-3451-3584〈ご注文〉
〔　〃　〕03-3451-6926
FAX〔営業部〕03-3451-3122
振替 00190-8-155497
http://www.keio-up.co.jp/
装　丁————大崎善治（SakiSaki）
装　画————太田陽博
組　版————株式会社キャップス
印刷・製本——中央精版印刷株式会社
カバー印刷——株式会社太平印刷社

Printed in Japan ISBN 978-4-7664-2678-6